KB037322

신나리
페미니즘
에세이

여자, 아내, 엄마

# 지금
# 트러블을
# 일으키다

**스토리 인 시리즈**

자신만의 가치, 행복, 여행, 일과 삶 등 소소한 일상을 열정으로 살아가는 당신에게…
하루 하루 마음에 저장해둔 여러분의 작은 이야기와 함께합니다.
첫 원고부터 책의 완성까지, 생활출판 프로젝트 '스토리인' 시리즈

**스토리 인 시리즈 09**

**여자, 아내, 엄마 지금 트러블을 일으키다**
신나리 페미니즘 에세이

초판 1쇄 발행 2021년 10월 10일

지은이. 신나리
발행. 김태영

ISBN 978-89-6529-293-7 (03330)
값 14,000원

씽크스마트 미디어 그룹
서울특별시 마포구 토정로 222(신수동)
한국출판콘텐츠센터 401호 T. 02-323-5609
웹사이트. thinksmart.media
인스타그램. @thinksmart.media
이메일. contact@thinksmart.media

*씽크스마트-더 큰 생각으로 통하는 길
'더 큰 생각으로 통하는 길' 속에서 삶의 지혜를 모아 '인문교양,
자기계발, 자녀교육, 어린이 교양·학습, 정치사회, 취미생활' 등
다양한 분야의 도서를 출간합니다. 바람직한 교육관을 세우고
나다움의 힘을 길러주며, 세상에서 소외된 부분을 바라봅니다.
첫 원고부터 책의 완성까지 늘 시대를 읽는 기회로 독자들이
원하는 책을 만들어 넓고 깊은 생각으로 공동체와 함께 세상을
살아갈 수 있는 힘을 드리고자 합니다.

*도서출판 사이다-사람과 사람을 이어주는 다리
사이다는 '사람과 사람을 이어주는 다리'의 줄임말로 서로가
서로의 삶을 채워주고, 세워주는 세상을 만드는 데 기여하고자
하는 씽크스마트의 임프린트입니다.

*진담-진심을 담다
진담은 씽크스마트 미디어 그룹의 인터뷰형 홍보 영상 채널로
'진심을 담다'의 줄임말입니다. 책과 함께 본인의 일, 철학, 직업,
가치관, 가게 등 알리고 싶은 내용이라면 영상으로 만들어
사람들에게 제공하는 미디어입니다.

신나리
페미니즘
에세이

여자, 아내, 엄마

# 지금
# 트러블을
# 일으키다

신나리 작가는 끝까지 간다. 삶에서도 글에서도, 중간에 어설프게 봉합하거나 자기합리화로 눙치는 법이 없다. 그런 까닭에 문제가 무엇인지를 인식하는 데에서부터 읽는 이를 아프게 한다.

집중 육아기 여성의 분투과정을 타협 없이 그려낸 〈엄마 되기의 민낯〉을 읽었을 때 나는, 육아 에세이로 만날 수 있는 최대치의 치열함을 여기서 만났다는 생각을 했다. 그런 그녀의 그 이후를 담아낸 작은 책 한 권이 내 손 안에 왔다. 펄펄 살아 역동하는 이 책을 읽다 보면, 그와 함께 여자로 살고 있는 내가 퍽이나 더 괜찮게 살 수 있을 것만 같은 상상에 빠진다.

**김진영**(〈함께읽기는 힘이 세다〉, 〈한 학기 한 권 읽기〉 공저자)

나는 그를 웬만큼은 안다고 생각했었다. 그의 글을 읽으며 떠오르는 것은, 그와 마주 앉아 밤늦도록 이야기하고 싶다는 뜻밖의 욕망이다. 웨딩 스튜디오 촬영의 '흑역사'에 대해, 아이 앞에서 '미친년'이 되는 어느 날에 대해, 성공했다 싶으면 어느새 원점으로 돌아가는 가사 분담에 대해, 자신이 선 자리를 흔드는 공부의 고통과 쾌락에 대해. 그는 자신의 모순, 허위에 대해 말하기를 주저하지 않을 것이다. 내가 나의 경험을 기득권이나 자기 연민의 눈으로 바라보고 있으면 이렇게 말할 것이다. "그런데…" 나는 그의 말에 얼굴을 붉히면서도, 나를 새로운 관점으로 이동시키는 그 순간을 행복해할 것이다.

**쓸(독서모임에 빠져 허우적대는 육아 4년차)**


나는 그의 '다른' 목소리를 사랑하며 잃어버린 내 목소리를 찾아왔다. 이 책 가득히 담긴 이야기에서 '내가 바라던 게 바로 이거야.'라는 통쾌함을 맛보았다. 엄마와 아내라는 위치에서 자꾸만 지워지는 나를 위해 무엇을 어떻게 해야 할지 길을 찾는 여성이라면 '그야말로 딱'이라고 느낄 것이다. 기혼여성으로서 조화와 균형을 잡기 위해 수시로 분열하고 갈등하는 나를 대신하여 시원하게 조목조목 정리해 버린다. 감히 21세기 '슬기로운 현대 여성 생활 지침서'라고 자신 있게 권해본다. 그를 좀 더 일찍 만나지 못한 것이 안타깝다.

**두둥(세 남자와 동거중)**

추천의 말

육아하는 지인들과 삶의 고충을 나눌 때면 늘 비슷한 대화가 오갔다. 남편들을 잘 구슬려 보자, 남자들은 칭찬하면 더 잘 한대, 어디에 가면 아이가 놀기 좋대, 아이 먹는 건 생협에서 사는 게 좋지…. 그런 대화 속에서 질식사하기 일보 직전이었던 내게 신나리 작가의 신작은 산소마스크가 되어 주었다. 나는 이제 이 산소마스크를 끼고, 엄마도 아내도 아닌 그저 '나'로 살기 위해 애써보려 한다.

**곰지영(읽고 쓰는 데 진심인 중등국어교사)**


밀도 있는 글들이다. 허투루 쓴 글이 없다. 우리가 살아오며 겪은 일들을 자신의 눈으로 아주 깊숙이 길어 올린다. 세상의 고정된 기준을 벗어나 부지런히 새로운 길을 내어 함께 가자고, 묵묵히 걸어가자고 하는 신나리 작가의 글을 응원한다.

**숲속길(세상과 아픈 몸을 잇기 위해 읽고 쓰는 경계인)**


〈엄마 되기의 민낯〉은 아직도 내 책장에 놓인 책들 끝자락에 자리하고 있다. 엄마됨의 숭고함보다 엄마됨의 민낯을 까발리는 솔직한 이야기는 나의 내담자들뿐만 아니라 나의 마음까지 어루만져 주었다.

신나리 작가의 새 에세이는 〈엄마 되기의 민낯〉에서 한걸음 더 깊이 들어갔다. 셀프 헤어컷을 하고, 소유를 간소화하고, 가족과의 갈등을 거치며 공생과 연대를 실현시키는 과정은 나에게도 동일하게 일어났던 일들이다. 그러나 작가는 그런 삶의 경험의 조각들을 통해 자신을 재구성한다. 그리고 그 무엇도 되지 않을 자유를 이야기함과 동시에 더 큰 의문 속으로 걸어들어가 저항 의지를 다진다. 그는 같은 마흔을 살아가는 나에게는 한줄기 희망 같은 존재다.

윤지원(그림 그리는 심리치료사)


〈여자, 아내, 엄마 지금 트러블을 일으키다〉는 끊임없이 묻는다. 그렇게 사는 게 맞나? 그럴 이유가 있나? 왜 그래야 하나? 무엇을 위해 그렇게 사는가? 자신이 발 딛고 서 있는 그곳부터 의심하고 탐구한다. 당연한 건 없다. 끊임없이 물으며 인풋과 아웃풋을 조정하면서 최적의 배치를 찾아낸다. 온 힘을 다해 '잉여력'에 탕진하고 느리고 깊숙이 책을 읽고 악착같이 쓴다. 그리고 독서모임을 만들어 앎을 삶으로 재생산한다. 늘 새로운 곳을 욕망하고 자신의 발로 내딛기 위해 '아사나'로 몸을 다진다.

그의 질문은 같은 시대를 사는 나의 질문이기도 하다. 그가 특별한 이유는 그는 답이 나올 때까지 파헤친다는 점이다. "흔들리면 마음껏 흔들렸다"는 그를 내 삶에 투사하고 싶다.

김미영(노동전문 일간지 〈매일노동뉴스〉 기자)

나도 마흔이 넘어 신 작가와 같은 나이가 되었는데, '어떻게 살 것인가'에 대한 고민이 많다. 책을 읽으면서 나도 방향을 잡고 힘을 얻는다. 그가 남편과의 관계에서 고군분투하는 과정을 지나 미니멀리즘을 달성하고, 로맨틱한 관계만이 관계가 아니라는 부분을 인정하는 부분이 특히 좋았다. 다들 남편과의 관계는 달콤하게 포장하기 마련인데, 그는 그러지 않는다. 있는 그대로 말한다. 그건 또 다른 용기이다.

임혜림(젠더 교육에 관심 많은 육아인)

작가는 따스하고 안정된 가정이라는 유리 성이 얼마나 취약한지, 그리고 그 유리 성의 관리에 드는 노력이 얼마나 불평등한 구조에 기대고 있는지, 그에 대한 날카로운 현실 직시와 함께 한 개인으로서의 살아가는 방향에 대해 치열하게 고민하고 결정한다.

나이 먹어감에 대한 자기 인정, 좋아하는 것에 대한 태도, 기혼 여성으로서 가부장제가 주는 안온함을 포기하고 낯선 길을 나아가는 것, 자신만의 시간 흐름을 가지는 것. 어느 것 하나 쉬이 답이 나지 않는다. 그래도 끊임없이 시도해본다. 그 탐구의 길이 주는 불편함을 알지라도 말이다. 〈여자, 아내, 엄마 지금 트러블을 일으키다〉는 작가 개인의 이야기지만 우리를 둘러싸고 있는 구조에 대한 작가의 투쟁기이면서도 나에게도 '어떻게 살까'라는 묵직한 질문을 주었다.

**Genie(14년 차 초등교사)**

신나리 작가는 '여성 정체성', '아내 정체성' '엄마 정체성'에 대해 하나씩 이야기한다. 사회에서 부여받은 정답과 일상에서 느끼는 불합리와 불편함에 대해 치밀하고 치열하게 고민한다.

이 책의 힘은 그의 어떤 '주장'에 있지 않다. 그러한 생각을 하기까지 겪는 분열과 혼란, 그리고 자신의 '찌질함'까지 한 올도 감추지 않고 생생하게 고백하는 데 그 힘이 있다. 그리고 끝끝내 판을 새롭게 보고 자신의 언어를 길어 올려 일상을 다시 재정립한다. 그는 이제 "what to do"가 아닌 "how to do"의 자세로 살겠다고 다짐한다. 탐구하는 자세로 살겠다고. 그가 삶을 대하는 이 태도가 바로 여성으로, 엄마로, 아내로 모순을 겪는 현실을 헤쳐나가는 최선의 무기가 아닐까 싶다.

홍승희(오늘도 분열하는 책 읽는 직장인)

신나리 작가의 글을 좋아하는 이유는 치열함 때문이다. 일상적 사건의 이면에 대해 쓰는 게 에세이라면, 보통의 에세이는 한두 겹의 이면을 다룬다. 그러나 신 작가는 매우 사소한 일상적 사건을 지하 10층, 때로는 50층까지 깊이 파고든다. 나도 겪었던 일, 그러나 설명할수 없었던 일들이 신 작가의 언어를 통해 비로소 정리된다. 공감하면서 읽다가 어느 순간 그래 그렇지, 고개를 끄덕이게 되고, 한발 더나아가 아! 하고 감탄하게 된다. 내 안의 작가는 그를 질투하고 내안의 독자는 그를 열망한다.

울림(빠른 아이와 느린 아이를 키우며 읽고 쓰는 사람)

여자, 아내, 엄마 지금 트러블을 일으키다

# 나 자신이 된다는 것

어떻게 하면 나 자신으로 살 수 있을까.

10여 년 전부터 스스로에게 물었다. 존재를 성찰하는 듯한 그럴 싸하고 심오한 질문. 30대 초반에 이런 성숙한 질문을 던진 내가 뿌듯했다. 대학을 졸업하고 직장을 다니다 결혼까지 무사히 도달 하며 사회가 규정한 표준적 삶에 뒤쳐지지 않게 살았다. 다음은 무엇이던가. 속세의 풍파에 닳은 자아를 회복해야 했다. 구속으로부터 자유로워진 순수한 자아를 찾고 싶었다. 하고 싶은 일만 쏙쏙 골라 거침없이 진행해, 원하는 모습에 도달하는 자아실현. 그것은 내가 맹신하던 진리였다.

월급에 저당 잡힌 삶을 살고 싶지 않다, 하고 싶은 일을 하며 살 고 싶다는 막연하고 아름다운 이상을 품었다. 연봉을 올린다거나 재테크를 하는 세속적인 성공과는 다른 방법을 찾으려 했다. 퇴사 를 하고 귀촌하거나 세계일주를 떠나는 이들을 부러워하곤 했지 만, 차마 그럴 엄두는 내지 못했다. 내가 '다르게 살기 위해' 했던 방법은 사회가 알려준 안전한 일탈에서 크게 벗어나지 않았다. 직장을 옮긴다거나, 퇴근 후에 강의를 들으러 다닌다거나, 큰돈을 들여 해외여행을 떠나는 것이었다. 기존에 영위하던 삶의 방식이나 가치관에서 크게 벗어나지 않는 선에서 '직장인 모드'와 '나 모드' 사이의 균형을 맞춰줄 활동을 부지런히 소비했다. 생계를 위해 돈을 버는 일과 동시에, 돈은 벌지 못하지만 보람찬 취미 활동을 했고, 인문학 책을 목록화해서 읽어가며 지적 욕구를 충족해 갔고, 산으로 들로 바다로 여행을 다니며 일상에만 얽매여 있지 않으려고 했다. 그렇게 일도 놀이도 열심히 하다 보니 과부하가 자주 걸렸지만 번번이 탈진하고 미끄러지면서도 나를 찾겠다는 희망을 버리지 않았다.

*

이런 삶에 제동을 건 결정적 경험은 출산과 육아였다. 자아실현에 매진하던 사람이 집 안에 손과 발이 묶여 꼼짝을 못하게 되었다. 유급 노동, 사회적 관계망, 여가 활동이 보장된 위치에서 탈락하면서 자아는 정체성을 잃어버렸다. 내가 감당해야 할 새로운 자리는 아내, 엄마라는 이름으로 명명된 성역할이었다. 가사, 육아라는 돌봄 노동이 한 무더기 내 앞에 놓였다. 주민번호 앞자리에 붙은 '2'라는 번호를 새삼스럽게 실감했다. 단지 여자라는 이유로, 아이를 낳았다는 이유로 어마어마한 변화를 군말 없이 받아들여야 했다.

20대에도 성공적으로 결혼 시장에서 발탁되기 위해 수행해야 했던 '여성다움'이 있었고, 결혼 제도에 편입되며 겪어야 했던 성차별이 있었다. 그러나 사회가 기대하는 상냥함이나 꾸밈을 보이고 얻는 좁쌀만 한 이득 속에, 경제적 자립이 보장하던 위태로운 안정 속에, 소비가 주던 짜릿한 만족 속에 쉽게 만족한 탓에 은폐하고 묵인하며 외면할 수 있었다. 하지만 아이를 낳고 주 양육자가 되어 집안에 갇히게 되자 나의 사회적 자아를 적절히 치장할 수 있던 장치가 모조리 없어졌다. 완전히 헐벗게 되었다. 그 전까지 내가 '나'라고 믿으며 실현하려던 건 대체 무엇이었나. 엄마가 되었지만 엄마가 된 나를 받아들이지 못하고 헤맸다. 무너지고 지워진 나의 이름을 되찾기 위해 기를 썼다.

나뿐만이 아니었다. 주위를 돌아보면 동료들, 친구들, 지인들 모두 처음 겪는 힘겨운 엄마 노릇 속에서도 잘해보겠다며 분투하고 있었다. 어릴 적부터 경쟁 사회에 순조롭게 적응했고, 수년간의 커리어를 갖고 있으며, 경제적 능력으로 따라오는 성취감을 알고, 목표 실현에 대한 욕구가 강한 나 같은 여성들은 가정을 꾸린 후에도 뭐든 열심히 했다. 엄마로 사는 일에도 나로 다시 사는 일에도.

사회는 최선을 다하겠다고 마음먹는 우리들에게, 엄마 되기에 필요한 역할과 과업을 던져줬다. 아이 키우기는 목표와 과정이 촘촘히 짜인 프로젝트와도 같았다. 잠자리, 수유, 이유식, 신체 발달, 언어 습득 등 매 발달 단계마다 '교육', '훈육', '습관'으로 이름 붙여진 수행해야 할 육아 미션이 있었다. 넘쳐나는 정보의 바다에서 내 아이에게 맞는 걸 선별하고 얼마나 잘 실천하느냐가 엄마 정체성 형성에 지대한 영향을 끼쳤다. 그냥 엄마가 되면 안 되었고 '좋은 엄마'가 되어야 했다. 그러나 무엇을 어떻게 해야할지 몰라 우왕좌왕 하기만 하던 나는 스스로를 '루저 엄마'라고 자책했다.

엄마로만 살아서도 안 됐다. 누구 엄마로만 살다 나를 잃어버리는 일이 생겨서는 안 됐다. 자는 시간 쪼개가며 나만을 위한 시간을 가졌다. 먹고 재우는 일에 허덕이던 영유아기 육아에서 한 발짝 벗어나자 다른 초조함이 닥쳤다. 외국어 공부, 운동, 독서, 글쓰기 등의 자기 계발이라도 하고 있어야 쓸모가 증명되는 듯했다. 뒤처질지도 모른다는 조바심을 달랠 길이 필요했다. 엄마 역할이 집중적으로 필요한 시기는 짧으면 3년, 아무리 길어도 10년 정도라고 했다. 그 후에도 부모 노릇은 끝나지 않지만 나는 평생 자식만 따라다니는 엄마는 되고 싶지 않았으니까 직장을 가질 준비를 해야 했다.

남편과의 관계 회복도 필요했다. 육아에 헌신하지 않는 남편을 너무 미워하거나, 서로 힘들다고 싸움만 하다 관계가 파탄에 이르러서는 안 되었으므로, 칭찬과 위로, 협상, 타협의 기술도 익혀가야 했다. 집 구역별로 청소 리스트를 짜고 주말에 가족 나들이를 계획하며 일정을 조율하는 것은 나의 몫이었다.

아무도 점수를 매기지 않았지만 보이지 않는 시선 속 평가에 나를 놓았다. 집안의 청소 상태에 책임감을 느끼고 아이의 발달을 의식했다. 다른 집 아이보다 살이 찌지 않거나 말이 느리거나 식습관이 좋지 않으면 내가 무엇을 잘못했나 하고 행동부터 검열했다. 나 자신도 관리 대상으로 삼았다. 번듯한 직장을 가지지 못할까봐 조바심 났고 애써 쌓은 경력을 잃을까 두려웠다. 나의 몸도 감시했다. 매일 체중계에 오르고 뱃살을 움켜잡으며 허기를 견뎠다. 타인의 삶을 곁눈질했다. 복직하여 승진한 동료나 재테크로 자산을 불린 이들을 시기했다. 기념일을 살갑게 챙기고 사랑 표현을 과감히 하는 부부들을 볼 때면 입이 뾰족하게 나왔다. 나의 건조한 부부생활이 '비정상'처럼 보였다.

스스로에 대한 과중한 부담은 다른 스트레스를 만들어냈다. 육체적 정신적 체증을 씻기 위한 소비가 필요했다. 아이를 재우고 '육퇴(육아 퇴근)'라고 부르는 시간이 되면 야식과 음주에 심취하거나 드라마나 유튜브를 시청하며 시각적 쾌락을 탐닉했다. 또는 온라인 쇼핑으로 시간과 육체의 에너지를 탕진했다. 모든 긴장을 풀어버리는 시간이었다. 그러나 이 시간은 이완이 아니었다. 아이를 키우며 수년 간 이런 탐닉의 시간을 보냈던 나는 왜 쉬어도 쉬는 것 같지 않은지 의문이었다. 몸이 스트레스와 피로를 느끼면 쉬어야 하는데, 도리어 나는 피곤한 몸을 내 자신으로 방해하는 적으로 간주했다. 쉬는 것을 패배로 받아들여 죄책감을 가졌다. 그래서 가만히 있을 때조차 스마트폰을 끝없이 들여다보면서 허기를 달랬다. 어딘가에 연결되어 있다고 안도하며.

아이를 돌보고, 일을 하고, 집안을 치우고, 요리를 하고, 거기에 또 시간을 내어 스스로에게 부과한 과업을 하고. 몸이 피곤해도 모든 자극을 끊어내고 마음 놓고 쉬지 못하는 모습. 나를 비롯한 기혼여성들의 현주소가 아닐까. 기존의 역할에 부여된 노동은 그대로 유지하면서 자신을 성장이라는 이름으로 채찍질하는 생활. 가족에서도 사회에서도 좋은 평가를 받기 위해 발버둥치며 자신을 혹사시키는 삶. 이런 모습이 '일과 삶의 균형'이나 '육아와 삶의 조화'라는, 평화를 가장한 말로 변형되어 여자들에게 적용되고 있는 건 아닐까. 이런 노력은 혼자만의 곡예거나 외줄 타기는 아닐까.

나 자신으로 살고 싶다는 말이 정작 알맹이는 없는 번드르르한 껍데기임을 깨닫기까진 오래 걸리지 않았다. 그건 도달할 수 없는 목표였다. 그 말은 "너 자신으로 사는 건 좋지만 엄마와 아내라는 직무엔 충실해. 그리고 너의 시간은 약간의 틈이 날 때만 가져. 남편이나 아이에겐 한 톨의 소홀함도 있어서는 안 돼"라는 요구와 다르지 않았다. 그건 마치 한때 내가 이룰 수 있으리라 믿어 의심치 않았던, '성과도 내면서 여가도 충분히 즐기는 직장인'이라는 모순된 자아실현과도 같았다. 여성을 위한 많은 자기계발서들은 그것이 마치 가능한 양 주문을 걸지만 아내와 엄마로서 해야 할 노동은 줄지 않고 늘어만 간다. 아내나 엄마로서의 직무는 그대로 둔 채로 별도의 시간을 더해 가는 방식은 지속 가능하지 않았다.

이 책은 이러한 문제의식에서 쓰기 시작했다. 전작 〈엄마 되기의 민낯〉은 아이의 1세부터 4세까지의 양육 경험과 나의 고민을 담았었다. 아이를 잘 키우는 방법이 아니라 나에게 벌어진 일을 기록했다. 엄마가 되는 과정에 겪은 충만함부터 결핍감, 자아 분열, 분노를 나의 언어로 표현하고자 했다. 이번 책은 아이가 7세가 되고, 나는 40대로 진입하면서 내가 수행해야만 했던 여성성과 가족 내에서의 역할에 대해 고민을 넘어 재정의를 하고자 했다.

아내, 엄마, 여자라는 자리에서 '주어진 일을 어떻게 잘 할 것이냐'라는 문제를 지워버리고 왜 '잘해야 하느냐고' '무엇 때문에 그렇게 해야 하느냐고' 묻고 싶었다.

나를 사랑하자는 말을 구호처럼 외치지 말고, 있는 그대로 내 몸을 바라본다는 것은 뭘까. '스위트홈'이라는 가족의 이상향은 대체 무엇을 위해 필요한 것인가. 그걸 위해 보이지 않는 노동을 하고 있는 것은 누구인가. 엄마와 아이가 인간 대 인간으로 공존하는 일은 가능한가. 정교하게 관리하고 조절하는 시간의 톱니바퀴 속에서 어떻게 해야 짓눌리지 않을까. 무엇이 될 것인가가 아니라 어떻게 살 것인가. 나는 찾고 싶었다. 목표에 도달하기 위해 몸과 정신력을 밀어붙이는 자기계발, 외부의 시선에 부응하기 위한 자기평가, 막연한 이상향을 꿈꾸는 자기실현이 아닌 방식을. 자기 성장이나 발전이라는 경로에서 이탈해도 체념과 무기력으로 떨어지지 않는 삶의 양식을.

글을 쓰며 문턱에 여러 번 걸렸다. 이렇게 써도 될까. 여기까지 써도 될까. 독자에게 얼마나 쓸모 있을까. 글에 담긴 주장이 누군가에게 거부감처럼 느껴질까 의식했다. 과격하거나 편협한 관점이 누군가를 불편하게 하지 않을까 하는 우려도 떨치기 어려웠다. 그러나 그것 또한 내 글에 취해 있는 도취와 망상이며, 내 한계를 인정하지 않고 어떻게든 변명하려는 자의식 과잉일 뿐임을 깨달았다. 이런 자기 인정에 다다라서야 탈고를 할 수 있었다.

10년 전 자아실현에 매진하던 나와 지금의 나는 같으면서도 다르다. 어떻게 살아야 하느냐는 질문은 여전하지만 풀어가는 방식이 달라졌다. 나는 그 이유를 나를 성가시고 불편하게 하고, 울분에 젖게 하고, 밤잠을 못 이루게 하고, 때로 들뜨게 한 이들 덕이라고 본다. 나의 자리에서 부딪친 수많은 만남은 나에게 너를 돌아보라고, 너의 삶을 재구성하라고 소리 없이 몰아붙였다. 단지 나에게 의문을 던지면서.

이 책에 실린 에세이는 사회와 타인과 그리고 나 자신이 빚어낸 마찰의 결과다. 이제는 안다. 나 자신이 된다는 건 순수하고 진정한 내가 되는 완성이 아니라, 다른 이들과 그때그때의 삶을 만들어가는 과정 자체라는 것. 무엇이 되느냐는 중요하지 않아졌다.

꼼꼼하게 원고를 읽고 부족한 부분을 집어준 백설희 편집자, 책의 방향성에 조언을 주신 김태영 대표님께 감사드린다. 함께 책을 마무리 짓지는 못했지만 3년 전, 차보현 대표님이 제안해준 덕분에 이 에세이를 기획할 수 있었고, 미흡한 글을 엮을 용기를 낼 수 있었다. 또한 지난 1년 넘게 일상의 가장 큰 지분을 차지해온 공부 공동체 '트러블' 학인들과의 시간 덕에 설익었던 내 글은 비로소 숙성될 수 있었다. 서로의 존재에 거침없이 침투하는 우리들의 우정이 더욱 연마되길 바라며, 이 자리를 빌려 고마움을 전한다.

**신나리**

# 차례

## 1장. 꾸미지 않은 채 살고 싶다

## 2장. 부부는 무엇으로 사는가

## 3장. 오늘도 난 아이 앞에서 미친년이 됐다

# 1장

—

# 꾸미지 않은 채로
# 살고 싶다

# 맞지 않는 청바지가
# 알려준
# 새로운 나의 몸

무릎 언저리까지 바지춤을 올리긴 했는데 입을 수 있을까. 제자리 뛰기를 몇 번 하며 바지를 위로 바짝 잡아당겼다. 두 발로 도움닫기를 했다. 좁은 바지통이 허벅지를 가까스로 통과했다. 다리를 한 짝씩 들어 살짝 털어주면서 엉덩이 밑에 살이 접힌 부분을 펴줬다. 숨을 크게 한번 들이마시고 지퍼를 올렸다. 호흡을 참고 단추를 채웠다. 착장 끝. 거울 앞에서 몸을 돌려봤다. 꽉 낀 엉덩이가 도드라졌다. 너무 붙나. 앞을 봤다. 가랑이 사이로 민망하게 Y 라인이 접혔다. 몸을 구부려 신발을 신자니 하복부와 위쪽 허벅지 사이에 통증이 느껴졌다. 근육이 놀랐다. 허벅지를 감싼 바지가 찢어지느냐 내 허벅지가 찢어지느냐, 그것이 문제로다. 과연 오늘 저녁을 편하게 먹을 수 있을까. 단추 하나가 터져나갈 것이다. 아니 걷기부터 불가능할지도 모른다. 항복이다. 입을 때 거친 모든 과정을 거꾸로 재생해야 했지만 시간이 없어 다짜고짜 뒤집어 벗겨냈다.

결혼 준비할 때 커플 사진을 찍는다고 큰맘 먹고 샀던 리바이스 청바지였다. 진한 인디고 색이 고급진, 발목까지 일자로 똑떨어지는 깔끔한 스트레이트 진이었다. 흔한 청바지답지 않게 단정한 모양새라 아껴 입곤 했다. 그러다 6년이 지나고서 모처럼 입어보려니 다리 전체에 갑옷을 두른 듯, 한 걸음도 뗄 수 없었다.

청바지는 가장 흔한 일상복 중 하나라지만 난 청바지를 그다지 좋아하지 않았다. 10대 후반부터 20대 중반까지만 해도 입지 않았다. 청바지는 뻣뻣하고 무겁고 두꺼웠다. 특히 날이 더워지면 최악이었다. 허벅지와 엉덩이, 종아리 뒤에 땀이 가득 차면 젖은 빨래를 다리에 휘감고 걷는 것 같았다. 청바지보다는 면바지를 즐겼다.

직장을 다니면서부터였을까. 스키니진이라고 하는, 엉덩이부터 발목까지 쫄바지처럼 바짝 붙는 청바지가 유행했다. 그때부터 잘 입지도 않으면서 계절마다 한 두 벌씩 습관적으로 샀다. 나는 〈잇걸-스타일리시한 여자들의 머스트 해브 아이템〉이라는 책을 가지고 있었는데 잘 맞는 청바지 하나면 전천후로 입을 수 있다고 추천했다. 그때부터 청바지 탐방을 시작했다. 엉덩이 근육이 처져 보이지 않게 꽉 잡아서 올려주고 두꺼운 종아리 근육은 날씬하게 가려주는 진을 찾으면 뿌듯했다. 잘 어울린다는 말을 듣고 나면 누가 내 엉덩이를 보는가 싶어 화끈거리면서도 다음에 한번 더 입을 자신감이 생겼다.

여자, 아내, 엄마 지금 트러블을 일으키다

그럼에도 어떤 청바지든 익숙해지려면 시간이 필요했다. 거칠고 질기던 청바지가 부드러워지는 과정이면서 내 몸이 청바지에 맞춰지는 단련의 시간이었고, 뱃살을 압박하는 버클을 참아내는 훈련이기도 했다. 인고의 시간을 견뎌내면 청바지는 몸매의 결점을 보완해주는 보답을 한다. 다리를 곧게 펴주고 엉덩이가 처지지 않게 해준다. 부드럽게 길들여진 청바지는 피부처럼 밀착되어 가장 편하며 자연스러운 옷이 된다. 어디에나 어울리니 어디에나 입고 간다. 하지만 살이 조금이라도 붙으면 가장 민감하게 반응하는 옷 역시 청바지다. 몸에 맞춰지면 더없이 편하다는 청바지는 어디까지나 몸이 변하지 않는다는 전제 하에 있다. 그래서 살이 찌면 가장 먼저 없애는 옷은 청바지가 되고 만다.

스물일곱 살, 26인치이던 허리 사이즈는 해를 거듭하며 꾸준히 늘었다. 임신 때도 체중이 10키로 이상 불지 않았고 출산을 하고서도 1년 만에 원래 체중을 회복했지만 축 늘어진 뱃살만은 어찌할 도리가 없었다. 모유 수유를 끝내고 나자 가슴은 푹 꺼졌고 아랫배는 더욱 앞으로 나왔다. 출렁이는 뱃살에 바지 앞 단추가 터져나갔다.

하의를 고무줄 바지로 전격 교체하며 옷장에 잔뜩 쌓여만 있던 20대 시절의 옷도 몽땅 꺼냈다. 소매와 깃이 닳은 남방, 목이 늘어난 티셔츠는 종량제 쓰레기봉투로 갔다. 잔꽃 무늬가 그려진 원피스, 한번 입고 말았던 미니스커트, 프릴 달린 블라우스는 의류 수

거함으로 보냈다. 열 벌에 달하던 스키니진도 마찬가지로 같은 운명에 처해졌다. 그러나 단 하나의 바지, 리바이스 청바지만큼은 처분하지 못했다.

이 바지만큼은 언젠가를 위해 갖고 있어야 했다. 이것마저 놓아버리면 돌이킬 수 없이 퍼진 '아줌마 몸'을 인정하는 꼴이었다. 출산 후 뱃살 관리를 포기하겠다는 말과 다름없었다. 몸매 관리를 못해서지 안 해서가 아니라는, 노력하면 언제든 예전의 몸으로 돌아갈 수 있다는 최후의 가능성마저 저버리는 일이었다. 아이를 낳고 뒤틀어진 골반, 늘어진 뱃살을 바라보며 불만족과 결핍을 느끼면서도 청바지를 갖고 있음으로 소싯적 매끈하던 몸으로 도피할 수 있었다. 내가 이런 옷을 입던 사람이라는 기억 속의 나를 붙들 수 있었다. 그건 과거 내 몸에 대한 증거였으며 미래의 바람이었다. 언제나 보류될 뿐 실현되지 않는 희망이기도 했다. 그때로 돌아가야만 했고, 돌아갈 수 있으리라 믿었다.

"애 엄마 같지 않아요."

이 세상 모든 애 엄마가 듣고 싶어 하는 말. 비단 날씬하다거나 화장을 했다거나 옷을 잘 입는다는 의미만이 아니었다. 두둑한 뱃살, 벌어진 골반, 늘어진 젖가슴과 처진 엉덩이 근육의 탄력까지 회복했음을 의미했다. 뱃살과 허벅지를 가리기 위해 긴 셔츠를 입지 않아도 되고, 다리에 달라붙는 청바지를 멀끔히 소화하는 몸을 말했다.

누군가 '애 엄마 같지 않다'는 말을 해주기라도 하면 좋아 어쩔 줄 몰랐다. 그러나 그런 말은 나를 단속하게 했는데 습관적으로 '뱃살이 너무 쪘다' '팔뚝 살이 붙었다'며 겸손 아닌 겸손을 떨며 몸을 검열했다. 누군가 '너 정도면 날씬하다'고 말을 해준다 한들 극구 손사래 치며 무심결에 내 몸을 바람직하다는 몸매 기준에 가져다 댔다.

비교 대상은 당연히 출산 전의 몸이었다. 군살 하나 없이 반듯했던 몸. 많은 기혼여성들이 저마다 기억 속에, 앨범 속에 고이 간직해둔 '리즈' 때의 몸. 아이를 낳고서도 여전히 그때의 몸을 가지고 있으면 철저한 자기 관리의 증거이자 성취로 칭송받았다. 육아 하는 와중에도 틈틈이 쳐진 몸을 되돌리기 위한 운동은 나를 비롯한 젊은 엄마들에겐 당장 하지는 못해도, 언젠가는 해야만 하는 필수 이수 과정이었다. 그걸 못하고 있다면 '이 뱃살 넣어야 하는데, 살이 쪘는데, 맞는 옷이 없는데.' 하고 중얼대면서 게으른 자신을 냉엄히 비웃고 꾸짖어야 했다.

그러나 어찌 돌아갈 수 있단 말인가. 신체 노화는 '바로 지금'도 어김없이 진행되는데 어떻게 원래로 돌아갈 수 있을까. 출산을 겪은 여성의 몸은 완전히 변화한다. 뼈가 산산조각 분해되었다가 조립되는 변화에 가깝다. 인체의 모든 관절이 흔들리고 뒤틀린 고통을 찬찬히 수습하기에도 버거운데 출산 후 여성에게 요구되는 임무는 아이를 낳지 않은 몸처럼 되라는 거다.

한 생명을 키워내고 낳느라고 틀어지고 상처 받은 몸은 진정되고 회복되어야 한다. 그러나 회복의 의미가 예전의 날씬했던 상태로 복귀함이어야 할까. 시간을 되돌리지 않는 한 불가능하다. 신체는 정직하다. 몸은 시간의 축적물이다. 우리에게 필요한 건 오히려 돌이킬 수 없이 변화되어버린 몸에서 조심스럽게 최적의 상태를 찾아봄이 아닐까. 기준을 과거에 두지 말고 달라진 몸에서 출발해야 하지 않을까.

더 이상 맞지 않는 청바지 앞에서 과연 이 청바지를 입을 날이 올까 생각해봤다. 지금부터 8kg을 빼서 웨딩드레스를 입던 때의 몸무게를 기록한다면 가능할까. 뱃살과 허벅지살이 빠져도, 내 몸의 모든 감각이 달라졌다. 근육을 잔뜩 압박하는 옷을 감당할 만큼 순진하고 유순하지 않다. 헐렁함의 자유, 통풍의 쾌적함을 맛본 나의 살은 작은 불편함도 참아낼 수 없다. 더 이상의 강박적 길들여짐을 받아들이고 싶지 않다. 갑옷 같던 리바이스 청바지. 이걸 입지 못하는 내 몸을 받아들이자 미련이 떨어져 나갔다. 아쉬움 없이 더 맞는 임자에게 가라며 '아름다운 가게'에 기부했다.

얼마나 지났을까. 브랜드 제품이 아닌 인터넷 쇼핑몰에서 보세 청바지를 하나 사 입었다. 일자 청바지도 스판이 들어간 스키니 진도 아니었다. 허리엔 고무 밴드가 들어가고 밑위가 길어 쭈그려 앉아도 엉덩이의 골이 보이지 않았다. 재질도 가볍고 부드러워 한여름을 제외하면 답답하지도 덥지도 않았다. 여러 번 빨아도 어차피 넉넉한 핏은 무릎이 늘어나거나 말거나, 전체 형태에 큰 영향을 끼치지 않았다. 어느 옷과도 잘 어울렸다. 한때 불편해서 입지 못하던 청바지였지만 이제 일주일에 반 이상을 입는다. 동계용, 하계용 한 벌씩 마련했다.

진짜 내 모습이 아니라며 거울조차 보지 않던 시기가 있었다. 다시 거울을 정면으로 바라보았다. 여기에 내가 있다. 다리를 꽉 옭아매던 날씬한 청바지가 아니라 펑퍼짐한 청바지를 입은 내가. 딱 맞는 옷을 입기 위해 출산 전의 몸으로 돌아가야 한다는 조바심은 어느 샌가 증발해 있었다. 살을 뺀다 해도 몸매를 교정한다 해도 내 몸은 더 이상 예전의 몸이 아님을 인정했다. 슬프거나 속상한 일이 아니었다.

# 못생긴
# 면 팬티를
# 위하여

어렸을 적 엄마와 마른 빨래를 갤 때면 엄마의 큰 팬티가 얼굴 가득 들어오곤 했다. 엄마 팬티는 왜 이렇게 클까. 엄마는 큰 사람이 아닌데, 아주 아담한 체형을 지녔는데 왜 아빠보다 큰 팬티를 입을까. 엄마의 큰 면 팬티는 수많은 날 동안 빨고 삶아져서 색이 바래 있었다. 앞면에 달린 작은 리본은 닳고 닳아 쭈그러든 채로 간신히 매달려 있었다. 허리와 허벅지의 고무줄도 홀러덩 늘어나 있었다. 큰 망태기 같은 팬티가 엄마 팬티라는 게 실감 나지 않았다. 엄마와 바닥에 앉아 마른 팬티를 갤 때마다 "이거 엄마 거야?"라고 여러 번 물었던 기억이 난다.

의문은 대학에 간 후 친구들과 같은 방을 쓰면서 또 생겨났다. 팬티라고 하면 쭈굴쭈굴한 면으로 되어 있고 고무줄이 허리와 허벅지 쪽에 오물오물 들어가 있으며 장식이라곤 앞부분에 달린 작은 리본이 전부인 줄 알았는데, 친구들은 내가 생전 보지 못한 레이스 팬티나 실크 팬티, 고무줄도 없고 재봉선이 보이지 않는 무봉제 팬티를 입었다. 윤기가 좌르르 흐르고 엉덩이가 겨우 가려질 만하게 작으면서 팬티 앞부분이 전부 레이스로 된 팬티. 화려하게 꽃이 수놓아져 있거나 가랑이가 닿는 부분에 레이스가 달린 팬티. 그것들은 엄마의 팬티를 볼 때처럼 비현실적이었다. 아무도 보지 않을, 가장 깊숙한 곳에 입는 속옷에 왜 저런 치장을 하는지 그때의 나는 알 수 없었다.

남들의 팬티를 보며 엄마의 낡고 큰 팬티들이 떠올랐다. 그리고 왠지 엄마가 조금 가여워졌다. 엄마는 팬티도 예쁜 걸 못 입네. 돈 아끼느라 그러시나. 내 팬티까지는 비교하지 못했다. 스무 살이 넘어서도 엄마가 사주시는 팬티를 받았다. 엄마는 내 팬티에 구멍이 아슬아슬하게 날 무렵이 언제쯤인지 귀신같이 알고 정기적으로 팬티를 교체해주셨다. 나는 엄마 팬티보다는 작지만 엄마 팬티만큼 헐렁하고 후줄근한 면 팬티를 입었다. 내 팬티가 남들의 팬티와 다르다는 걸 알았지만, 팬티 선택은 여전히 엄마의 자장 안에 있었고 굳이 거스를 이유도 없었다.


내 힘으로 돈을 벌면서부터 팬티를 직접 샀다. 나도 알 만한 나이가 되었다. 팬티는 단순한 속옷이 아니었다. 여자에게 속옷은 위생과 보온 이상의 역할을 하고 있었다. 패션 잡지 한 귀퉁이에 나온 데이트를 위한 팁, 연애 소설의 구절, '썸남'과의 고민을 털어놓

은 인터넷 커뮤니티 글, 친구가 넌지시 던지던 핀잔들을 통해 추측
컨대, 많은 여자들은 연인을 만나는 날에 위아래 속옷을 맞춰 입었
다. 레이스 팬티는 결전의 날을 위한 장비였다. 한편으론 남자와
보내는 밤을 위해서만이 아니라 내 몸 가장 깊숙한 곳에 닿는 속옷
을 보기 좋게 갖추어 입으며 자신감을 챙긴다는 것도 알았다.

　나도 쭈글쭈글 주름이 잡힌 면 팬티에서 벗어나 작고 얇고 보드
랍게 찰랑이는 레이온 팬티를 사 입었다. 손바닥만 하게 작으면서
도 몸에 꽉 끼는 팬티를. 본격적인 연애 전선에 뛰어들자 팬티 디
자인에 신경이 쓰였다. 예쁜 팬티가 건네는 내밀함과 은밀함의 세
계와 만났다. 오늘 밤 내 팬티를 보여줄 누군가가 있다는 것. 그런
생각을 하면 몸이 경직되면서 보면 안 될 거 같은 야한 장면을 보
듯 배가 사르르 간지러웠지만, 브래지어와 팬티를 짝 맞춰 입는다
는 어떤 여성들의 반열에 나도 합류한 기분이었다. 겉옷은 수수하
더라도 화려한 속옷을 입는 것은 다 큰 여자들만이 가질 수 있는
농염한 행위였다.

　면 팬티를 넘어서는 다른 팬티로의 발전은 연애만큼이나 쉽지
않았다. 큰마음 먹고 레이스 팬티를 입고서 출근한 날, 허리춤에
손을 넣어 벅벅 긁어대야 했다. 행여 누가 볼까 민망하면서도 가려
움을 참을 수 없었다. 가랑이 사이의 레이스가 살을 긁어대 따끔거
렸다. 면 팬티 아닌 나일론 재질의 무봉제 팬티, 손바닥만 한 미디
사이즈 면 팬티도 마찬가지로 피부와 지나치게 밀착되어 답답했

다. 고관절 주변엔 줄이 벌겋게 그어졌다. 그걸 입고 자려고 누우면 밤새 잠을 설쳤다. 그럼에도 예쁜 팬티를 찾기 위한 여정은 수년 간 지속되었고, 내 몸에 안착시키고 싶다는 바람도 포기할 수없었다. 그러나 연애가 지지부진하듯, 속옷도 발전이 없었다.

결과적으로 레이스 팬티 한번 못 입고 결혼한 뒤 아이까지 낳았다. 나의 늘어나고 바랜 면 팬티를 보고도 남편은 놀라 달아나진 않았으니 항간의 소문과 달리 레이스 팬티와 연애의 성공 여부는 상관없는 걸까. 레이스 팬티에 대한 미련도 거기에서 끝났다. 남을 위해서건 나를 위해서건 아이를 낳은 후론 레이스 팬티를 거들떠도 보지 않았다.

결혼 8년 차. 남편과 오누이인지 동지인지 분간 안 되게 사는 날들이다. 권태기에 접어든 부부를 위해 아내에게 하는 가장 흔한 충고는 '야한 속옷' 입기다. 인터넷에서 본 부부 상담에서 빨간 레이스 슬리브를 입고 남편 앞에 서라는 말을 들었을 때 식겁했다. 우스갯소리지 진담은 아니라고 생각했다. 그런데 우연히 들어간 속옷 광고에서 남편과의 특별한 날을 위해 끈 팬티를 샀다는 후기를 읽다 잠시 심각해졌다. 아내들이 저런 노력을 실제로 한다는 사실, 누군가에게는 당연한 이벤트가 된다는 점이 놀라웠다. 레이스 팬티를 처음볼 때처럼 비현실감이 스미지만 결혼한 친구들에게 혹시 남편을 위해 너도 레이스 팬티를 입느냐고 물어볼 수도 없는 노릇이었다.

레이스 팬티를 더 이상 사지 않아도 예쁜 팬티가 여자의 필수품이라는 압박은 불쑥불쑥 치고 들어왔다. 레이스 팬티가 아닌 팬티는 빨랫줄에 걸기도 민망하다며 남편에게 미안하다는 말을 인터넷 맘카페에서 읽었을 때 예쁜 팬티를 입지 않는 나, 꽉 끼는 미니 사이즈 팬티를 입지 못하는 나, 레이스 팬티 한 장 남겨두지 않은 나는 괜히 움찔했다.

모름지기 가져야만 할 여성성. 기대 받는 여성성을 실추했다는 평가를 받는 것 같았다. 신혼이 한참 지난 부부더라도 성적 긴장감을 유지해야 함이 현대 부부관계의 모범 답안이다. 그리고 그 몫은 오로지 여자에게 달려 있었다. 남편 보고 성적 매력 유지를 위해 가슴 근육을 키워 아내에게 보이라는 말은 아무도 하지 않지만, 여자에겐 푹 퍼진 면 팬티가 아니라 레이스 팬티라도 입어가면서 남편에게 여자로 남아야 한다고 말한다.

또 싸구려 면 팬티는 자신에 대한 소홀을 뜻하기도 했다. 짱짱한 레이스 팬티를 입어줌으로써 남들의 눈에 보이지 않는 부분까지 야무지게 챙긴다는 것이 자신을 소중히 여길 줄 아는 여성의 덕목이다.

하지만 나는 헐렁한 면 팬티가 좋았다. 오로지 나를 위한 이 팬티. 보여주기 위한 속옷보다 내 몸을 아늑히 감싸주는 속옷을 원했다. 그래서 비록 추레한 면 팬티라 하더라도 매일 갈아입고, 결코 양말과 같이 빨지 않으며, 실밥이 터지거나 얼룩이 묻거나 면이 해

여자, 아내, 엄마 지금 트러블을 일으키다

지면 아낌없이 교체한다. 내 몸이 소중하기에 예쁜 팬티를 입기보다는 편한 팬티를 정성껏 입는다.

삶기가 끝난 따끈따끈한 팬티를 탈탈 털어 햇살 아래 말렸다. 면 팬티가 왜 민망해야만 할까. 누구 좋으라고 불편을 감당하며 레이스 팬티를 입고 너는가. 남편의 시각적 만족 따위에 왜 내 불편을 감내해야 하는가. 왜 자신을 고작 그 정도로 취급하는가. 왜 속옷에까지 남의 시선을 신경 써야 하는가. 도무지 모르겠다. 그런 걸로 매력 어필 하고 싶지 않다.

하루 종일 고슬고슬하게 말려진 면 팬티. 아이의 앙증맞은 작은 팬티와 편하게 늘어난 나의 팬티가 있었다. 햇볕을 머금은 뽀송하고 빳빳한 면 팬티를 걷어 차곡차곡 접어두었다. 아이는 자기 걸 개겠다며 고사리 손으로 조물거렸다. 나이가 들수록 너의 팬티도 커져가겠지. 엄마의 팬티처럼. 또한 나의 팬티도 커져가겠지. 할머니의 팬티처럼. 엉덩이를 다 덮고 배꼽 위로 올라오는 내 팬티를 딸아이도 신기하게 바라볼지 모르겠다. 그때 당당하게 말해줄 테다. "엄마는 편한 게 좋아."

레이스 팬티는 영원히 입지 않을 거 같다. 백화점이나 마트에서 힐긋 쳐다보고 만졌다 놓을망정. 그리고 계속해서 북북 문질러 빨고 푹푹 삶아대고 햇살이 비치는 밝은 곳에 의기양양 말리면서 살겠지. 못생겼지만 더없이 아늑한 나의 팬티를.

하이힐,
참을 이유 없는
고통

한창 소개팅에 골몰하던 20대 중반. 주말 데이트를 앞두면 신발부터 고심했다. 옷보다 고민되는 아이템이 구두였다. 굽의 높이는 3cm에서 7cm까지, 색상은 노랑, 빨강, 베이지, 갈색, 검정으로 다양했다. 무얼 신을지는 만나는 상대방의 키에 따라 달랐다. 나보다 키가 한 뼘 이상 큰 상대라면 7cm 이상의 하이힐을 신었고 키 작은 남자라면 굽을 낮췄다. 상대의 키를 고려한 굽 높이가 남자를 배려해주는 행동이라 믿었던, 인류애와 오지랖이 과하게 넘치던 시절이었다.

　나에게 있어 하이힐은 남자와의 데이트에서 부릴 수 있는 꾸밈의 절정이었고, 격식의 하이라이트였다. 교제가 안정화되어서 상대에게 편해질 때까지는 여성미를 유지하며 긴장할 필요가 있었다. 신경 쓰고 나왔다는 인상을 주고 싶었다. 그러나 20대 중후반,

　여자, 아내, 엄마 지금 트러블을 일으키다

주로 뚜벅이였던 사회 초년생 남자와 여자는 데이트를 하면서 많이 걸을 수밖에 없었다. 종로 거리를 두세 시간쯤 거닐다 보면 발뒤꿈치의 표피가 한 겹 벗겨져 쓰라린 진물이 흐르곤 했다. 새끼발가락엔 말간 물집이 통통하게 잡혔다.

내 발 모양은 어느 구두나 쉽게 신을 수 있는 형태가 아니었다. 발등은 얇지만 발볼이 평균 이상으로 넓은 데다가 뒤꿈치가 뾰족하게 튀어나와서 운동화를 제외한 어떤 신발을 신건 적응 기간이 상당히 필요했다. 중고등학생 시절 교복에 단화를 신을 때도 발에 딱 맞는 게 없어 꽤 애를 먹곤 했다. 불편한 신발 때문에 자주 넘어졌고 무릎엔 흉이 가득했다. 그럼에도 언제나 신발에 나를 맞춰왔지, 나에게 신발을 맞출 생각은 못했다. 내 발 모양이 문제이지 신발의 형태가 문제가 아니었다. 대학 시절엔 캐주얼한 복장을 입고 운동화를 신으며 대충 지나쳤다. 그러나 사회생활을 시작하고서는 커리어 우먼답게 하이힐을 신으며 살을 에는 통증을 감당해갔다. 새끼발가락과 복숭아뼈 아래와 발뒤꿈치에 잔뜩 반창고를 붙였다.

발의 살갗이 벗겨지는 고통쯤이야 응당 치러야 했다. 하이힐은 신체에 긴장을 바짝 세워주어 정신이 해이해지지 않게 해주는 장치였다. 하이힐을 신고 성큼 높아진 키로 세상을 바라보는 기분은 상쾌했다. 또각 또각 소리는 경쾌한 자신감을 안겨줬다. 하이힐로 체중이 앞에 실리며 발생하는 몸가짐의 불편함, 그래서 어쩔 수 없이 나오게 되는 다소 경직된 자세는 나름의 효과가 있었다. 격식에 걸맞은 조신하며 절도 있는 몸가짐을 취하게 했던 것이다. 이런 이유들로 하이힐을 꿋꿋이 신었다.

결혼을 약속한 남자친구의 부모님을 처음 뵙는 날에도 그랬다. 전날 친구와 함께 상견례에 알맞은 복식을 찾으러 백화점을 헤맸다. 정장을 사기로 했던 처음 결심과 다르게 엉뚱하게도 무려 10cm 하이힐을 사고 말았다. "이런 힐 하나는 있어줘야 하는 거야. 예쁘게 보여야지." 친구는 내게 구매를 종용했다. 최대 8cm가 한계치였는데 10cm라니. '킬힐'이 '잇템'으로 유행하던 2009년이었다. 서지도 못할 것 같았지만 의외로 발이 매우 불편하진 않았다. 거울 속 나의 다리는 한층 길고 날씬해 보였다. 이번 참에 사서 두고두고 잘 신어 보겠다며 덜컥 구입했다.

조신한 '며느리룩'을 갖췄다. 10cm 하이힐을 신고 뒤뚱뒤뚱 서울역의 플랫폼을 걸었다. 미래의 시부모님을 만나러 가는 길은 떨렸지만 머리부터 발끝까지, 한 치의 느슨함도 없는 완벽한 복장은 나를 지켜주는 장비와 같았다. 어떤 흠도 잡히지 않으리라 다짐했다. 동대구역에 도착했다. 그분들은 편한 옷차림으로 마중을 나오셨고 우리를 갈빗집에 데려가셨다. 좌식이었던 그곳에서 비로소 퉁퉁 부은 발을 하이힐에서 꺼낼 수 있었다. 너무나 배가 고픈 나머지 조신함을 망각하고 상추와 치커리를 두 겹씩 포개고 고기 조각을 세 개씩 얹어가며 허겁지겁 먹어치웠다.

어머님은 집으로 돌아와서 차와 과일을 내어주셨다. "그렇게 높은 거 신고 기차 타고 내려오는데 발 안 아팠나." 거실에서 한숨 자라며 이부자리를 깔아주셨다. 하이힐에서 내려와 따끈한 방바닥에 앉아 티비에 멍하니 시선을 고정하고 있다 보니 금세 긴장이 풀리며 눈꺼풀이 무거워졌다. 도란도란 나누는 시부모님의 목소리도 희미해졌다. 눈 떠보니 두 시간이 훌쩍 지나 있었다. 입술 옆으로 새어나온 침을 닦으며 일어났다. 그 자리에서 알았다. 하이힐은 환대 앞에서 너무나 거추장스러웠다. 나의 '며느리룩'은 누구를, 어디를, 무엇을 위해서였나. 우스워졌다.

5년이 지났다. 엄마가 되어도 여자로 살아남으라고들 하지만 아이 안고 하이힐 신는 목숨 거는 모험은 하지 않았다. 출산하면 발도 커지는 걸까. 체중은 빠졌는데도 어느 날 보니 더 이상 맞는 구두가 없었다. 10cm 하이힐도 6cm 힐도 3cm 구두도. 언젠가는 신을 거라며 신문지와 습기 제거제를 넣어 상자 안에 고이 두었지만 길이 들지 않은 가죽 구두는 딱딱해져갔다. 백화점에서 제법 돈을 주고 구입한 브랜드 제품들이라 아까워 버리지도 못했다. 마음이 동한 어느 날, 반짝이는 검정 에나멜 구두를 꺼내 발을 살포시 넣었다. 발볼을 앙큼하게 오므려 보았다. 날 선 가죽의 질감에 발등이 쓰라렸다. 면도날이 발에 스치는 듯 했다. 온몸에 신경이 곤두서는 고통을 이를 악물고 참으면서 구두에 발을 쑤셔 넣었다. 신데

렐라 둘째 언니에 빙의하여 숨을 멈추고 한 발 걸었다. 통증이 발목을 거쳐 종아리로 올라와 골반까지 퍼져나갔다. 숨을 내쉬었다. 살가죽 벗겨질까 조심스레 발을 빼냈다. 30초도 안 신었는데 발등과 발가락이 벌게졌다. 쓰라린 발을 손으로 움켜 감았다.

하이힐은 여자가 몸에 착장하는 어떤 의복보다도 당사자를 신체의 고통으로 몰아넣는 물건이다. 혈액 순환을 방해하는 브래지어나 스키니진 이상으로 신체에 상해를 초래한다. 살이 벗겨지고 피가 맺히고 물집이 터지고 무른다. 발은 누더기가 된다. 발목이 꺾이거나 인대가 손상될 위험도 있다. 그런데 이 아픔은 여성에게 당연히 참아야 할 과정으로 여겨진다. 신체의 훼손을 참으면 하이힐이 들려주는 또각거리는 소리와 한 뼘 늘어난 신장과 늘씬해 보이는 다리를 얻을 수 있다. 상처와 자신감의 교환이다. 누가 하이힐을 편하다고, 신을 만하다고 하는가. 하이힐로 한껏 키가 높아진 자신과 시선에 안심하게 되기 때문 아닐까. 하이힐을 신고 얼마나 걷고 뛸 수 있나. 하이힐을 신다가 운동화로 갈아 신으면 발에 아무런 긴장이 느껴지지 않아 어색할 지경이었다. 내 몸에 가하는 고통과 상처가 도리어 익숙하다니. 우린 무엇을 듣고 배워온 걸까. 대체 신체를 어떻게 감각하며 살아온 걸까.

아가씨 때처럼 하이힐 신고 걸을 수 없음을 애석하게 표현하는 말이나 글을 접하면 공감하곤 했다. 하지만 정신을 퍼뜩 차리고 보

여자, 아내, 엄마 지금 트러블을 일으키다

니 전혀 서글플 일이 아니었다. 새끼발가락에 물집이 퉁퉁하게 잡히면서도 하이힐을 신어야 하는 줄로만 알았던 나의 젊음이 안쓰럽다. 키가 크게 보이고 싶다면 키 높이 깔창을 넣으면 그만이었다. 뒤꿈치를 치켜든 채로 시큰한 허리 통증과 터져나가는 발가락 물집까지 견딜 까닭은 없었다. 가뜩이나 괴로운 일상에서 발까지 수난을 겪게 하고 싶지 않았다. 일말의 단정함과 격식을 위해서라면 단화 하나면 족하다.

# 비키니를
# 버리지 않은
# 이유

동남아시아 유명 휴양지인 세부에 갔을 때였다. 리조트 수영장에서 주변 사람들을 둘러보다 특징 하나를 발견했다. 서양인은 백발의 할머니부터 뱃살이 이중 삼중으로 겹친 중년의 부인들까지 모두 비키니나 원피스 수영복을 입고 선 베드에 누워 있었다. 머리부터 발끝까지 꼭꼭 싸맨 건 나를 비롯한 한국 여성들, 정확히는 가족 단위로 온 '아이 엄마'들이 유일했다. 말랐건 통통하건 간에 상의는 래시가드, 하의는 레깅스로 무장했다. 햇볕이 강해 피부 화상을 걱정할 정도도 아니었다. 어차피 그늘에만 있을 터였는데도 행여 속살이 드러날까 봐 겹겹으로 껴입었다. 애 낳은 여자는 비키니를 입으면 안 된다는 규칙도 없는데 다들 비키니는 신혼여행을 마지막으로 어딘가에 처박아 둔 것으로 보였다. 나라고 다르진 않았다.

올여름. 휴가를 앞두고 새카만 긴팔 래시가드와 반바지에서 벗어나보고자 했다. 산뜻한 수영복을 새로 장만하고 싶었다. 한 달 내내 쇼핑몰을 들락거렸다. 배꼽 언저리에서 잘라지는 크롭 티부터 원피스, 랩업 스커트까지 다양한 디자인의 수영복을 장바구니에 담았다 꺼냈다 반복했다.

결국 구입한 건 앞 지퍼가 있는 '긴 팔 래시가드'와 '사각 팬츠.' 그러나 이조차 난관에 부딪혔다. 래시가드는 몸매 보정 효과가 있단 말에 혹해서 정사이즈로 샀는데 앞 지퍼가 올라가지 않았다. 간신히 목까지 지퍼를 채우고 났더니 숨이 쉬어지지 않았다. 뱃살마저 울룩불룩 튀어나와 보정은 어림없었다. 하반신은 더 참담했다. 허벅지까지 내려오는 바지라 해서 기대했는데, 삼각팬티보다야 덜 민망했지만 엉덩이와 허벅지 라인이 적나라하게 드러나긴 마찬가지였다. 물속에서 몇 걸음 걸으면 엉덩이 위로 바지가 말려 올라갔다. 결국 상의와 하의 모두 다시는 입지 못했다.

다시 헐렁한 래시가드를 열심히 검색했다. 나처럼 몸에 달라붙는 스타일이 불편한 사람들이 꽤 있었는지 뱃살을 '완벽 커버' 해주는 래시가드를 쉽게 찾을 수 있었다. 일명 '루즈핏' 래시가드. 풀이하자면 헐렁한 수영복. 그런데 이 옷을 입고 수영이 가능할까. 치렁치렁한 옷깃은 수중에서의 활동성을 현저히 제한하고, 밖에 나와 돌아다닐 때도 축축 늘어져 무겁고 불편하다. 자유형도 평영도 할 수 없다. 몸에 물을 묻히는 수준에서 끝나야 한다.

엄밀히는 수영용이라기보다 물 바깥에서 걸치는 상의에 가깝긴 했지만 어차피 아이와 물놀이 할 때 입을 옷이니까, 유아 동반 물놀이장에서 자유형을 할 리는 없으니까 상관없었다. 이렇게 하여 집에서부터 입고 나가도 되는 전천후 '물놀이 복장' 완성. 여름 동안 알차게 활용했다.

여름옷을 정리하며 신혼여행 때 입던 비키니를 다시 만났다. 앞으로 입을 날이 있을까. 이참에 처분할까. 언젠가부터 비키니를 입기도 보기도 불편했다. SNS에서 일반인의 수영복 사진을 볼 때면 속이 편하지 않았다. '허리가 한 줌'이라거나 '글래머하다'며 너나없이 선의 가득한 '몸매 품평' 경시대회를 벌이고 있었다. 그걸 보면 저런 사진을 군이 올리는 이유는 뭘까, 자랑하나, 트집 잡고 싶어졌다.

여름 성수기의 제주 바다에서, 10분만 맨살을 노출해도 벌겋게 익는 태양 아래, 홀로 비키니를 입고 있던 여성을 봤을 때도 그랬다. 물속엔 들어가지도 않으면서 한 시간 넘게 셀카만 찍는 광경을 접하며 왜 마음이 복잡해졌을까. 몸매를 자랑한다고 여겨서일까. 아니면 나는 마음대로 못 입는데 누군가는 신경 쓰지 않고 입을 정도로 몸매가 완벽하다는 점에 부러움과 시기심이 나서였을까. 만약 '뚱뚱한 여성'이 비키니를 입고 돌아다니거나 사진을 올렸다면 나는 어떤 감정을 느꼈을까.

내가 느낀 모호한 불편함의 실체를 알고 싶었다.

비키니 착용엔 자격이 존재했다. 길거리에서 비키니 입고 돌아

여자, 아내, 엄마 지금 트러블을 일으키다

다니면 '정신 나간 짓' 또는 '퍼포먼스'가 되겠지만, 수영 가능한 장소에서 수영복을 입는 건 문제가 되지 않는다. 수영을 조금이라도 해본 사람들은 알 테지만 옷이 펄럭거릴수록 활동성이 떨어져 물속에서 활발하게 움직일 수가 없다. 래시가드가 몸에 붙는 건 이런 이유에서다. 또 장시간 직사광선 노출이 아니라면 가급적 몸을 감싸는 부위가 적은 편이 좋다. 젖은 수영복 자체가 체온을 뺏어가기 때문이다. 그러나 내가 겪은 한국 사회에서 여성은 비키니를 입을 수 있는 몸과 아닌 몸으로 나뉜다. 사실상 비키니의 정의는 '젊고 날씬한 여자가 입는 수영복'이다.

타인의 시선은 자기 검열의 기준이 된다. 스스로 조건에 부합된다 느낄 때만 비키니를 편하게 입을 수 있는데, 이때 '대상화'를 감당하는 것도 자기 몫이다. 비록 칭찬이라 해도 몸매 품평을 받아들일 각오가 돼야 한다는 말이다. 반면 몸매가 '날씬함'의 기준(55사이즈 이하)에 못 미칠 경우, 또는 출산 후 늘어진 뱃살 같이 젊음으로 상징되는 '탄력성'이 떨어질 경우 비키니를 입는 건 대단한 용기가 필요하다. 수군대거나 흘겨보기 때문이다. 날씬하지 않은 여성이 몸을 노출하면 '민폐'라고 규정하는 '사회적 규범'은 엄연히 존재한다.

이러한 규범은 내 몸을 '물건'처럼 바라보게 한다. 기준에 근접할 경우 '봐도 좋다고 과시하는 몸'이 되며, 그러지 못할 땐 '숨겨야 하는 몸'이 된다. 어떻게 입든 자유이자 취향이라고 말하지만,

마르거나 뚱뚱하거나 젊거나 늙은 사람 누구도 실상 자유롭지 못하다.

비키니가 불편한 두 번째 이유는, 바다 수영을 위해 고안되었다 하더라도 남성보다 과한 노출을 위한 의상이라는 점이다. 왜 남자는 사각 '팬츠'를 입고 여성은 삼각 '팬티'를 입는 걸까. 왜 남성의 엉덩이 라인은 강조되지 않는데 여성의 엉덩이 라인은 드러날 정도로 붙는 걸까. 심지어 반바지 형태의 보드쇼츠조차도 다리를 들어올리면 회음부가 노출될 걸 우려해야 할 정도로 짧다. 남자용 팬츠는 바지 안에 내장된 팬티가 부착되어 있고, 게다가 원단도 상당히 잘 마르는 편이다. 그런데 여자용 하의엔 그런 게 잘 없다. 비키니 팬티를 입거나 팬티 위에 다시 바지를 입는다. 몸매 드러내기가 부담스러운 여자들은 팬티, 레깅스, 다시 그 위에 반바지를 덧입는다. 대체 왜 세 벌이나 입어야 하는지.

상의도 마찬가지였다. 유방만 겨우 가린 브래지어는 격하게 움직이면 끈이 풀리거나 브라캡이 위로 말려 올라갈까봐 걱정해야 했다. 물속에서 쾌적한 활동성을 보장하는 것과 주요 부위만 겨우 가리는 디자인이 어떤 상관이 있는지 모르겠다. 여성용 수영복은 몸을 의도적으로 드러내기 위해 고안되었다는 점을 부인할 수 없다.

활동하기 좋으면서도 성적 대상화 되지 않을 수 있는 수영복이란 뭘까. 몸매 노출을 목적에 두지 않으면서도 체온 유지를 위해 신체 부위를 적절하게 가리면서 드러내는 건 어떻게 해야 할까. 이건 옷 디자인의 문제일까, 아니면 사람들의 의식 수준 문제일까. 아니면 개인이 타인의 시선을 극복해야 할 일일까. 수영복을 수영을 위한 기능 자체로 바라보고 입을 수 있으려면 무엇이 필요할까.

내 옆에 있던 백발의 노부부 내외를 보았다. 할머니는 해변 선베드에 원피스 수영복을 입고 잔뜩 모래를 묻힌 채 앉아 있었다. 옆의 할아버지 역시 팬티 하나 걸치고 망중한을 즐기고 있었다. 편하고 자연스러워 보였다. 그들은 누구 보라고 입지 않았으며 누구도 그들을 흘깃거리지 않았다.

올여름, 나는 겹겹이 싸맨 래시가드 덕에 눈에 띄지 않는 편안함을 찾았다. 내 몸을 노출해야 한다는 부담감을 떨쳤다. 철저히 위장하면서. 그러나 비키니 앞에서 다시 멈칫했다. 버릴까 고민하다 서랍 속에 넣었다.

그건 소망이었다. 비키니의 형태와 모양이 어찌되든 간에 나도 바다를 즐기고 싶었다. 몸을 과시하고 싶어서도 예쁜 비키니를 입고 싶어서도 아닌 단순한 바람 때문이었다. 거추장스러운 옷가지를 훌훌 벗고 바다 속으로 뛰어드는 짜릿함. 맨살에 닿는 모래와 바람, 햇빛의 감촉을 포기하고 싶지 않아서였다.

뱃살이 편안하게 늘어져도, 허벅지 살이 튀어나와도 누구도 신경 쓰지 않고 누구의 시선도 받지 않은 채 그저 나른하고 평온하게 휴가를 즐기고 싶다는 열망이었다. 완벽하지 않은 나의 몸이 왜, 물놀이를 하러 온 장소에서조차 '민폐'가 되어야 하는지 모르겠다. 비키니를 버린다는 건 그러한 해방감을 포기하겠다는 것과 다름 없었다. 아직은 그럴 수 없었다.

그러나 나의 이 소박한 꿈이 언제 이루어질지는 예상할 수 없다. 물은 만인을 동등하게 대할진대 물 앞에서 우린 아직 타인을 지나 치게 흘겨본다.

여자, 아내, 엄마 지금 트러블을 일으키다

# 다이어트는
# 안 하고 살 줄
# 알았는데

서른아홉까지 다이어트를 해본 적이 없다. 어릴 때부터 마른 편이었다. 특별한 식단관리나 운동을 하지 않아도, 웬만한 성인 남자만큼 밥 한 공기를 가득 먹어도 살찌지 않는, 소위 말하는 '축복받은 체질.' 지인들은 없어 보이지는 않을 정도로 적당히 마른 내 몸이 부럽다고 했다. 그렇게 먹는데도 어떻게 살이 안 찌냐고도 했다. 칭찬으로 들리진 않았다. 말랐는데 왜 그만큼 꾸미지 않냐는 조언도 빠짐없이 덧붙여졌으니까. 남들이 뭐라 하건 예전까지 몸은 내게 큰 관심사가 아니었다. 임신도 아닌데 만삭만큼 몸이 불어나기 전까지는.

모유 수유를 하고 밤잠을 설치느라 쭉 빠졌던 체중은 최근 2년간 급격히 늘어났다. 10년 전 결혼했을 당시에 비해 10키로 가까이 쪘다. 스트레스만 받으면 입맛이 달아나곤 했지만 30대 후반에 들어서며 식욕의 예민함이 감소했다. 스트레스에 무관하게 입맛

만큼은 일관된 체질로 바뀌었다. 평생 즐기지 않았던 떡, 빵, 과자, 믹스커피를 수시로 입에 넣었다. 당과 열량, 카페인은 나의 진통제였다. 아이가 잠들고 나면 홀로 3차전을 벌였다. 밤만 되면 찾아오는 정신의 허기를 달래기 위해 위장을 채웠다. 라면, 군만두, 떡볶이, 치킨, 맥주로 돌아가며 성찬을 차렸다. 살이 불어난다는 감각을 느끼지 못했다. 체중계와 친한 편이 아니기 때문이었다. 아랫배가 쳐지고 옆구리 살이 튀어나오며 임신 중기쯤 되는 둥그스름한 몸매로 변했지만 자각이 늦었다. 나의 상체는 브래지어 A컵도 되지 않을 만큼 말랐다. 얼굴부터 쇄골, 어깨와 팔꿈치로 이어지는 부위는 내 몸에서 가장 반듯하고 탄탄한 곳이다. 대신 하체는 상체보다 한 사이즈가 크다. 그래서 언제나 실제 몸무게보다 4-5kg 말라 보이는 착시효과를 누렸다. 덕분에 뱃살이 거침없이 불어나는 와중에도 둔감할 수 있었다.

강연한다고 새로 장만한 정장 바지를 입었을 때였다. 허리 부위가 꽉 조여 숨을 쉴 수 없었다. 옷 가게에서 입을 때도 이 정도는 아니었는데. 다리를 길게 보이게 하는 왜곡이 일어나던 거울 속 나와 과장 없는 집 거울로 보는 모습은 너무 달랐다. 그땐 날씬해 보여 복부의 압박을 인지하지 못했을 뿐이었다. 환불하기엔 늦었다. 입으려면 살을 빼야 했다.

그제야 그동안 내가 무엇을 누리고 살았는지 알았다. '마른 몸.' 그건 특혜였다. 뱃살이 없었기 때문에 죄책감 없이 먹을 수 있었

여자, 아내, 엄마 지금 트러블을 일으키다

고 어떤 옷을 입든지 간에 그럭저럭 맞았기 때문에 옷 고민을 하지 않은 거지, 내가 외모에 초연하거나 무심해서가 아니었다. 변한 몸을 인식하자 당혹스러웠다. 평생을 마르게 살다가 30대 후반 들어더 이상 마르지 않게 된 것인데도 이런 변화를 명백한 위기라고 받아들였다. 내 몸이 누리던 편리가 아주 조금 박탈되었을 뿐인데 비상등이 켜진 거다. 매일 체중계에 올라갔다.

진실은 이랬다. 살이 찐 후에도 나는 전혀 '뚱뚱하지' 않았다. 163cm에 59kg. 극강으로 마른 한국 여성들의 '표준' 체중에 비하면 초과일지 몰라도 나에겐 적절한 체중일 수 있었다. 얼굴이 좋아졌다는 말을 많이 들었다. 분명 전보다 덜 지치기도 했고 덜 예민해졌다. 그러나 한때 어울렸던 재킷이나 셔츠, 바지 핏이 죄다 어긋났다. 슬랙스의 허벅지 라인은 둔탁해졌고 재킷을 입으면 팔뚝이 울퉁불퉁해졌다. 55사이즈가 주던 보기 좋음에서 이탈하자 평생 없던, 몸매에 대한 갈망이 생겨나고 말았다. 가진 것이 없어져야 무얼 가졌었는지 알게 된다. 체중의 앞자리가 바뀌기 직전, 난생 처음 다이어트라는 단어를 떠올리고야 말았다.

다이어트의 절대적이며 전통적인 불변의 진리가 있다면 두 가지일 거다. 운동과 식단. 식단부터 말하자면 쌀밥, 면, 떡으로 대표되는 탄수화물이야말로 악의 근원이었다. 내가 가장 사랑하는 음식들이었다. 갓 지은 따끈한 쌀밥과 김, 야들야들 매콤한 떡볶이,

따끈한 잔치국수, 봉골레 파스타, 그리고 신라면 블랙의 MSG는 나의 각박한 영혼을 데워주고 말초 신경에 생기를 불어넣는 일용할 양식이었으나 나는 그것들을 금식하기로 마음먹었다.

저탄수 고단백 식단을 시도했다. 고기와 채소로 장을 잔뜩 봤다. 점심은 목살, 저녁은 두부 부침, 다음 날엔 닭가슴살. 매끼 채소도 한가득 그릇에 담았다. 밥을 먹지 않으니 허전했고 고기로 배를 양껏 채웠다. 열흘쯤 지났을까. 방귀가 뽕뽕 나왔다. 없던 변비가 생겼다. 트림을 자주 했다. 소화불량이었다. 채소와 과일을 충분히 먹어도 고기 위주의 식단은 내 몸에 버거웠다. 2주쯤 되니 그 좋아하던 고기 냄새가 역하게 느껴져 입에 대기도 싫었다. 육식주의자는 못 될 체질인가. 탄수화물 금단 증상도 나타났다. 면이 당겨 몸이 배배 꼬였다. 결국 못 참고 밤마다 라면 파티를 했다.

한참 지나 정신 차렸다. 야심차게 저칼로리 식단으로 바꿨다. 아침엔 선식과 견과류, 점심엔 잡곡밥과 닭가슴살 샐러드, 저녁엔 시리얼과 과일 등으로 이루어진 패키지를 다이어트 전문 쇼핑몰에서 구입했다. 이틀째 넘어가자 손이 달달 떨리고 두통이 밀려왔다. 사람이 먹고살 수 있는 음식이 아니었다. 글쓰기와 같이 온몸의 에너지를 끌어 모아 집중해야 하는 일에서 자꾸만 흐트러졌다. 아이와 몸으로 놀아야 할 땐 짜증이 수시로 올라왔다. 안 그래도 맛집 탐방도 쇼핑도 안 하며 금욕적으로 사는데 떡볶이 먹는 즐거움까지 참으라니 자기 학대였다.

그러나 다이어트 성공에 대한 갈망은 식욕을 죄악시했다. 예전의 나라면 이해할 수 없는 일이었다. 왜 사람들이 끼니를 굶어가며 다이어트 하는지, 그러고서 폭식을 반복하는지 몰랐다. 매일 체중계에 올라 1, 2kg에 울고 웃는 그들이 솔직히 한심했다. 반성한다. 이유를 뼈저리게 깨우쳤다.

　　다이어트를 추동한 데엔 즐겨보던 유튜브의 홈트레이닝 영상도 한 몫 했다. 왕王 자 복근을 새기고 S라인으로 몸을 비틀며 서 있는 영상 썸네일을 클릭하면 땀을 흘리면서도 속눈썹 붙이고 립스틱까지 바른 트레이너들이 있었다. 그들은 시종일관 민소매를 입을 때 튀어나오는 겨드랑이살, 덜렁거리는 팔뚝살을 언급했다. 납작한 하복부와 사과 같이 동그란 엉덩이, 다듬이처럼 매끈한 종아리를 만드는 비법을 알려줬다.

　　"한 달만 해보시면 몸매가 달라집니다!" 유혹적인 말이었다. 오늘을 버텨낼 체력과 애플힙과의 연관성이 무엇인지는 알 수 없었다. 복근 운동의 목적은 오래 앉아 있으면서도 무너지지 않는 허리 근육을 위해서가 아니라 비키니 때문이어야 했으니까. 몸을 부위별로 쪼개고 깎아내는 운동 영상들을 접하면 멀쩡하던 내 몸도 비곗덩어리로 보였다. 옆구리살은 더욱 늘어져 보였고 엉덩이는 처져 보였다. 나에 대한 결핍을 갖기 위해 운동을 하려던 것이 아니었는데, 운동 영상을 보면 이상하게 초라해졌다.

다이어트와 이상적 몸을 향한 조바심은 내가 추구해야 할 몸의 목적을 잊어버리게 했다. 깜짝할 사이 휩쓸렸다. 다이어트 때문에 운동을 하는 게 아니라고 하면서도 분명 다이어트 때문에 하고 있었다. 맥주를 마시고 잔 날이면 숙취 때문에 괴롭다기보다 불어날 체중이 더욱 걱정이었다. 뱃살을 쥐어 짜내며 습관적으로 자학했고 '바디 토크'에도 기꺼이 가담했다. 나도 모르게 누군가에게 "팔뚝살이 없다", "얼굴이 작다", "날씬하다"며 칭찬을 가장한 평가를 하고 다녔다.

화살은 나에게로 다시 향한다. 나는 분명 살이 찌지 않았다. 그럼에도 "살이 5kg 쪘다, 뱃살이 많다"고 수시로 말했다. 나보다 마른 사람이 다이어트 해야 한다고 할 때마다 속으로 재수 없다고 생각했는데 나도 같은 짓을 반복하고 있으니 이건, 겸손도 자학도 아니었다. '사회적 미의 기준'으로 타인을 평가하고 자기를 검열하는 딱한 영혼일 뿐.

살이 쪘다고 볼 수 없는 몸인데도 살이 쪘다고 여기며 매일 체중계에 올라가는 내 모습이 낯설었다. 나 역시 다이어트로부터 자유롭지 않은 여자라는 사실은 적잖은 충격이었다. 몸의 대상화란 표준이 되는 기준을 넘어서는 순간 부지불식간에 이루어졌다. 나에게만 보이는 거울은 고개를 기웃거리자마자 눈앞에 투명하게 펼쳐져 나를 감시하고 있었다.

계획적이지도 주도면밀하지도 못하던 반년 간의 어설픈 다이어

여자, 아내, 엄마 지금 트러블을 일으키다

트 시도는 얼떨결에 성공했다. 안 그래도 예민하던 위장이, 스트레스 받는다고 맥주와 야식을 쏟아붓자 결국 망가졌다. 맥주 두 캔만 마셔도, 치킨만 먹어도, 다음 날 몸이 덜컹거렸다. 위장이 뒤틀리고 설사를 쭉쭉 했다. 소화도 해독도 안 됐다. 저녁 8시가 넘으면 강제 금식을 해야 했다. 엎친 데 덮친 격으로 연말에 감기 몸살까지 앓았다. 삼일을 내리 굶었다. 갖은 노력에도 꿈쩍 않던 살이 쭉 빠졌다.

기운 없던 와중에도 체중계에 올라 4kg 빠진 살을 확인할 때 안도했다. 그러나 기쁨은 잠시, 집요하게 따라오던 다이어트 압박을 다시 인식했고, 이어 몸서리를 쳤다. 직감적으로 알았다. 다이어트의 끝없음. 다이어트를 모르고 살던 운 좋은 내 인생에 다이어트가 숙제처럼 주어지고 말았다. 다이어트와 그에 대한 회의감 사이에서 끝없는 줄다리기를 해야 할 판이었다. 다이어트는 체중의 증가와 감소를 인식하며 '보기 좋은 몸'이라는 프레임에 우리를 옭아맨다. 우린 다이어트에 당면해서 타협을 하든지 조정을 하든지 아니면 포기를 해야 한다. 그 누가 자유로울 수 있으랴.

왜 살을 빼고 싶었을까? 단순히 옷이 안 맞는 이유라면 그 옷을 입지 않으면 그만이었다. 내가 옷의 핏이 좋아야 할 이유가 있을까. 나는 사진 찍히는 직업을 갖지 않았다. 주로 집이나 사무실에 있다. 강의를 하더라도 몸매 평가와 무관한 일이며 당연히 그래야 한다. 내 몸이 예쁘다는 평을 받아 무엇하겠는가? 칭찬을 가장한 외모 품평은 나의 직업적 자긍심을 고양시키지 못한다. 살을 빼려는 일차적 목적이 타인에게 보이는 모습이라면 나에겐 해당 사항이 없었다.

나에게 필요한 몸은 뭘까. 163cm에 49kg, 왕 자 복근에 애플힙은 아니었다. 글쓰기를 지속할 수 있는 근력. 오래 노트북 앞에서 글을 써도 구부러지지 않을 목과 어깨. 퉁퉁 붓지 않는 다리. 아이와 놀 때 무력함에 빠지지 않을 수 있는 체력이었다. 튼튼한 몸이 필요했지 보기 좋은 몸이 아니었고 날씬한 몸이 아니라 단단한 몸을 원했다. 다이어트는 튼튼함과 활동성을 갖춘 몸에 따라올 수 있는 결과이지 그 자체가 목적은 아니어야 했다. 건강한 몸을 추구하다 보면 다시 살이 붙을 수도 있고 때론 빠질 수 있다.

신체의 형태, 굴곡, 체중은 몸의 상태를 다 말해주지 않는다. 몸은 보이는 면보다 보이지 않는 부분에서 정확히 감지된다. 허기, 통증, 기운, 힘이다. 다이어트를 한답시고 손발 저림, 속 쓰림까지 참고 있지는 않은가. 운동으로 어깨와 등의 통증이 감소했는가. 바짝 집중할 만큼의 에너지가 생성되는가. 노트북과 책이 잔뜩 든 무거운 배낭을 메고 걸어갈 수 있는가. 속이 더부룩한가. 변을 잘 보고 있는가. 내가 하는 행동이 아닌 외모에 나도 모르게 집착하나. 체중계의 숫자보다 자세히 살필 건 이런 감각이었다.

오늘도
셀프 단발을
감행했다

"미국은 미용 값이 엄청 비싸다던데요?"

"그래서 직접 잘라요. 이 머리도 제가 자른 거예요."

"네? 정말요? 어떻게요?"

"그냥 주방 가위로 잘랐어요."

신세계를 알았다. 머리카락을 혼자 거울 보며 잘라도 미용실에서 돈 주고 한 것 못지않게 멀쩡하다는 점과 주방 가위로도 가능하다는 것은 충격이었다. '커트'는 반드시 미용실에 가서만 할 수 있는 전문가의 기술로 생각해왔다. 집에서 자르는 경우는 앞머리나 어린아이들의 바가지머리처럼 망할 위험이 적거나, 어설프게 잘려도 봐줄 만한 경우에 한해서라고 알고 있었다. 딸아이의 머리칼을 가위로 숭덩 잘라주긴 했지만 그건 어디까지나 다섯 살 난 아이니까 가능하지, 서른 넘은 성인 여성이 집에서 가위로 혼자서 긴 머리를 짧게 싹둑 자른다는 건 '출가'를 결심하거나 '혁명'을 꿈꾸진 않고선 불가능한 행위로 보였다. 그런데 너무도 자연스럽게도 '그냥 주방 가위로 잘랐어요'라니….

내 머리카락은 20대 초반부터 지금까지 주로 귀밑 단발에서 어깨선까지를 오고 갔다. 굵기가 가늘고 숱이 적지만 반곱슬이어서, 풀고 있으면 찰랑거리기는커녕 제멋대로 뻗치고 엉킨다. 그래서 평소엔 머리카락을 질끈 한 갈래로 묶고 다녔다. 나라고 여자라면 한 번씩 품어보는 '긴 생머리' 로망이 없는 건 아니었다. '긴 생머리' 하나만으로도 스타일링이 확연히 달라짐을 모르지도 않았다. 인고의 시간을 거쳐 등까지 애써 길러 본 적도 있긴 하다. '꾸밈에도 때가 있다'는 인생 선배들의 조언을 받들어 20대 아니면 못 해본다는 긴 머리 웨이브펌을 시도해 보았다.

실패했다. 내 머리카락에는 독한 파마약이 먹히지 않았다. 구불구불 물결쳐야 할 웨이브가 한 달도 되지 않아 맥없는 실타래처럼 자글자글 풀려 버렸다. 그래도 비싼 돈 주고 했으니 묶고 다니긴 아까웠다. 일종의 오기로 버텼다. 바람 불면 나풀거려 시야를 가리고 여름엔 땀이 나 머리카락이 목덜미에 엉겨 붙었지만 참았다. 밥 먹을 때 흘러내리는 걸 매번 잡아 넘겨야 하는 번거로움까지 견뎠다. 3개월이나 갔을까. 결국 잘라버렸다.

나의 처음이자 마지막인 긴 머리였다. 주기적으로 머리카락을 빳빳하게 피거나 말아주는 펌을 하기엔 20만 원 넘는 되는 돈을 지불할 만큼 여유롭지도 않았고, 3-4시간 동안 꼼짝없이 미용실에 앉아 있을 시간도 없었다. 그러니까 '긴 머리'를 고수하려면 그만큼의 시간과 노력과 비용을 들여야 했다. 그래서 기껏해야 어깨길이를 유지하다가 봄이 되면 미용실에 가서 털갈이하듯이 단발로 잘라주곤 했다. 그런데 긴 머리를 유지하지 않아도 관리는 필요했다. 갈 때마다 미용실 직원들의 상냥한 권유를 들었다.

"이런 머리는 단발하시면 펌을 해주셔야 해요. 그래야 손질하기가 좋아요. 안 그러면 지금처럼 매번 드라이를 해야 해요."

그대로의 머리카락이란 언제나 결도 색상도 제멋대로여서 인위적인 약품으로 길들여줘야만 자연스러워 보일 수 있다는 역설이었다. 드라이는 머리카락을 건조시킬 뿐 아니라 머리의 형태를 고정해주기도 한다. 그러나 머리 말리는 용도 이외에 드라이란 걸 해본 적이 없는 나에게 '매일 드라이해야 하는 머리'라고 하니, 나는 드라이해야 하는 머리를 드라이를 하지 않으면서 사는 여자가 되어버렸다.

"저 드라이 안 하는데요…."

미용실 직원은 조금 당황했다. '어떻게 이런 머리로 드라이도 안하고 다닐 수 있느냐'라는 따가운 눈초리가 뒤통수에 느껴질 때면 묻지도 않은 말에 주절주절 변명을 늘어놓았다. "아침에 드라이할 시간이 있어야지 말이죠." 친절한 직원은 수긍해준다. "그럼요. 바빠서 드라이할 시간이 언제 있겠어요. 그러니까 펌하면 굉장히 관리가 쉬워져요!"

'또 펌이야? 나 펌 안 먹는 머리카락이라고요'라고 말하고 싶었지만 엉뚱한 말을 내뱉었다.

"그럼 관리하기 쉽다는 그 펌 해줘보세요." 염색도 들어간다. 커트하면서 새치를 몇 개 발견한 탓이다. 세월은 흘러 나는 30대 중반이었다. 육아로 인해 사회생활이 전면 중지된 인생 암흑기를 지나고 있었다. 긴 머리와 작별하며 더 이상 펌을 안할 줄 알았건만 기분 전환이 절실했던 탓이었을까. 나에게 이 정도 투자는 해주고 싶다는 욕구가 동해서였을까. 돈 안 번다고 외모까지 너무 방치하고 있는 건 아닐까라는 해묵은 셀프 질책이 작동했다. 그러다 보면 미용실 직원의 끈질긴 제안에 속수무책 백기를 들곤 했다.

그러나 집에 와서 머리를 한번 감고 드라이를 안 해도 된다는 말에 낚였음을 깨우쳤다. 내 머리카락은 펌을 해도 드라이를 하지 않으면 중구난방 너풀거리는 머리카락이었던 것이다. 다시 6개월에서 길게는 12개월까지 미용실에 가지 않으며 방치하다가 까만 머리 반, 염색 머리 반으로 털갈이가 시작되고 머리카락 끝이 퍼석하게 갈라지며 엉켜갈 때쯤 미용실을 찾는다. 그리고 같은 일을 반복했다.

'미용실을 가지를 말아야 해!'

그러나 긴 머리를 참을 수 없어 결국 미용실에 가게 될 테고, 외모 자신감이 하강하면 보나 마나 쓸데없는 웨이브와 펌을 또 하게 될 터인데… 갈등하던 중, 셀프 미용이 가능하다니! 눈이 번쩍 뜨였다.

여자, 아내, 엄마 지금 트러블을 일으키다

날이 더워질 무렵 결단했다. 주방 가위를 들고 화장실로 향했다. 웃옷을 홀라당 벗고 수건을 두르고 머리칼을 잘라보았다. '상한 부분만 잘라보는 거야. 집에서 자른 티 안 나게 말이지.' 그러나 나는 머리카락의 양이나 길이를 정확히 측정할 수 없는 생 초보였다. 조금 자른다는 게 뭉텅 잘라버렸고 돌이킬 수 없게 짧아졌다. 잘라버린 길이에 맞추려다 보니 옆머리도 그 길이로 잘라야 했고 자르다 보니 더 짧아져 버렸다. 다음 번 머리카락은 또 길이에 맞춰 잘라야 하고 다시 또 더 짧게 자르기가 반복되어버리니…. 결국 귀밑머리 단발이 되고 말았다. 가장 '관리하기 어렵다'는 길이. 매번 드라이로 말아주거나 펌을 반드시 하지 않으면 사방으로 뻗쳐버린다는 길이.

그런데 내 눈엔 예상외로 괜찮아 보였다. 2만 원 주고 잘랐던 미용실 단발보다 차라리 나았다. 이래나 저래나 어차피 부스스해지고 제멋대로 뻗칠 머리라면, 어차피 질끈 묶어버릴 머리라면 내가 내 마음대로 자르고, 망하더라도 내 탓 하는 게 나았다.

머리칼을 직접 잘랐다는 걸 들은 친구들은 한마디씩 해줬다.

"정말? 진짜 괜찮은데?"부터… "모자 쓰면 괜찮아"에서 "제발 그러지 마…"까지.

누군가 당신의 새로운 헤어스타일을 괜찮다고 말해준다면 아마도 98% 빈말이다. 습관화된 칭찬이다. 그렇지만 누군가 별로라고 해줘도 그것 또한 깊게 새겨들을 말은 아니다. 그저 남에게 칭찬의

빈말을 해주면 허식이 있다거나 솔직하지 못하다고 생각하는 자존심 강한 사람일 뿐이다.

칭찬이든 험담이든 어차피 상대는 나의 모습을 뒤돌아서는 순간 잊는다. 밥 먹다가 내 얼굴을 생각해줄 거라는 애틋한 기대는 버리자. 게다가 헤어스타일이라는 건 꽤나 관대한 고정관념을 보이는 취향이다. 여자가 삭발을 한다거나 남자의 긴 머리처럼 통념을 과감하게 위반하지 않는 이상 눈에 확 띄지 않는다. 삐죽삐죽 어긋난 뒷머리 따위 미용사들이 아니고선 아무도 관심 없다. 그러니 누군가 내 모습을 눈여겨볼 거라는, 나를 쳐다볼 거라는 과한 자의식은 꺼도 좋다. 그저 내 마음에 드는가 아닌가부터 생각하면 그만이다. 결정적으로 혼자 잘랐다고 말하지 않는다면 대부분은 눈치 못 챈다. 차마 그 정도일 줄은 모르는 것이다.

셀프 미용은 나날이 과감해졌다. 귀밑머리 단발에서 좀 더 짧아진 숏컷까지 도전했다. 머리카락을 언제든 내 마음대로 할 수 있음은 유쾌한 경험이었다. 그동안 숏컷을 하고 싶어도, 숏컷이야말로 최소 두 달에 한 번은 미용실에 가서 잘라줘야 하니 일 년에 미용실 한 번 갈까 하던 나는 할 수 없는 스타일이었다. 그러나 셀프 미용을 하며 숏컷을 거뜬히 할 수 있었다.

3천 원짜리 '다이소' 숱가위로 슥슥 다듬으면 됐다. 누가 어떻게 보든 혼자 머리카락을 자른 내 모습이 좋았다. 손가락을 돌려 머리카락을 말아가면서 건조시키지 않고 툴툴 털어 말리면 그만이어

서 상쾌했다. 머리카락을 묶을까 풀까 고민조차 할 필요 없어 가뿐
했다. 미용실 가야 하는데, 하면서도 안 가는 나를 게으르다고 자
책하지 않아도 되었다. 미용실 갈 때마다 잔소리 듣는 게 심란했고
들어가는 돈도 아까웠던 마당에 고민 하나 덜어냈다. 머리카락을
남에게 맡기지 않아도 됨이 이토록 홀가분할지 몰랐다. 그리하여
난 오늘도 셀프 단발을 감행한다.

# 오늘 나는
# 결혼 액자를
# 부쉈다

"스튜디오 촬영해봤자 장롱에 들어가."

믿지 않았다. 결혼사진을 장롱 속에 처박아두는 부부라면 분명 권태기를 보내고 있을 것이며, 각방을 쓰고, 걸을 때 손도 잡지 않지 않을 만큼 상대에게 지루해져 있을 터였다. 빛바래 내동댕이쳐진 결혼 액자야말로 지리멸렬한 결혼 생활의 증거이니까. 우리가 그렇게 될 리 없었다.

일생일대 이벤트 기록인데 당연히 집에서 제일 잘 보이는 곳에 걸어두어야 했다. 손님들이 우리 집에 들어오면 바로 마주칠 수 있도록 현관에서 신발을 벗자마자 보게 되는 벽에 두었다. 영원한 맹세의 순간, 생애 가장 때 빼고 광내며 치장해둔 박제된 젊음을 몇 년이고 볼 때마다 흐뭇해할 작정이었다. 장롱에 들어가는 결혼 액자라니, 무슨 불경한 소리. 우리에겐 일어날 리 없었다.

결혼할 때 스튜디오 촬영에 목을 맸냐면 그건 아니었다. 과도한 허례허식을 거부하는 실리적이며 꼼꼼한 신부였던 나는 2-300만 원의 거금을 스튜디오 촬영에 쓰기 싫었다. 그럼에도 웨딩 사진에 대한 기대를 완전히 포기하기엔 아쉬워서 드레스와 한복을 빌려주고 메이크업도 간단히 해주는 스튜디오에 가서 30만 원을 주고 약식으로 후다닥 찍었다. 결과는? 참담했다. 경직된 미소와 부자연스러운 포즈에 신혼의 단꿈만이 나풀대는, 촌스러우면서도 전형적인 결혼사진을 찍고야 만 것이다.

결혼식 스냅사진까지 촬영하고 나서야 왜 사람들이 청담동 스튜디오에 가서 수백만 원씩 주고 찍는지 깨달았다. 연예인이나 쇼핑몰 모델에 준하는 외모가 아니고서는, 유명한 스튜디오의 대표 포토그래퍼로 딱 지정해두고 그만큼의 값을 지불해야지만 웨딩 드레스와 신부 화장이라는 코스튬이 그로테스크하게 보이지 않았다. 피곤에 절어 눈은 충혈되고 썩은 미소를 짓는 어색한 연출 사진이 나오지 않으려면 과연, 그만한 돈을 들여야 했다. 인생에 유일무이한 기회이기도 했다. 언제 드레스 입고, '신부님, 신부님' 하며 공주 대접 받아보겠는가. 다시는 스튜디오 촬영을 할 당시의 몸무게를 회복하지도 못할뿐더러 주인공이 될 날 역시 오지 않는다. 사람을 재탄생시키는 정교하고 꼼꼼한 화장을 하고, 평소엔 전혀 해볼 엄두조차 못 내는 우아한 몸가짐을 지니고, 손가락 하나도 발레리나처럼 섬세하게 가다듬어주는 촬영을 겨우 끝내고, 턱선과 허리선을 날렵하게 깎아주는 고도의 후보정 기술을 거쳐야지만 일생일대 가장 아름다운 모습으로 보존될 수 있었다.

결혼식장 촬영만으론 할 수 없었다. 어르신들 보기에도 유난스럽지 않은 내추럴 메이크업은 사진으로 찍히고 나면 얼굴 윤곽이 스튜디오 사진만큼 돋보이지 않았다. 결혼식 내내 허리를 꼿꼿하게 세우고 있느라 등골이 저려서 도무지 환하게 웃을 수도 없었다. 카메라만 보면 표정이 굳는 데다가 웃을 때면 팔자주름과 잇몸이 잔뜩 보이는 나 같은 사람은 보통의 비용으로는 본식 사진이 잘 나올 리가 없는 거였는데 그걸 몰랐다. 결혼식 스냅사진을 받은 후에야 포토그래퍼의 포트폴리오에 등장하는 신부들은 보정 기술 필요 없는 외모만 선별했음을 알았다. 나처럼 밋밋한 얼굴은 곧 죽어도 그렇게 나올 수 없었다. 그런 줄 모르고 스튜디오 촬영을 과소평가했다.

거기서 끝냈어야 했는데, 스튜디오에서는 5주년 프로모션을 한다면서 20만 원이 넘는, 20인치 유리관 액자를 선물로 준다고 했다. 액자에 들어갈 사진을 '셀렉'할 때부터 내키지는 않으면서도 남들 하는 거 하나쯤은 해보고 싶어 마지못해 골랐다. 남편은 아무 관심 없었으므로 내가 잘 나온 사진으로 골랐다. 대신 남편의 홀쭉한 볼살은 조금 통통하게, 어깨는 넓게, 키는 나보다 10cm 더 크게, 반면 나의 허리와 팔뚝과 턱은 더 깎아달라고 스튜디오에 부탁했다. 5년 차 디자이너로서 직접 하고 싶은 마음이 굴뚝이었지만

여자, 아내, 엄마 지금 트러블을 일으키다

참은 것이 결국 진상짓이 되었다. 담당 직원은 온 힘을 다해(욕을 하며) 보정했을 것이다. 그러나 아쉽게도 마음엔 들지 않았다. 어쩌겠는가. 생긴 대로 찍혔을 뿐.

　액자는 성인이 두 손으로 들기도 벅찬 크기였다. 행여 떨어뜨려 발등이 찍히면 응급실 행이다. 당시 우린 자가용이 없는 '뚜벅이 족'이었다. 낑낑대며 지하철로 실어 날랐다. 남편이 액자를 들고 있으면 개찰구를 잡아줬다. 액자가 기울어 쓰러지지 않도록 양쪽에서 꽉 잡고 1시간 넘게 지하철을 탔다. 결혼 액자라고 안방에 모셔뒀다. 사랑스럽고 포근한 우리의 보금자리에 말이다. 오고 가면서도 저 사진이 나와 남편이라는 게 믿을 수 없어 고개를 서둘러 돌려버리곤 했지만 1년, 2년, 3년이 지나며 액자는 빛바래 가는 벽지 위의 얼룩처럼 집안에 스며들었다. 결혼사진이 거기에 있기는 했던가.

　유행 타는 콘셉트가 아니라고 생각했지만 유행 탔다. 4년쯤 지나니 눈 뜨고는 볼 수 없을 정도로 촌스러운 복고 사진이 되어 있었다. 그리고 여러 번의 이사를 반복하던 끝에 액자는 제자리를 찾지 못하고 옷장 깊숙이 처박혔다.

　어느 날이었다.
　물건을 없애는 일에도 결정적 타이밍이 있다. 고민하고 계획하면 못한다. 보리차를 끓이다가도 문득, 빨래를 널다가도 불현듯 속

깊은 곳에서 열기가 올라올 때 감행해야 한다. 혹시나 오해가 있을까 덧붙이는데 남편과 내가 싸워서, 결혼 생활을 끝장내고 싶어서, 이혼 서류를 준비해놓고 결혼 액자를 깨부순 건 아니었다. 남편과 나는 아이가 태어난 후 각방에서 자고 손을 잡고 걸어 다니지도 않지만 여전히 부부라는 정체성을 가지고 있으며 결혼사진을 감정적으로 찢어버릴 만큼 서로를 격렬히 미워하지도 않는다. 가끔만 미워한다. 그러나 지긋지긋했다. 이걸 여태 품고 있음이.

결혼 액자 앞에 나의 감정은 전처럼 회상에 잠기며 흔들리지 않았다. 장롱 속에 처박힌 액자를 권태기의 산물이라며 연민할 이유도 없었다. 그건 자리를 차지하는 낡은 물건 그 이상도 그 이하도 아니었다. 추억이라고 하기에도 번거로운 천덕꾸러기가 되어 있었다.


차분하고 냉정하고 이성적으로 결혼 액자의 프레임을 뚝 분질러보았다. 화장실 타일 바닥에 눕히고 액자의 중앙을 과감하게 밟았다. 유리가 와장창 깨져나갔다. 합판에 부착된 사진에서 내 얼굴이 쩍 갈라졌다. 한 발짝 더 밟았다. 남편의 가슴이 움푹 파였다. 액자 가운데가 부서지자 다음엔 내 목을 반으로 접고 남편의 다리를 꺾었다. 합판을 반으로 접어가며 부수었다. 프레임과 유리를 조각조각 깨뜨렸다. 종량제 쓰레기봉투에 들어가야 했으니까. 25인치 액자는 나무, 유리, 합판 등 각각의 재질에 따라 일반 쓰레기봉투와 마대에 분리되어 들어갔다.

여자, 아내, 엄마 지금 트러블을 일으키다

그렇게 우리의 역사에서 대형 결혼 액자는 사라졌다. 속눈썹을 붙이고 핑크빛 볼터치를 하고 잔뜩 펄을 뒤집어쓰는 풀메이크업을 하고 머리엔 화관을 올리고 바닥에 잔뜩 끌리는 풍성한 프릴의 탑 드레스를 입었던 내 모습도 지워졌다. 여전히 외장 하드 깊숙이 수백 장의 결혼 사진이 파일로 남겨져 언제고 혼령처럼 살아날 수 있지만, 눈앞에서 당장 마주칠 일은 없어졌다. 어색하고 인위적인 웃음을 흘리고 있는 과거의 나와 더 이상 만나지 않아도 된다.

스·드·메(스튜디오 촬영·드레스 대여·메이크업)로 지칭되는 결혼식 준비 과정을 떠올려보았다. 너무도 까마득해서 마치 전 시대의 역사 같이 느껴지지만 당시엔 마치 인생에서 가장 중요한 듯 호들갑스럽고도 진중한 선택의 연속이었던 시간. 웨딩 슈즈에서부터 티아라, 부케를 고르는 일이 인생을 좌우할 선택처럼 느껴지던 시간. 최초이자 마지막으로 공주가 되어보는 기회였기 때문일까, 다시는 주어지지 않을 사치의 기회였기 때문일까. 수년이 흘러 결국 이런 취급을 받고 말 것을 많은 이들이 그토록 지엄하게 경고했음에도 왜 맹렬하게 사진 촬영에 몰입했을까. 그래도 어쩌면 추억일 테니까. 추억은 좋으니까. 아주 비싸게 만들어내야 해도.

내가
사랑하는
나의 가방

출근길, 회사 엘리베이터에 타면서 간단히 목례를 나누다 보면 여자 직원들이 들고 있는 가방이 눈에 들어왔다. 내가 아는 건 루이비통과 프라다였다. 경박한 표현이긴 해도 루이비통의 동그랗고 세모나고 네모난 패턴은 너무도 흔해 벽지 같이 친숙했다. 광택 있는 까만 천 위에 찬란하게 박힌 프라다의 금색 로고도 워낙 눈에 띄기에 모른척할 수 없었다. 그 무렵 나는 결혼 준비를 하고 있었다. 결혼하면서 서로에게 주고받는 예물로 여자들은 가방을, 남자들은 시계를 받는다는 이야기를 들었다. 허례허식이라고 비웃었지만 누군가 가방을 받았다고 하면 그것이 사랑의 증표라도 되는 듯 부러웠다. 내색을 안 했을 뿐. 직장 생활 6년 차에 10만 원 넘는 가방 하나 못 가지고 있던 처지였다.

한번은 회사 선배와 시장 조사를 나갔다가 백화점 명품 매장에

여자, 아내, 엄마 지금 트러블을 일으키다

들른 적이 있었는데 그가 가방 하나를 유심히 들여다보고 있었다. 선배가 매일 메던 가방과 같았다. "확실히 면세점이 더 싸긴 싸네" 하면서 보던 그 가방은 가격이 무려 150만 원. "나는 220만 원 주고 샀거든." 선배가 매던 가방의 디자인을 기억한다. 15만 정도 되는 보세인 줄만 알았는데…. 미안하다. 못 알아봐서. 지방시. 지방의 작은 소도시를 약자로 말하는 줄 알았다. 오해할까 봐 덧붙이는데 지방시와 선배에겐 잘못이 없다. 명품도 못 알아본 나의 안목이 문제일 뿐이다.

몇 달 후, 저녁 회식 앞자리에서 동료들이 '버버리' 이야기를 하고 있었다. "버버리 가방 신상 나온 거 봤어?" 지방시의 기억을 떠올리며 이번에는 제대로 아는 척하겠다고 마음먹었다. 한마디 거든다고 반색하며 이런 말을 했다. "저도 버버리(패턴이 있는) 목도리 하나 있어요!" 앞에 있던 선배가 "훗" 하며 웃었다. "버버리가 아니라 멀버리야!"


명품이 왜 좋은지 모르던 저렴한 안목의 나는 결혼을 기점으로 보는 눈을 키우기로 했다. 큰 맘 먹고 남편 될 사람과 백화점을 다녀보았다. 지금 아니면 언제 좋은 가방 들어보겠냐며 예산을 두둑하게 잡고 샅샅이 훑었다. 그러나 결국 사지 못했다. 다시 한번 강조하자면 돈이 모자라서가 아니었다. 내 눈에, 성에 차지 않아서였다.

무거웠다. 가방이라 함은 물건을 넣고 들고 다니는 용도이고, 그러기 위해선 가방의 무게가 가벼워야 하는데도 명품 가방들은 하나같이 이미 물건이 가득 들어 있는 듯 무게감이 있었다. 게다가 딱딱했다. 이것저것 쑤셔 넣을 때 모양이 흐트러지지 않기 위해서 였지만 그런 만큼 물건을 마구 넣을 수가 없었다. 주렁주렁 달린 버클이나 장신구도 과했다. 군더더기 없이 똑 떨어지는 디자인 찾기가 어려웠다. 평상시 나의 옷차림과는 어울리지 않았다.

그러니까 나의 기준은 애초에 명품에 적합하지 않았다. 명품백은 가방이라는 기능을 위해서가 아니라 작품으로서 작동하는 법이다. 명품의 목적은 기능이 아닌 과시다. 그러므로 들고 있으면 당연히 가방만 보여야 한다. 내가 이 정도는 들고 다닌다는 걸 보여주어야 하기 때문이다. 또 명품을 들고 다닐 정도라면 대중교통 탈 일도 없을 테니 가벼울 필요도 없다. 애초부터 장신구니까 가방 안에 이것저것 넣기 좋게 만들지 않아도 되고 착용이 편해야 할 이유도 없다. 이참에 하나 장만해서 직장에서도 주말 외출에서도 모임에서도 들고 다니겠다며 욕심 낸 내가 어리석었다. 감히 모시고 다녀야 할 명품 가방에 카메라부터 책까지 넣으려 하다니.

가격대가 비교적 저렴하면서 부피가 크고, 3단 접이식 우산이든 책이든 입던 카디건이든 마구 넣을 수 있어 기저귀 가방으로도 활용 가능한 루이뷔통의 숄더백이 있었지만 아무리 봐도 내 눈엔 예쁘지 않았다. 어차피 그럴 용도로 쓰자면 굳이 수십만 원 하는 비싼 가방을 살 필요가 없었다. 그렇다고 진짜 비싼 가방을 사자니 가방을 주인처럼 떠받들고 다녀야 할 판이었다. 나는 결국 명품 가

여자, 아내, 엄마 지금 트러블을 일으키다

방이라는 것을 못 가지고 다닐 팔자였다.

그리하여 결혼하고 8년이 지나도록 내가 들고 다니는 가방은 자투리 린넨 원단으로 만든 에코백, 그리고 노트북을 넣고 다니는 백팩이다. 바느질을 5분만 해도 몸이 쑤셔 내팽개치는 내가 가방을 만들겠다며 재봉틀을 배울 줄 꿈엔들 알았겠냐만, 어떤 바람이 불어서였는지 한 달 정도 재봉을 배운 적이 있었다. 시험 삼아 만들어보았던 에코백은 내가 처음이자 마지막으로 만든 가방이었는데 몇 년이 지나도 애용한다. 차곡차곡 접으면 손바닥보다 작게 접히는, 가벼운 아이보리 린넨 원단으로 된 이 에코백은 내가 원하는 가방의 많은 조건을 충족시켰다. 가방의 무게 자체가 거의 나가지 않는다. 청바지에 티셔츠를 입어도 재킷을 걸친 채로도 스윽 메면 그만일 만큼 보편적 디자인을 지녔다. 토트백이란 모름지기 끈의 길이가 너무 짧지도 길지도 않아야 하는데, 짧으면 어깨에 메기가 어렵고 길면 계속 엉덩이를 치기 때문에 거추장스럽다. 나의 에코백은 세로가 보통의 가방보다도 약간 길고 전체 비율이 A4 사이즈와 비슷해서 큰 책을 넣기에도 적당했다. 만들 때부터 끈이 떨어지지 않도록 여러 겹 댔고 박음질을 두툼하게 해서 어지간히 많이 넣지 않는 한 밑단이 터지지 않는다. 밑단 역시 두세 번 박음질했다. 그래서 장을 볼 때 과자, 오이, 호박, 우유 따위에 1.5리터 생수병을 담아도 올이 풀리는 법 없이 튼튼하다.

다른 가방에 비해 빨기도 쉬웠다. 얼룩진 부분에 비누칠을 해서 조물조물 문지르고 다른 세탁물과 함께 세탁기에 넣어 돌린 뒤 탈탈 털어 널면 반나절도 채 되지 않아 바싹하고 빳빳하게 마른다. 이렇게나 가볍고 실용적인 제품이 내 눈엔 최소한 싸구려로 보이지도 않는다. 에코백에도 여러 종류가 있는데, 너무 두꺼운 캔버스 재질보다는 광목이나 린넨 원단처럼 경쾌함과 다소 빳빳함이 있는 원단을 선호한다. 천연 원단 특유의 시간이 갈수록 적당히 해지는 맛이 좋다. 탄탄한 천연 원단에는 합성섬유가 따라올 수 없는 강인함이 있다. 비와 바람에 단단하게 말려진 원목 같은 느낌이랄까.

출퇴근을 하러 나가거나 글을 쓰러 카페로 나가는 날엔 큼직한 백팩을 멘다. 노트북과 책과 노이즈 캔슬링 헤드폰과 여벌 카디건까지 넣다 보니 가방이 늘 꽉 차고 무겁다. 백팩을 주로 메는 생활 습관은 복식을 바꿨다. 걷기 좋아야 하기 때문에 운동화를 신게 되고 어깨끈이 있기 때문에 주름이 잘 지지 않고 구겨져도 괜찮은 옷을 입게 된다.

가방을 등껍질처럼 붙여서 메고 다니다 보니 백팩으로 패션을 추구해 보려고도 했다. 가죽으로 만들어지거나 어깨 끈이 가느다란 백팩을 메기도 했는데 무게의 하중을 더해 등과 어깨만 아팠다. 좋은 백팩의 조건이란 이렇다. 아무리 넣어도 어깨 끈이 뜯어질 염려 없고, 지퍼로 되어 있어 열고 닫기에 수월하고, 등엔 메시 처리가 되어 있어야 한다. 노트북과 각종 소품을 섞이지 않게 넣을 수

여자, 아내, 엄마 지금 트러블을 일으키다

있도록 칸 분리도 필요하다. 남편이 메고 다니던 백팩이 탐났다. 마침 그가 회사에서 더 큰 사이즈의 백팩을 얻으면서 필요 없다고 하기에 냉큼 가져다 멨다.

그래서 에코백과 백팩을 사랑합니다, 라고 결론을 지으려 했는데 어딘지 찜찜하다. 에코백이면 족하다는 소박한 가치관은 사치하지 않는 '개념녀', '가성비 좋은 여친(여자친구)'의 대표 이미지처럼 취급되기도 한다는 걸 뒤늦게야 알았다. 어떤 이들은 명품백을 매면 '김치녀'이고, 에코백을 매면 '개념녀'가 된다는 여성혐오를 조장하고 있었다. 개념녀는 단순히 개념 있는 여자라는 뜻이 아니었다. 그 말의 참뜻, 숨어 있는 의미는 '돈 안 드는 여자, 까다롭지는 않되 남자에게 순종하는 여자'였다.

왜 남자들은 명품백 든 여자를 싫어할까. 명품백의 실용성이나 가격이 문제일까. 명품백과 에코백으로 김치녀 또는 개념녀라는 여자의 등급을 매기려는 현상엔 여자는 백에 사족을 못 쓰는 존재라는 폄하, 그리고 비싼 가방으로 가치를 교환하려는 물질만능주의가 반영되어 있다고 보여진다. 명품백을 경멸하는 심리에는 아이러니하게도 명품백으로 여자를 통제할 수 있을 거라는 욕망이 있다. 물건으로 상대에 대한 권력을 행사하고 싶은 심리가 깃들어 있다. 여자들이 남자에게 바라는 헌신이나 배려를 기껏 물건으로 대체하려 한다. 그러다 여자가 명품백으로 교환한 가치에 어긋나

는 행동을 하면 분노한다. '내가 이만큼이나 해줬는데!'

에코백이 좋다는 의미를 에코백으로 충분히 만족하는 여자라는 의미로 받아들이지 않았으면 한다. 명품백을 원하지 않는 건 그 물건을 주며 기대하는 심리 때문이다. 고작 명품백 따위로 누군가를 통제하고 순응시키고 물질적 쾌락을 줄 수 있다고 믿는 게으른 사고방식이 싫다.

가방은 단순한 제품이 아닌 기호이다. 자신을 과시하는 장식품이 되기도 하고 누군가를 통제하려는 도구가 되기도 한다. 그저 담백하게, 필요에 의해 소유하고 싶다는 바람은 순진한 헛소리가 되어 버린다.

가방이 기능 이상의 기호와 취향, 가치관의 상징이 되고야 만다면 가벼운 에코백처럼, 든든한 백팩처럼 살고 싶다. 모셔지는 인생이 아니라, 누가 봐도 가격이 딱 나가는 그런 인생이 아니라 쉽게 닳지 않는 그런 인생, 언제 어느 때도 부담 없이 쓸 수 있지만 초라하지 않은 인생, 굳이 매번 다려주거나 펴주면서 모습을 손질해주지 않아도 되는, 구김을 그저 드러내며 사는 인생, 눈에 띄지도 않고 화려하지 않지만 가볍고 자유롭고 튼튼하며 견고한 인생, 그런 인생의 가치 표현으로 가방을 선택하고 소비하고 싶다. 여전히 명품백은 없다. 그러나 없는 이유가 명품백이 사치품이어서도 '개념녀'가 되고 싶어서도 아니다. 그 정도의 물건으로 만족하는 인생이고 싶지 않아서다.

여자, 아내, 엄마 지금 트러블을 일으키다

## 노브라 유목민이
## 찾은
## 온전한 자유

마침내 '탈브라' 했다. 가슴둘레 전체를 밴드로 조이던 브라 러닝, 노 와이어 브래지어, 면으로 되어 있던 브라렛까지도 쓰레기봉투에 던져버렸다. 한여름 내 가슴은 어떤 압박도 받지 않은 채 시원한 바람을 솔솔 만끽했다. 두꺼운 옷으로, 조끼로, 무늬가 잔뜩 그려진 티셔츠로도 가리지 않고 맨살에 얇고 시원한 반팔 티셔츠 하나만 걸쳤다. 어떤 거리낌 없이 팔을 올리고 어깨를 쭉쭉 폈다. 40년 가까이 살면서 비로소 처음 느꼈다. 그러니까 남자들은 평생을 이렇게 살아왔다는 걸까.

어렸을 적부터 브래지어와 러닝셔츠는 필수라고 배워왔다. 입지 않으면 긴장감에 배가 살살 아파 오는 증상까지 나타날 지경이었다. 행여 브래지어를 깜박하고 나간 날엔 안절부절 못했다. 발가벗은 것만 같았다. 여성의 숙명처럼 여기며 억지로 입어온 세월이었다. 브래지어로 조여진 살이 가려워 벅벅 긁고, 후크를 남몰래 풀었다 채웠다 하고, 내 몸에 맞는 브라를 찾기 위해 검색하고, 새로운 걸 샀다가 사이즈가 맞지 않아 버리기를 반복해온 시간에 다른 일을 했더라면. 아니다. 지금이라도 브래지어의 속박에서 벗어나 다행이다.

브래지어를 하지 않아도 거리낌 없을 수 있던 건 '노브라 티셔츠' 덕분이다. 브래지어 없이도 유두를 가릴 수 있도록 가슴 곡률에 맞춘 얇은 패드가 내장되어 있는 옷이다.

함께 활동하던 협동조합 멤버들과 개발했다. 평소 옷 제작은 물론이거니와 패션에도 관심 없던 사람들이었다. 멀어도 한참 멀었다. 우린 글을 쓰고 전자책을 출판하고 강연을 기획하던 일종의 취미 공동체였다. 그런데 난데없이 제조업에 뛰어들어 티셔츠, 그것도 기능성 의류를 만들어버렸다.

사건은 사상 최악의 폭염이 휩쓸었던 2018년 여름으로 되돌아간다. 월례회의에 모인 여섯 명의 조합원들은 회의를 시작하기도 전에 이미 지쳐 있었다. 진 빠지는 더위에 다들 어찌 사는지 이야기를 나누다 자연스럽게 최근 뉴스에서 자주 언급되던 '연예인들의 노브라' 이슈로 화제가 흘렀다. 노브라에 대한 대중의 시선과 혐오 표현을 비판하며 평소 느낀 불편을 호소했다.

"브라 차는 게 제일 싫어요."

여자, 아내, 엄마 지금 트러블을 일으키다

"저는 반창고 붙이고 다녀요."

"여름옷은 얇아서 노브라도 못해."

나는 이때다 싶어 의기양양 말을 꺼냈다. "저는 노브라로 다닐 방법을 찾았어요." 작년 여름부터 나는 브래지어를 벗고 다녔다. 브라탑 앞부분을 잘라내어 티셔츠 안쪽에 얼기설기 바느질해 붙여 입었던 것이다. 나를 브래지어의 답답함에서 해방시킨, 조잡하기 이를 데 없던 나만의 수공예 노브라 티셔츠를 자랑했다. 조합원들은 그게 가능하냐며 애써 상상하는 표정을 지었다. 그때 누군가가 말을 던졌다. "이거 다음 프로젝트로 진행하면 어때요?"

이 공동체는 늘 이런 식이었다. 우린 잠시 각자의 얼굴을 보며 씩 웃다가 답했다. "한번 해보죠!" 다음 회의 때는 각자의 노브라 티를 직접 만들어보며 가능성을 타진해보기로 했다. 십수 년 만에 웬 가사 시간이냐며 투덜대던 조합원들도 조악하게나마 만든 노브라 티를 입어보더니 반색했다. "신세계잖아?"

한 연예인의 노브라 소식이 실시간 검색어에 오르고, 그의 사진을 찾아서 얼마나 티가 나는지 눈에 불을 켜고 들여다보는 사회다. 이런 세상에서 내 몸에 자유를 주면서도 타인의 무례한 시선도 받지 않는 옷. 브래지어를 벗더라도 팔짱을 끼거나 어깨를 움츠리며 나의 행동을 위축하지 않아도 되는 옷. 편안하면서도 안전한 옷은 우리 모두에게 간절했다.

의류업계 종사자가 아닌 우리들은 어디부터 시작해야 할지 막막했다. 컴컴한 미로를 더듬더듬 짚어갔다. 도안화를 그리는 단기 패션 디자인 수업을 듣기도 했고, 무턱대고 대형 쇼핑몰에 가서 수십 벌의 면 티셔츠를 뒤지기도 했다. 그러던 차에 20년 가까이 현장에서 일하고 있는 의류 디자이너의 도움을 극적으로 받게 되었다. 작업은 일사천리로 진행됐다. 전문가의 개입은 아마추어 수준에 머물 뻔한 프로젝트를 단숨에 '고퀄리티 대량 생산'의 단계로 진입시켰다.

그러나 우리에겐 참고할 만한 샘플도 패턴도 없었다. 모든 걸 처음부터 새롭게 개발해야 했다. 시중에는 이미 브래지어 착용 없이도 가슴 유두를 커버할 수 있는 다양한 방식의 티셔츠가 나와 있었지만 우리가 원하던 방식과는 달랐다. '노브라 티 프로젝트'의 목표는 확실했다. 상품 가능성과 브랜드 콘셉트를 갖춘 제대로 된 물건을 만들자. 가슴을 조이는 밴드를 없애자. 앞부분의 유두가 티나지 않을 정도로 확실히 가리되 답답하지 않아야 한다. 또한 시원하고 얇아야 한다. 몸매가 드러날 정도로 딱 붙지 않으면서도 벙벙한 홈웨어에서 탈피하자. 외출복으로도 손색이 없도록 하자. 서너 번 세탁하면 올이 풀리고 쪼그라드는 면 티셔츠를 생산하고 싶지 않았다. 꼼꼼한 마감과 탄탄한 원단으로 지어서 그만큼 오래 입을 수 있는 옷을 원했다.

여자, 아내, 엄마 지금 트러블을 일으키다

열 번 넘는 패턴 작업과 수십 벌의 샘플 제작이 이어졌다. 공장에서는 이렇게 해주는 경우가 없다며 손사래 치곤 했지만 나중엔 의뢰하지 않은 샘플까지 만들어주며 우리를 응원해주셨다. "30만 원짜리 옷과 같은 봉제"라며 공장 사장님도 자부했다. 원가는 시중의 일반 면 티셔츠 판매가를 훌쩍 넘어버렸다. 마진율은 그만큼 줄었지만 비로소 품질만큼은 떳떳해질 수 있었다.

여름 시즌에 가까스로 맞춰 드디어 출시. 100벌만 팔려도 좋겠다며 크라우드 펀딩을 시도했다. 그런데 놀랄 일이 벌어졌다. 얼떨떨하게도 사람들은 우리의 실험적인 제품에 열광해주었다. 1차 펀딩에서 3100%, 2차에서 1600%의 후원율을 기록했고, 5-7월간 배송된 노브라 티는 1000벌이 넘었다. 플랫폼에 모여든 소비자들은 기다렸다는 듯이 후원에 동참해주었고, 펀딩 마감 후에도 구매 문의 연락이 빗발쳤다.

우리는 첫 프로젝트로 만족하지 않고 바로 개선안을 연구했다. 인건비까지 지불하고 나니 사실상 적자였지만 멈추기엔 아쉬웠다. 제품 하나를 겨우 출시했지만 장점만큼 문제점이 보였다. 여성 100명이면 100명 다 다른 가슴 높이를 기존 의류 사이즈에 맞춰 표준화하는 작업이 관건이었다. 3개월 넘는 샘플 제작과 연구. 그리고 방법을 찾아냈다. 브래지어가 끈 조절이 가능한 것처럼 안감에도 끈 조절 장치를 댔다. 피부에 자극을 주지 않는 플라스틱 조절 장치와 얇은 끈을 달았다. 상의 사이즈에 맞춰 입고 가슴 높이는 끈으로 조절하는 방법이다. 딱 필요 부위만 가리면서도 커버력을 좋게 할 수 있었다. 1년 후인 2020년 여름, '일상기술연구소'라는 브랜드 이름으로 런칭한 신제품은 1억 펀딩이라는 기염을 토했다.

"8벌째 구입입니다. 중독입니다. 못 벗어요. 또 주문합니다."

"남자들은 평생 이렇게 살아왔을 텐데. 이 편한 걸 왜 몰랐을까요."

"편하려고 입었는데 핏도 너무나 좋아요."

펀딩 참여자들의 열띤 반응에 우리의 의문은 확신이 되었다. 많은 여성들이 우리처럼 브래지어를 벗어던지고 가슴의 편함을 만끽하고 싶어함을 알았다. 브래지어를 불편해 하는 건 소수의 까탈스러움이 아닌 것이다.

그럼에도 가끔 자문하곤 한다. 이게 꼭 필요한 걸까? 왜 우린 브래지어를 벗고 싶으면서도 감히 벗지 못할까. 유두가 옷 위로 티 난다고 해도 그걸 보는 시선이 문제이지 내가 검열할 까닭은 없지 않을까. 누군가는 그저 개인의 선택이고 자유인데 왜 '노브라'를 해라, 말아라, 말하는 건지 모르겠다고도 한다. 그런데 정말 노브라가 자유로운 선택의 하나일까. 브래지어의 자유는 있지만 브래지어를 안 할 자유는 아직 우리에게 충분히 주어지지 않지 않았나.

여자, 아내, 엄마 지금 트러블을 일으키다

나는 외출할 때 유두가 그대로 돌출되어 보이는 옷을 입을 수 없었다. 나처럼 많은 여성들이 타인의 시선과 사회적 규범 때문에 브래지어를 착용한다는 사실도 알았다. 가슴이 흔들린다거나 사이즈가 커서 지지해주는 목적으로 착용한다는 답변은 언론사의 설문조사 결과 20%도 되지 않았다. 이러한 사회적 인식 속에서 브라에 익숙해진 몸은 타인이 보든 안 보든 '꼭지'를 감히 노출하고 다닐 엄두를 내기 어렵다. 행여 누가 나를 보지 않을까 자기를 대상화하고 검열한다. 노브라에는 분명 적응과 용기가 필요하다.

노브라 티셔츠는 허용된 선택 자체가 넓지 않은 상황에서, '탈브라'를 위한 모험과 용기를 감행하지 않고도 편안함을 만끽하기 위한 방법이었다. 더 편한 브래지어를 찾거나 옷을 여러 겹 덧입는 방법이 아니라 브래지어를 하지 않고도, 얇은 옷을 입고도 가슴을 펼 수 있는 선택지를 제시했다. 과도기라 생각한다. 이후 티셔츠 제작 프로젝트에 참여하지 못했지만, '일상기술연구소'의 노브라 티는 여성들의 시원하고 편한 가슴을 위해 계속 진화 중이다.

브래지어를 차지 않는 여름. 등판과 가슴 사이로 흐르는 땀이 금세 마른다. 더워도 옷을 두세 겹씩 입던 날들, 가슴을 조이던 날들은 끝났다. 다시는 예전으로 돌아가지 못할 것이다.

*이 글은 오마이뉴스에 기고한 기사, "노브라 유목민이 찾은 천국, 와 이건 진짜다" (2018.08.19) "'꼭지' 안보이는 노브라티, 한번 만들어봤습니다." (2019.08.26.)를 수정하여 실었습니다.*

# 꾸미지
# 않은 채
# 살고 싶다

"치마 좀 입고 다녀."

"머리 길러서 웨이브 해봐."

"화장만 좀 더 하면 예뻐질 거 같아."

"안경 벗고 렌즈를 껴."

스무 살의 나는 숏컷을 했고 헐렁한 티셔츠와 바지를 즐겨 입었다. 화장은 전혀 하지 않았다. 요즘 10-20대 여성들이 '탈코르셋 운동'으로 지향하는 외양이 딱 그때의 나였다. 여성에게 요구되는 성적 대상화나 꾸밈 노동에 저항하기 위해서는 아니었다. 당시엔 그런 개념조차 없었다. 그저 관심 없었다. 짧은 머리카락이 익숙했고 바지가 좋았고 운동화가 편했다. 화장은 번거롭고 귀찮았다. 주변 사람들은 그런 나를 가만두지 않았다. 팔뚝이 말랐는데 왜 민소매 티를 입지 않느냐 부터 시작해서 치마를 입으면 한결 여성스러워 보일 것이며 안경 벗고 렌즈를 끼고 아이라인을 그려보라고 했

여자, 아내, 엄마 지금 트러블을 일으키다

다. 화장만 잘 하면 쌍꺼풀 수술은 안 해도 될 거라고 말했다.

대단한 신념이나 줏대, 스타일의 확고한 기준이 없어 흔들렸다. 씁쓸하게 웃으며 '그래요?'라고 대답했지만, '더 꾸며야 하나. 여성적인 매력이 없어 연애를 못하나'라며 고민했다. 꾸밀 줄 모르던 여성이 안경 벗고 화장하고 치마 입고 변신하며 사랑 찾는 이야기는 어린 나에게도 황홀했다. 나도 로맨스 드라마의 여주인공이 되고 싶었다.

20대 중반에 직장인이 되어 월급을 받자 이때다 싶어 꾸밈에 한껏 돈을 썼다. 커리어 우먼의 전형적인 복장인 H라인 스커트와 7cm 가죽 하이힐과 테일러 재킷과 화이트 블라우스를 샀다. 유명한 보세 쇼핑몰에 '신상'이 업데이트 되면 매달 50만 원 넘게 결제했다. 티셔츠 쪼가리와 플레어스커트, 다양한 디자인의 데님, 시폰 소재의 블라우스, 깔별 카디건 부류를 사 쟁였다. 진주 귀걸이부터 어깨까지 내려오는 에스닉풍 귀걸이를 샀다. 계절이 바뀔 때면 글래디에이터 샌들부터 오픈 토에서 부츠까지 부지런히 교체했다. 서울 강북에 살 때여서 명동까지 버스 한번이면 도착했다. 금요일 밤 친구와 명동 거리를 휩쓸며 천 원짜리 귀걸이부터 3만 원짜리 재킷까지 쓸어 담아 두 손 가득 쇼핑백을 들었던 때의 환희가 기억난다. 친구들은 무지한 나를 쇼핑의 세계로 기꺼이 인도해줬다.

스물일곱 살 어느 봄엔 백화점의 메이크업 아카데미를 다니기도 했다. 번번이 하수구에 빠뜨려 잃어버리고 눈알이 벌겋게 충혈

되면서도 렌즈를 꼈고, 두 시간만 지나면 눈 밑에 다크서클이 번지면서도 아이라인을 그렸다. 여자로서 상품성이 가장 높았던 시기, 성실히 부응했다. 성적으로 매력적인 여자 되기. 20대 중반 나의 과제였다. 왜 나는 남자들에게 관심을 받지도, 사랑에 빠지기도, 연애를 오래 지속하기도 어려운 걸까. 답은 하나였다. 여성스럽지가 않은 거였다. 너처럼 매사 자기 할 일 똑 부러지게 하고, 남자의 도움 따위 필요로 하지 않으며, 말도 지지 않고 하는 데다 내숭이나 애교도 일절 없는 여자를 남자들은 부담스러워한다, 그래도 말랐고 웃는 모습도 귀여우니까 외모를 절차탁마한다면 너를 좋아하는 남자가 반드시 나타나리라는 희망고문이 주변인들이 나에게 한결같이 해준 이야기였다.

그들은 나에겐 소중한 친구였고 선배였기에 진심을 다해 조언해주었다. 2000년대 중반의 일반적인 사고방식이란 이 수준이었다. 세상이 개벽하여 지금이라면 성차별주의자라는 소리를 듣겠지만 불과 15년 전인 당시엔 흔하고 평범한 이야기였다. 배울 만큼 배운 우리들은 능력도 있어야 하지만 외모도 필사적으로 가꾸어야만 했던 80년대 생 '김지영'들이었다.

불행일까 다행일까. 나는 밤을 꼴딱 새어도 머리 감고 드라이하고 파우더 찍고 아이라인을 그리는 부류는 아니었다. 여자이기보다 직업인으로서 정체성이 강했다. 야근과 밤샘이 많아지며 렌즈보다 안경 끼는 날이 늘었고 힐보다 운동화를 신었다. 나의 외모는

여자, 아내, 엄마 지금 트러블을 일으키다

매력적인 여성이기보다 생산력을 증진시켜야 하는 효율적인 근로자에 더욱 가까워졌다. 꾸밈은 귀찮은 노동이 되었다. 조금만 부지런 떨어 머리 감고 드라이하고 화장하면 되는데 나는 그 시간에 잠을 잤다. 그러지 않고선 부족한 수면을 채울 수 없었다. 그러나 젊은 여성에게 화장은 자기 관리의 지표였기에 스스로 꾸미지 않는 자신을 게으르다며 힐난하곤 했다. 잡티 가득한 누런 피부, 희미한 눈썹, 칙칙한 입술빛, 헝클어진 머리카락, 뱅글뱅글 도는 두꺼운 안경 속의 작은 눈이 수치스러웠지만 바쁜 일상에 묻었다.

노동자 다음 정체성은 엄마였다. 직장을 다니지 않고 집안에 머물렀다. 만나는 사람도 갈 곳도 집 반경 500미터 이내로 축소되었다. 젖먹이 아이 엄마라는 기능을 수행하다 보면 계절별로 한두 벌의 옷이면 충분했다. 펑퍼짐한 고무줄 팬츠, 목이 늘어난 티셔츠, 가슴 앞섶이 해진 면 셔츠만 입었다. 로션마저도 사치였고 눈썹은 민둥산처럼 벗겨져 있었다. 떡 진 머리는 불결과 수치가 아니라 육아에 열중한 증거였다.

젖비린내와 토 냄새를 폴폴 풍기는 엄마들의 초췌함은 이중적 평가를 받는다. 엄마니까 응당 저럴 수밖에 없다는 연민과 그러면 남편들이 실망한다, 여전히 여성으로서 매력을 유지해야 한다는 시선이 그렇다. 화장을 하면 '아이 엄마가 화장이 왜 저리 진하냐'는 말과 '아이 엄마라도 자기 관리를 해야 한다'는 말을 동시에 듣는다. 깨끗하며 과하지 않은 화장으로 말갛지만 찌들지는 않은 단

아한 모습을 보이라는 거다.

그런데 집에서 아이 키우며 내가 발견한 건 역설적이게도 꾸미지 않을 자유였다. 타인에게 보이기 위해 단장하던 차림에서 벗어나 내 몸을 위하는 차림을 했더니, 이것이 나에게 무엇을 주는지 비로소 깨달았다. 계절별로 한두 개의 외출복만 있어도, 바디샤워와 컨디셔너와 린스와 샴푸 대신 물비누 하나만 있어도, 스킨·로션·수분 크림·아이 크림·컨실러·비비 크림·파우더 대신 썬크림 하나만 발라도, 볼과 입술색이 발그레하지 않아도, 신발이 6켤레만 있어도, 아무 일도 일어나지 않았다. 아니, 오히려 쾌적해졌다. 더이상 무엇을 입을지 애써 고르지 않을 수 있음은 표현의 구속이나 선택지의 축소가 아니라 확장이며 여유였다.

몇 년이 지난 지금, 내 모습은 숏컷에 헐렁한 바지, 면 티셔츠, 운동화. 스무 살의 복장과 비슷해졌다. 노화된 피부와 잔주름 덕에 그때처럼 캐주얼하게 보이지 않지만 최적의 스타일을 찾았다. H라인 스커트나 블랙 미니 드레스처럼 하나쯤은 소유해야 하지 않을까 싶던 옷에 미련을 버렸다. 40대에 접어든 여자의 외모엔 아무도 관심 없었고, 무심하게 행해지던 품평과 꾸미면 더 예쁠 거라는 핀잔도 사라졌다.

여자라는 관심에서 멀어져 섭섭하냐고? 전혀. 나이가 들며 만끽하는 축복 중 하나는 나를 여성이라는 범주에 넣고 평가하던 기준에서 떨어져 나왔다는 점이다. 이러한 '탈락'을 열렬히 환영한다. 혹시나 해서 덧붙이자면 여성에 대한 평가절하로 오해하지 않았으면 한다. 여성스러움과 여자는 동일어가 아닐 뿐이고, 나는 적합한 방식을 찾아가는 중이다.

2장

---

부부는
무엇으로 사는가

그런 아내로
살지
않겠습니다

첫 번째, 집안일에 섬세한 감각이 있을 것.

두 번째, 밥벌이에 굳건한 의지가 있을 것.

지금으로부터 13년 전, 블로그에 '결혼할 만한 남자의 조건'이라는 글을 올렸던 적이 있다. 기혼 선배들의 칭찬이 자자했다. "나리는 역시 똑똑하다니까, 좋은 남자 만나겠어!"

내가 20대이던 2000년대 중반. 나에게 자발적 비혼이라는 선택지는 없었고 연애의 종착역이 결혼임에 한 치의 의심도 없었다. 그래서 결혼을 하기로 했다. 이 남자가 언제쯤 결혼이라는 단어를 꺼낼까, 내가 결혼에 안달 난 여자처럼 보이지는 않을까 조마조마하던, 그런 소모적인 연애를 그만두고 싶었다.

결혼은 '누구와 하느냐'가 중요했으므로 인터넷 커뮤니티에 올라온 '기혼 여자들이 추천하는 결혼할 만한 남자 리스트'를 꼼꼼하게 읽고 숙지하면서 나름대로 어떤 사람과 결혼해야 좋을지 기준을 세웠다.

번번히 연애에 실패하고서야 알았다. 나는 말솜씨를 지닌 남자에게 무척 약했고 상대적으로 행동을 보는 눈은 없었기 때문에 정신을 단단히 차려야만 했다. 외면에 혹하기보다는 뭉근히 우러나오는 사람 됨됨이를 알아보는 안목을 키워야 한다고 나 자신을 꾸준히 설득했다. 허구한 날 책장만 넘기면서 말만 번드르르하게 하는 남자보다 무뚝뚝해도 변기를 콧노래 부르며 청소하는 남자와 사는 편이 낫다는 글을 어디에선가 보고 옳다구나 했다. 나는 누군가의 꿈을 평생 뒷바라지할 만큼 바다 같은 아량과 배포의 그릇을 갖추지도 않았으므로 이상을 쫓기보단 생활력이 강한 사람과 살고 싶었다. 그는 어떤 일이든 성실하게 하는 생계도모 형 남자여야 했다. 아내를 자기 성공의 도구로 삼곤 하는 야망 많은 남자들 특유의 집요한 목표 의식도 없어야 했다. 그렇게 앞으로 남자 보는 눈을 바꾸겠다는 결연한 의지의 표현으로 블로그에 글을 썼더랬다.

한창 소개팅에 열 올리던 스물여덟 살, 친구의 소개로 한 남자를 만났다. 이번만큼은 남자에게 속수무책 끌려다니지 않고 꼼꼼하고 깐깐히 따져보는 똑똑한 연애를 해보겠다면서 단단히 벼르고 있었다. 집 앞까지 나를 데려다줄 때 그의 손에 쓰레기봉투를 살포시 들려주며 나갈 때 재활용 쓰레기장에 버려달라고 부드러운 말

여자, 아내, 엄마 지금 트러블을 일으키다

투로 부탁했고 내 집 청소도 수시로 같이 했다. 집안일 자질을 검증하겠다는 나름의 방책이었다. 동그랗고 선한 눈매를 지닌 그를 보며 친구들은 사람 참 좋아 보인다고 덕담해줬다. 2년이 지나 우리는 결혼했다.

그리하여 순탄한 결혼 생활이 이어졌냐고?

내가 헛똑똑이었음은 바로 밝혀졌다. 아이가 없던 우리의 신혼 시절은 사과 하나도 스스로 깎아 먹기 귀찮아하던, 덜 자란 성인 둘이 만나 벌인 코미디였다. 누가 더 안 하는지 경쟁하듯이 버티다가, 밤이 되어 슬그머니 한 명이 치킨을 시키면 자연스럽게 포크 하나를 얹곤 했다. 우리는 일상의 사소한 돌봄을 가볍게 취급하며 밤낮으로 일만 하면서 살았다.

그런 우리에게 아이가 태어났다. 나는 집에 그는 회사에 간히며 각자 맡은 역할을 성실하게 수행했다. 집안일은 우리 둘 다에게 서툰 영역이었다. 그러나 나는 한순간에 10년 차 전문가가 되어야만 했고, 남편은 아이가 태어났음에도 집안일에서 쏙 빠져나갔다. 밥벌이를 중요하게 생각한 남자답게 그는 회사 일에 몸이 부서져라 헌신했다.

나는 적개심 가득한 목소리로 그가 집에 들어오면 이 일 저 일 시키곤 했지만 어쩐지 자신이 없었다. 당시 24시간 혼자 갓난아기를 보느라 잠 못 자고 밥 한 끼도 제대로 못 먹던 나의 괴로움은 누구의 동정도 받지 못했다. 아이 돌보느라 찌들은 나의 피폐함은 엄마라면 겪어야 할 응당 당연한 것이었고, 돈 버는 남편만 세상 전체가 떠받들어주고 있었다. 모두가 나에게 물었다. "남편이 힘들어서 어쩌니." 사방에서 나에게 쏟아대는 온갖 '아내 노릇' 속에서 나는 마땅히 할 일을 남편에게 미루는 것처럼 느끼곤 했다.

남편에게는 언제나 든든한 아군이 있었다. 40대 전후반 그의 직장 동료들은 지난밤 퇴근하고 집에서 설거지라도 하고 왔다고 하면 '너 그러다 노예 된다. 남자 망신 다 시킨다'며 한심스럽게 취급했고, 남편은 집에서 설거지한다는 이유로 자기가 회사에서 이런 망신을 당한다면서 바닥을 홍수로 만들어놓은 개수대 앞에서 내 얼굴을 빤히 쳐다보곤 했다.

나는 아이를 돌보기 위해 집에 있었지, 남편까지 돌보려는 건 아니었다. 그런데 나 없이도 혼자 잘 살던, 건강한 성인이었던 그가 한순간에 나의 돌봄을 필요로 하는 어린 남자가 되어 내 앞에 서 있었다. 머리가 뜨거워지고 목구멍으로 마른침을 삼키곤 했지만 이 현상을 설명할 논리가 그때의 나에겐 없었다. 뭔가 아닌데 싶으면서도 어찌할 줄 몰랐다. 문득 문득 올라오는 억울함은 무시해야 했다. 아내, 여자라는 위치에서 내가 갖는 반발심은 배려나 이해심 없는 이기심으로 둔갑했기 때문에.

남편 아침을 챙기고 그가 입을 옷을 코디해 꺼내준다며 자랑스럽게 이야기하는 결혼한 여자들의 말에 그렇게까지 해야 하냐고

여자, 아내, 엄마 지금 트러블을 일으키다

생각하면서도 다음 날이면 괜히 남편 옷가지를 뒤적거렸다. 바쁜 시간을 쪼개 아침상을 차리기도 했지만 빈속이 더 익숙한 남편은 속이 부대낀다면서 몇 숟가락 뜨다가 말았다. 몇 번 하다 그만두고 남편에게 물었다.

"내가 아침밥 차려줘야 하는 거야? 내가 옷 골라줘야 해?"

"네가 내 아침밥을 차려주는 사람은 아니잖아. 내가 애도 아닌데 왜 옷을 골라줘?"

남편 말에 그의 허락을 기다리기나 한 듯 한심스럽게 안도했지만 우리 둘이 어떤 합의를 했느냐보다 사회가 요구하는 역할의 힘은 거셌다. 남편은 자주 '나 정도면 괜찮은 남자'라는 걸 강조했고, 나는 왠지 내가 해야 할 일을 못한다는 느낌에 자주 휩싸였다.


배우자와 집안일을 적극적으로 나누는 공동생활 파트너가 되고 싶어 그렇게 용썼음에도 육아가 갈라놓은 성별 분업은 너무나 완고했다. 혼자 산다면 스스로 해야 할 일을 누군가와 같이 산다고 못 하는 일이 되어버리는 게 도저히 이해할 수 없었지만, 이런 점에 의문을 가지는 건 있으면 안 되는 일만 같아 조용히 입을 다물었다.

설거지는 구정물이 고여 쌓여가고 방구석엔 먼지 뭉치가 굴러다니고 아이는 박박 우는 시간이 지겹게 흘렀다. 집으로 돌아가기 싫어 손을 꼭 잡고 놓지 않던 커플이 눈 마주칠 사이 없이 하루를 흘려보내는 일, 양말과 머리카락이 엉켜 있고 코 푼 휴지가 뒹굴고

맡기 싫은 체취와 거슬리는 소리를 날 것 그대로 대면해야만 하는 일이 결혼식 이후, 아이가 태어난 뒤에 만나는 일상이었다.

결혼은 무언가. 수시로 되물었다. 나는 남편을 챙기고 그의 성과를 마치 내 일처럼 여기고 조용히 집안일을 하려고 결혼하지 않았다. 누군가 나를 먹여 살려주기를 바라지도 않았다. 나는 인생의 동반자를 원했다. 남자와 여자이기 전에 가족이라는 한 팀을 꾸려가는 동료였으면 싶었다. 신혼 때까지만 해도 우리 애정의 기반에는 서로에 대한 적절한 거리, 독립심이 유지되고 있었다. 그러나 육아가 갈라놓은 넓고 기다란 간극은 성인 두 사람이 온전한 개인으로 서지 못하게 했다.

서른 살의 나는 몰랐다. 배우자를 잘 만나면 된다고들 하지만 이 세계에서는 내가 누구를 만나든지 간에 이미 짜인 각본이 있었다. 특히 내가 위치한 엄마와 아내라는 배역에는 역할이 정해져 있었다. 아이와 함께 남편까지 돌봄으로 묶여져 나에게 쏠려버렸다. 남편이 자신의 돌봄을 나에게 맡겼다면 나는 내 경제적 능력을 남편에게 양도해야만 했다. 누군가는 흐르는 시간 속에 죽은 듯이 버티면 나아진다고도 했고 내가 헌신한 돌봄이 언젠가 보답으로 돌아올 거니 내려놓고 살라고 했다. 하지만 그렇게 오래 기다릴 체력도 시간도 없었다. 나에게 중요한 건 지금의 모습이지 불확실한 미래의 희망이 아니었다. 언젠가는 좋아질 거라는 단언은 이미 기득권을 쥔 자들의 말이다.

나에게 있어 인간 사이의 존중과 협력은 듣기 좋은 칭찬이나 따뜻한 미소를 넘어선, 구체적이며 실제적인 행동이었다. 한 공간에서 살 부대끼고 한솥밥 먹는 사람들을 식구이고 가족이라 칭할 수 있다면, 그들 사이의 상호존중이라 함은 그 공간에서 내가 해야 할 노동을 타인에게 떠넘기지 않는 행위였다. 성인으로서 스스로를 돌볼 줄 알고 어린 아이는 같이 책임지며, 때로는 의지하지만 독립된 개인임을 숙지하는 일이었다. 결혼은 기본적으로 함께 살기이며 그건 우리가 남자와 여자라는 성별을 벗어나 이 사람과 내가 과연 같이 수십 년을 살아갈 수 있느냐를 가늠하는 일이다. 나는 물을 수밖에 없었다. 내가 이 결혼을 지속할 수 있을까?

　이 판을 부숴야 했다. 성별 역할의 지정석부터 깨기로 했다. 우선 나의 역할 놀이부터 그만두기로 했다. 돌봄을 잠자코 묵묵하게 수행하는 그런 아내를 인생의 그림에서 완전히 지우기로 했다. 독하고 유별나고 깐깐한 여자라는 오명을 쓰더라도, 설사 더한 불행감이 나를 휘감는다고 해도. 결혼 생활을 덮고 있는 기만적인 평온을 걷어내기로 했다.

# 돈 벌어도,
# 주부가 있어도
# 자기 돌봄은
# 셀프

블로그에 쓴 글이 네이버 메인에 노출됐다. 집안일이라는 다분히 진부한 주제였으나 댓글이 하루 만에 100개 넘게 달릴 만큼 뜨거웠다. 공감해주는 사람도 있었지만 장문의 반박 글도 반이 넘었다. 글은 어느 온라인 커뮤니티로 공유됐다.

"전업 주부 주제에 분담을 논하다니. 집안일 당연히 100% 해야지. 하기 싫으면 돈 벌어 와."

게시판은 집안일을 감히 배우자와 나누려는 주부에 대한 적의로 들끓었다. '죽여버리고 싶다'며 살의가 담긴 욕설도 내뱉었다. 그들이 실제로 결혼했는지 어린아이를 키우는지, 하루 동안 육아에 얼마나 참여하는지는 알 수 없다. 그러나 당사자의 결혼이나 자녀 유무와는 무관하게 어떤 이들에게 주부의 가사 전담은 천하의 도리이자 의무였다. 익명의 사람들이 내지르는 혐오의 말에 관심 주지 않고 담담하려 해도 마음에 스크래치가 남는 건 어쩔 수 없었다. 무시하라고도 하지만 쉽사리 외면하긴 어려운 이유는 그런 의무가 한때 나를 부단히도 괴롭히던 사항이었기 때문이었다.

그런 댓글을 읽을 때마다 남편에게 설거지하라고 고함치던 내 모습, 그런 나를 빤히 바라보던 그의 얼굴이 악몽처럼 기억난다. 첫 책을 내고 강연 다니며 만났던 엄마들의 지친 목소리가 떠오른다. 나의 블로그에 가끔 남겨지는 길고 긴 비공개 댓글도 생각난다. 어제도 오늘도 내일도 남편이 벗어던져둔 옷을 치우며 한숨을 내뱉지만 싸우기에도 이미 지쳐버린 이야기들이 엮어진다. 내 안에 아직 남은 갈등의 잔재는 다른 이의 하소연을 두고 보지 못하게 한다. 그래서 기어이 이 주제로 글을 쓰고 만다.

집안일에 관한 글을 쓰다 보면 스스로가 바닥에 떨어진 머리카락 하나 못 보는 결벽증에 걸린 사람처럼 느껴지는 부담이 생긴다. 지나치게 깔끔하니까 집안일로 스트레스 받는 거 아니냐는 핀잔을 들을 때도 있다. 억울한 소리다.

나는 스무 살 이후로 부모님과 떨어졌다. 회사에 취업하기 전까지 대학의 기숙사나 학교 앞 원룸촌에 살면서 매 학기, 또 방학마다 룸메이트를 바꿔야 했다. 같이 살아온 이들만 스무 명이 넘는다. 기억컨대 누군가와 살면서 상대가 물건을 아무데나 둔다거나 밥을 먹고 그릇을 치우지 않는다거나 과자 봉지나 코를 푼 휴지를 바닥에 버려서 어려움을 겪은 적은 없었다. 우리가 살던 작은 방이란 잠만 자는 거처에 불과했기에 먹고 치우는 일이 애초에 적어서

일지도 모르겠다. 같이 살던 친구들과 내가 비슷한 정도의 위생 관념을 가지고 있었을 수 있다. 하지만 어쨌든 여자들과 지낼 땐 누가 누구를 챙겨줘야 한다는 의무 같은 건 없었고 내가 누군가와 함께 사는 데 어려움을 겪는 사람이라고 생각하지 않았다. 깔끔 떨지 않는 무던한 동거인이라는 자부심이 있었다. 그런데 결혼하고 아기를 낳자 나의 위치는 순식간에 바뀌었다. 수평적이며 동등한 공동생활의 구성원 한 명이 아닌 집안의 돌봄 전체를 떠맡는 역할이 절로 나에게 기울었다.

여자 친구들과 사는 일과 남편과의 결혼 생활은 다르다고 말할지도 모르겠다. 그런데 성별을 떠나서, 누군가는 돈을 더 번다는 이유로 아무데나 쓰레기를 버릴 수 있고 누군가는 돈을 못 번다는 이유로 그것을 치워야 하는 건 과연 온당한가?

집에 있다 할지라도 나의 정체성은 전업 주부라기보다는 주 양육자에 가까웠다. 내가 할 수 있는 일을 했다. 아이에게 줄 이유식을 위해 최소한의 요리를 했고 쌓여가는 내복 빨래를 했다. 재우고 놀아주고 씻겼다. 하지만 여기서 그치지 못했다.

음식물 쓰레기에 구더기가 생겨도 모른 척할 만큼 불결함에 내성이 강한 나였건만 집에 있는 주부에게 부여되는 관습의 압력은 거셌다. 못 씻고 못 먹었지만 그럼에도 틈틈이 집을 치워야 한다는 압박에 시달렸다. 육아하면서 집안일을 어떻게 나누어야 하는지 알려주는 이도, 본 경험도 없어 인터넷을 샅샅이 뒤져보면 이런 구호가 파다하게 퍼져 있었다.

　'육아는 같이. 집안일을 주부가.'

　아이를 키우기 위해 집에 있기를 선택한 주 양육자를 바로 전업 주부로 일치시켜버리는 등식이 어떻게 성립하는지는 알 수 없다. 육아는 '같이' 한다는 말의 사례들을 살펴보자니, 아이와 놀아는 주더라도 아이를 살아 있게 하는 먹이기, 재우기 등은 제외하고 있었다. 똥 묻은 엉덩이 씻어주거나 바닥의 부스러기 닦아내기, 장난감 정리하기도 제외시킨다는 의미를 담고 있었다. 그건 모두 주부가 해야 할 집안일이었다.

　또 그 집안일에는 바깥에서 돈 버는 자들은 집에 오면 손가락 하나 까닥하기 싫을 정도로 지쳐 있으므로 '아이를 두 눈으로 살피는 일' 외에는 돈을 벌지 않는 주부가 손과 발이 되어 그림자처럼 부양자를 보살펴줘야 함 또한 포함되어 있었다. '집안일은 주부'라는 완고한 전제 속에 '셀프'로 해야 할 부분까지 주부가 해야 할 집안일로 얼렁뚱땅 떠넘기고 있는 것이다. 아이와 놀아주는 분담은 호의로써 해도 되지만 수저를 놓거나 빨래를 개어서는 큰 일 나는 거다. 그리고 알게 되었다. 집안일의 고통이 어디에서 생겨나는지.

　아내들은 반복해서 밥을 짓고 국을 끓이고 자꾸만 더러워지는 바닥을 청소기로 미는 일 이상으로 반찬 투정하거나, 허물 벗듯이 옷을 벗어두거나, 라면 끓여먹고 스프를 사방에 뿌려놓거나, 말하지 않으면 씻지도 이발조차 하지 않는 남편들에게, 그리고 남편에게 아침 차려주었느냐, 남편 저녁 반찬을 만들었느냐, 홀아비처럼 보이지 않게 옷은 잘 갖춰주느냐고 집요하게 확인하는 주변 사람들의 압력에 고통 받고 있었다. 철이 바뀌면 서랍장의 옷을 바꾸고, 다 입은 옷은 세탁하고, 속옷과 양말이 떨어지면 구입하고, 건조대에 옷이 널려져 있으면 가져다 입고, 아침에 식구들과 식사 시간이 맞지 않으면 스스로 꺼내서 차려 먹고, 먹고 난 자리는 치우는 건 애초에 집안일이라고 할 수조차 없는 생활 습관이자 자기 관리의 영역인데도.

하지만 스스로 해야 할 돌봄은 너무나도 쉽게 집안일로 둔갑하며, 집에 있는 사람, 즉 주부라 부르고 싶은 사람에게 '뒤치다꺼리'로 전가된다. 많은 주부들의 집안일 호소는 이러한 뒤치다꺼리 속에서 하녀가 된 듯한 자존감, 아니 존엄의 하락에 기반을 두고 있었다.

전업 주부들에게 '가정의 우아한 관리자'라거나 '집안의 CEO'라는 권한을 그럴듯하게 부여하거나 '사람을 살리는 일'을 한다고 칭송을 하지만, 뒤집어 까진 양말을 주워 담으며 내가 집안의 총책임자며 집안일을 독점하고 있고, 식구들을 살려내고 있다고 생각할 수 있는 주부는 이 세상 어디에도 없을 것이다. 이건 살림이 인간사에 얼마나 중대하고 숭고한 일인지와는 하등 관련 없으며 청소라는 행위가 주는 보람과도 상관없다.

여자, 아내, 엄마 지금 트러블을 일으키다

나는 주변에서 아무리 뭐라 한들 남편을 돌보지 않았다. 그가 구 멍 난 양말을 신건, 밑창이 닳은 운동화를 신건, 구겨진 옷을 입건, 바짓가랑이의 올이 풀려 있건, 가을에 반팔을 입건, 봄에 패딩을 입건, 쫄쫄 굶다 밤에 라면으로 끼니를 때우건 그냥 뒀다. 남편이 어지른 설거지를 대신 해주지도 않았다. 내가 집에 더 오래 있는 이유는 남편이 볼 수 없는 시간에 아이를 보기 위해서지 남편 수발 을 들기 위해서가 아니었으니까.

혹자들은 남자들이 애와 같아서 못한다고도 한다. 정말 어린아 이처럼 신체적 능력과 지능이 성장하지 않았다면 사회생활은 어 떻게 하는 걸까. 건강한 성인이 자기를 돌보는 일을 거부하는 것은 '못 하는 문제'가 아니라 '그걸 하면 자신의 권위가 떨어진다고 믿 는 구시대적인 사고방식'에 기인하고, 집안일에 대한 천시에서 비 롯된다. 사소하고 하찮게 취급해서다.

남자들도 불쌍하다고 한다. 남자가 아닌 한 사람으로 안쓰러울 수 있다. 그러나 남자 일반에 대한 애정과 연민은 오래도록 여자에 게 요구되던 뻔한 성 역할이다. 그들을 다독이고 챙겨주며 살라는 것. 그런 행위를 사랑과 배려라 믿게 하는 것. 그런데 자기 돌봄 면 제가 남편에 대한 배려라고 할 수 있을까. 아이라 해도 스스로 할 일을 부모가 대신해줄 때 자립심을 꺾는다고 나무라는데, 어째서 남편이 할 일을 아내가 해주는 걸 '사랑'이고 '이해'라고 정당화시 킬까. 아이에겐 꼭 알려줘야 한다는 집안일을 남편 상대로는 은근

슬쩍 면제시키는 말을 접할 때마다 암담함에 사로잡힌다.

　또한 그것이 그토록 대단한 헌신이라면 왜 여자들은 누리지 못할까. 남자들은 주부가 되어도 이런 돌봄을 인수인계 받지 않는다. 돈을 더 번다는 이유로, 집에 있는 시간이 적다는 이유로 누군가의 시중을 받을 수 있다는 권리는 그 사람이 남자일 때만 주로 생겨난다.

　자기 돌봄은 돈을 얼마를 벌건, 또 얼마나 오래 일하느냐와도 상관없다. 돈을 번다는 이유로 하고 싶지 않다면, 혼자 살면서 돈을 주고 하인을 고용하기를 추천한다. 도우미로는 부족할 것이다. 가사 도우미도 당신의 구멍난 양말을 교체해주진 않으니까.

　집안일을 주부가 맡아야 한다 어쩐다 하는 논쟁은 그래서 이 점을 우선 짚고 넘어가야 한다. 주부가 맡아야 하는 집안일이라는 건 어디서부터 어디냐고, 스스로 해야 할 자기 간수까지 집안일로 떠넘기는 건 아니냐고 말이다. 돌봄은 셀프다.

# 우리가
## 가사분담에
## 실패하는
## 이유

아내로서 남편에게 수행해야 할 뒷바라지를 관뒀어도 난관은 남아 있었다. 쌓이는 쓰레기봉투는 누가 치우나. 화장실은? 아이가 어지른 장난감은? 아이가 먹을 요리는? 냉장고에 찌든 음식물 때는? 생필품 구입은? 흙먼지 가득한 현관은? 창틀의 곰팡이는? 아이의 빨래는? 아침에 아이 머리는 누가 빗어주고 옷은 누가 입히지? 아이가 아프면 누가 병원에 데려가고 휴가를 내지? 직장이 바쁘다면 이 모든 걸 외면해도 되는지?

처음엔 남편과 싸운다고 생각했다. 아니었다. 사방이 가두어진 입방체 안에서 형체 없는 상대와 싸워야 했다. 남편의 등 뒤에는 수백 년, 어쩌면 수천 년 간의 관습이 유령처럼 들러붙어 있었다. 뿌리는 너무나 길고 질겼다. 육중한 돌을 감고 돌았고 건물의 벽을 타고 올라갔고 또 다른 뿌리들과도 엉켜 붙어 있었다.

'적당히 포기하면 편한데 왜 그렇게 악착같이 싸워?'

'그 정도면 훌륭한 거야.'

'그래도 여자들이 더 잘하지 않아?'

우린 시작부터 달랐다. 한쪽 성별은 안 해도 되는 특권을 물려받았지만, 다른 한쪽 성별은 같이 사는 순간부터 그 일을 내 것으로 새기라며 조여오는 줄기의 힘을 느낀다. 살림을 간수 못하면 욕 먹는 건 언제나 여자라는 성별이다. 요즘의 신세대 남편들은 아버지 세대와 다르며, 그들이 곧잘 비교하는 '보통의' 남자들보다도 딱 1cm만큼 잘한다고 뻐기곤 한다. 애초부터 물고 태어난 기득권 하나를 놓았으니 은혜도 그런 은혜가 없다. 안 해도 되는 일을 하는 것도 각고의 노력이라면 노력. 그래서일까. 이만큼이나 했다고, 알아주라고, 칭찬하라고, 감사하라고 생색낸다. 온전히 자신의 일로 체득한 자의 겸허함이 없다.

그렇기에 저마다의 집안에서 벌어지는 온갖 잡다한 일의 분담은 '안 해도 되는 자들이 선심과 배려로 해주는 이벤트'와 '해야만 하는 자들의 필수적인 뒤치다꺼리'로 나뉘고야 만다. 아무리 가사 분담 리스트를 꼼꼼히 만들어도 그것을 계획하고 시키고 유지하는 일들은 여자인 나에게 속수무책으로 돌아온다. 어떻게 해도 '안 해도 되는 자들'의 나태함을 따라갈 수 없는 것이다.

남편은 차량 관리, 분리수거, 화장실 청소, 설거지, 현관 정리, 주말에 아이와 놀아주기를 맡았다. 아니 그거라도 해달라고 했다.

얼핏 보면 꽤나 되지만 이런 일의 특징이 있다. 정해진 시간에 꼭 하지 않아도 된다. 급하지 않다. 미루어도 일상에 지장 없다. 설거지는 그릇만 있다면 얼마든지 쌓아둘 수 있다. 반면 나는 아이 밥 하기, 먹이기, 육아 용품 구입하기, 양치시키기, 어린이집 등원하고 하원 받기, 낮잠과 밤잠 재우기, 빨래하기, 바닥 청소하기를 하고 있었다. 분초를 다투며 시간 압박에 시달리고 가끔은 머리끝까지 거꾸로 피가 솟구치는 일들이 대부분이었다.

매일 하는 일은 내가, 가끔 하는 일은 남편이 맡고 있었다. 업무의 특성은 자세를 달라지게 했다. 남편은 자신이 맡은 걸 자주 잊어버렸고 바빠지면 미루었으며 내가 열 번쯤 말하면 그제야 머리를 긁적였다. 남편 보고 왜 하지 않느냐고 물으면 그는 언제나 하려고 한다고 말했다. 그 말은 사실이긴 했다. 석 달에 한 번 해도 하기는 하는 거니까. 그는 마감이 없는 일을 맡았기 때문에 마감 없이 할 뿐이었고, 반년이 지나 해도 그만이었다.


직장에서 오래 일하는 남편보다 집에 더 오래 있는 내가 수시로 벌어지는 일을 맡는 건 언뜻 당연해 보였다. 하지만 반대로 생각하면 나는 1시간 단위로 마감을 해야 하기에 집에서 못 나가는 걸 수도 있었다. 내가 요리를 더 잘하고 아이를 잘 돌봐서 맡는다고 할지도 모른다. 그런데 각자 잘하는 기준으로 나누려면 선행 조건이 있다. 각자의 영역에서 능력치, 완성도, 수행 시간이 비슷해야 한다. 한 명이 요리를 근사하게 잘한다면 한 명은 설거지를 뒤처리까지 말끔하게 해야 한다. 그러나 우린 아니었다. 나도 못하지만 다른 한 명의 능력이 현저하게 떨어졌다. 이럴 때의 분업은 의미가 없다.

보고 배우지 못해서라는 이유 역시 납득 가능하지 않다. 요즘은 여자, 남자 구분 없이 어릴 때부터 하지 않았고 모두 처음이다. 타고나는 것과도 다르다. 내가 남편보다 한 뼘 더 잘하게 된 건 나에게 그만큼의 기회와 압력이 주어져서였다. 돌봄을 여자가 인정받을 수 있는 사회적 능력으로 보기 때문에 기대치에 맞추기 위해 노력했을 뿐이다. 또한 육아나 가사는 누구나 반복해서 훈련하면 평균 이상 할 수 있는 기술이다. 가사도우미나 육아도우미나 보육교사가 되려면 적성과 능력이 필요하겠지만 우리의 목표는 프로가 되는 게 아니다.

그러므로 우리는 잘못 나눴다. 아이와 몸으로 놀아주기는 남편이, 아이 밥해 먹이고 재우기는 아내가 맡고, 매 끼니 챙기기는 아내가, 어쩌다 하는 요리나 설거지를 남편이 맡는 것은 불합리했다. 둘 다 아이 돌보기, 집안 청소, 요리, 정리 정돈 능력을 골고루 익혔을 때에만 책임감의 기울기를 바로잡을 수 있었다.

분담은 일의 종류로 나누는 게 아니어야 한다. 또 누가 얼마나 많은 일을 언제 하느냐는 오히려 부차적이었다. 중요한 건 시간에 대한 압박을 나누는 거다. 매일 하는 일에서, 시간에 쫓기는 일에

여자, 아내, 엄마 지금 트러블을 일으키다

서 나누어야 한다. 지금 하지 않으면 안 되는 일을 나누어야 한다. '시간이 나면 하는 게 아니라 시간을 내서 하는 일'을 나누어야 한다. 하나의 업무를 맡는다는 건 전 과정을 책임지는 일이다. 그러니까 한 끼 요리를 아내가 한다면 다음 끼니는 남편이 맡는 거다. 여기서 끼니를 책임진다는 건 식단 짜기부터 재료 씻고 준비하기까지 포함한다. 또 설거지를 맡는다면 남은 음식물 처리와 배수구 청소, 그릇 정리까지가 포함되는 거다.

아이를 보는 것도 마찬가지다. 아이를 본다는 건 놀아주기만이 아니다. 아이를 위한 간식과 끼니를 준비하고 아이 밥을 떠먹이고 화장실에 따라 들어가 뒤처리를 해주고 몸을 씻기고 옷을 입히고 아이가 필요로 하는 장난감, 도화지나 색연필을 찾아서 사주는 모든 행위가 포함되어야 한다. 가사 노동은 공장에서의 노동자처럼 자신을 부품화해서 일부만 분담한다고 해결되는 것이 아니다. 총체적으로 접근해야만 한다.


한 성별은 안 해도 욕을 덜 먹고 어쩌다 하면 칭찬받지만, 한 성별은 조금만 못해도 욕을 먹는 사회 분위기. 각자의 고정관념. 그래서 벌어지는 능력치의 기울기를 다시 맞추려면 남편이 자신이 안 해도 되는 걸 하려는 노력만큼이나 나는 해야 하는 걸 안 하려고 필사적으로 노력해야 했다. 남편이 해주는 맛없는 콩나물국도 불만 없이 먹고 아이가 머리카락을 풀어헤치고 어린이집에 등원하는 꼴에도 눈 질끈 감았다. 남편에게 생필품이 언제나 구비되어 있지 않다는 불편과 결핍과 필요를 뼈저리게 느끼게 하려고 두루마리 화장지가 똑 떨어져도 버렸다. 고무장갑이 죄다 구멍 나도, 주방 세제가 떨어져도, 세숫비누가 닳아 동전만큼만 남아 있어도 무심하게 견뎌냈다. 나는 이 방면으로 꽤나 소질이 있었고 어떻게든 창의적으로 해결해갔다. 반면 남편은 똥 닦을 휴지가 없어지자 절규했다. 그 모습은 상당히 고소해서 그간의 억울함이 꽤나 상쇄되었다.

남편이 하지 않는 만큼 나도 안 했다. 남편은 볶음밥만 하는데 나는 반찬 3개를 만들고 국까지 끓이면 억울해진다. 남편이 라면을 끓이면 나는 우동으로 응답한다. 그가 김치볶음밥을 하면 나는 계란밥으로 대응했다. 성불하는 기분으로 참고 인내하며 눈높이를 낮췄다. 우리의 의식주 수준은 나날이 심플해졌다. 그리하여 드디어, 둘 사이의 격차를 줄이고 비슷하게 맞췄다. 평균 60점의 하향평준화를 이루었다.

수시로 벌어지는 아이 돌보기, 밥하기, 설거지하기, 빨래하고 옷 개기, 쓰레기통 비우기, 식재료와 생필품 장보기, 음식물 쓰레기 버리기에 있어서 책임감과 완성도의 수준이 비슷해졌다. 적당한 무심함, 적당한 방치, 적당한 더러움, 적당한 간소함에서 평화를 찾았다. '더러운 자가 이긴다'는 말로 가사를 게임처럼 만들려는 건 아니다. 방심하지 말자. 애초에 청결의 기준 자체가 낮아서, 더 안 할 수 있는 특혜는 영원하지 않다. 자신이 소홀하게 처리한 욕구가 나의 의무가 되어 돌아오는 건 한순간이다. 나보다 더러운 자, 잘 참는 자, 무능한 자를 만날 가능성은 언제나 있다. 우린 여기서 아슬아슬하게 기울기를 맞추고 있을 뿐이다.

확실한 건 눈높이가 높으면 결국 혼자 다 하게 된다는 점이다. 중요한 부분은 한 명의 전문성에 기댄 퀄리티의 상향이 아니라 골고루 분담하는 평준화다. 전문성은 누구나 60점 이상 가능하게 하고서 부분적으로 추구하면 된다. 물론 우리 부부에겐 그런 욕구가 없으므로 하향 평준화를 면하지 못했고 삶의 질을 떨어뜨렸다.

남편이 맡았던 가끔 하는 일은 어떻게 했냐고? 한 달에 한 번 정도, 주말에 가족 대청소를 했다. 가끔 하는 일을 알아서 하게 됐더니 영원히 안 하게 생겼다. 2시간 이내로 마감을 정하고 공간을 나눴다. 내가 창틀을 닦고 냉장고를 정리하면 남편은 욕실 타일을 닦고 이불 빨래를 한다.

매번 무얼 할지 목록을 정리하고 말하는 수고는 여전히 내 몫이다. 지긋지긋하다. 대청소는 점점 미뤄져서 한 달에 한 번에서 두 달에 한 번, 또는 6개월에 한 번으로 미뤄지고 있고 점차 최소한의 생존 유지에만 열중한다.

어느 날 나 혼자 집안의 더러움을 신경 쓰고 있다는 분이 폭발했다. 그런데 남편이 이런 말을 했다. "나도 많이 참고 있는 거라고! 여긴 내가 매일 치우거든?" 그때 알았다. 우린 가사 분담의 평등이 아닌 인내심의 평등에 도달했음을.

**부부를 위한 가사분담 네 줄 요약** ───────────────

＊매일 하는 일, 꼭 해야 하는 일을 골고루 나눈다.

＊하나를 맡으면 전 과정을 책임진다.

＊기준치를 낮춘다. 전문성보다 하향 평준화를 추구한다.

＊삶의 질 하락을 받아들인다.

육아로
유지하는
부부 간의
결속

**아침 7시** 자고 있는 남편과 아이를 두고 깨금발로 거실로 나왔다. 화장실 문을 살며시 열고 들어가 세수하고 이 닦고 나왔다. 주방에서 보리차를 끓였다. 남편과 아이가 일어나기 전에 옷 갈아입고 나가야 한다. 서두르자. 걸리면 하염없이 붙잡힌다. 7시 50분, 차 시동을 걸었다.

**아침 8시** 남편의 증언에 따르면 아이와 8시 10분쯤 일어났다고 한다. 아이는 분홍색 레깅스를 찾는다고 한바탕 울었단다. 아침으로는 계란 프라이와 사과를 줬다고 한다. 머리카락을 묶어줄 시간이 없어 어제 했던 모양 그대로 산발하고 어린이집 차량을 탔단다. 남편의 출근은 10시까지다.

**오후 4시** 집에 도착했다. 전날부터 치우지 못한 거실 장난감을 주워 담았다. 어린이집 차량까지 뛰어가서 아이를 받았다. 집 안으로 들어와 오렌지 주스를 따르고 찬장에 숨겨둔 '칸쵸'도 꺼냈다. 친구를 찾는 아이를 데리고 동네 놀이터로 나갔다.

**저녁 6시** 더 놀겠다는 녀석을 간신히 끌고 집으로 돌아왔다. 여섯 살 된 아이는 저녁 준비를 돕겠다며 나섰다. 당근과 애호박을 쥐어 줬더니 깍둑썰기를 제법 한다. 냉장고에 넣어둔 찬밥을 꺼내 팬에 부었다. 저녁 메뉴는 새우 볶음밥이다. 밥 먹고 한바탕 숨바꼭질을 했다. 아이가 퍼즐 맞추기에 빠진 사이 밀대를 들고 방을 닦았다. 이부자리를 폈다.

**저녁 8시** 도망 다니는 아이를 스무 번쯤 목청껏 부르다가 겨우 붙잡아서 이를 닦였다. 그림책을 두 권 읽어줬다. 더 읽어달라 심통 부리는데 불을 껐다. 9시 5분 전에 잠들었다.

**밤 11시** 깜박 잠든 사이 현관문 열리는 소리가 들린다. 부엌에서 그릇이 달그락거린다. 남편이 설거지를 했다.

　결혼은 9년 차, 육아는 6년 차. 우리 가족의 흔한 평일 모습이다. 참으로 힘겹고 고통스럽고 처절한 투쟁 끝에 도달한 일상이다.
　아이를 낳고 키우는 동안 나의 최전선은 여기였다. 부부가 자신들의 아이를 함께 돌보지 않는다면, 공간의 일을 나누지 않는다면 같이 사는 의미가 없다고 생각했다. 남편 역시 나만큼 책임감을 가져야 '아빠'였다. 그것이 함께 살기였다. 그러나 아이를 같이 보기 위해 시간을 내어야 한다는 나의 요구와 애원은 쉽게 남편에게 가닿지 않았다. 그리하여 나의 육아 초기는 육아를 포함한 가사 분담 문제만큼은 끝장내겠다는 핏빛 전쟁으로 물들어 있다.

아이가 막 세 돌이 될 때쯤이었나. 어느 날 남편에게 통보했다.

"오늘 밤 이야기 안 하면 내일부턴 나 없을 거야."

몸이 너무 아파 아이를 보다 말고 거실 바닥에 쓰러져 있다고 해도 회사에 일이 많아 올 수 없다고 했던 그는 바로 택시 타고 달려왔다. 그날 남편과 담판 지었다.

"당신을 내 인생에서 버릴 거야. 그렇게 몸 바쳐 사랑하는 회사랑 평생 살아."

회사에 그렇게 다니며 아이를 보지 않을 거라면 가족을 포기하라고 했다. 어차피 얼굴 못 보는데 따로 살자고 했다. 눈물이 차오르고 목이 메는 것을 꾹 참고 남편의 눈을 정중앙으로 노려보면서 또박또박 말했다. 그동안 내가 울부짖어대며 했던 수많은 말 앞에서 그는 지겹다는 듯이 눈을 감고 잠을 자버리곤 했지만 오늘 나의 최후통첩에 남편의 눈이 벌게졌다.

많은 이들이 나에게 '다 그렇게 사는 거'라고 말했다. 그러니 참고 살라고 했다. 아니, 당신들처럼 후지게 살기 싫었다. 남자와 다른 위치에서 겪어야 하는 차별을 이해나 배려라는 명분으로 위장한 채, 마치 삶의 자연스러운 이치인 듯 자포자기하고 싶지 않았다. 남편의 멱살을 잡고 벼랑 끝으로 데리고 왔다. 여기서 같이 죽을래, 같이 살래. 배수의 진을 쳤다. "3개월 내에 퇴직, 이직, 휴직 중에 결정해."

남편은 언제나 가장 보수적이며 안정된 선택을 한다. 그는 자신 인생에서 최대치의 모험이자 도전인 2개월의 짧은 육아휴직을 냈다. 나는 남편의 육아 휴직 기간 동안 남편이 나와 아이에게 했던 만큼 똑같이 했다. 아침 일찍 나가 밤늦게 돌아왔고, 육아와 가사에 손을 보태지 않았다. 싱크대에서 대파가 말라 비틀어져가도, 배수구에서 악취가 풍겨도, 아이가 밤에 엄마를 찾으며 악쓰며 울어도 열이 39도까지 올라도 모른 척 했다.

남편은 장을 보고 아이 반찬을 사오고 요리를 했고 아이를 재웠고 아프면 병원에 데리고 갔다. 그는 갈수록 민감한 양육자가 되었고 아이는 아빠에게 껌딱지처럼 들러붙었다. 남편은 자주 비명과 고함을 질러댔고 다크서클은 진해졌고 새치는 한 움큼씩 늘었다. 그는 돈만 벌던 사람에서 딸아이의 머리카락을 묶을 줄 아는 아빠가 되었다.

남편이 복직하고서 얼마 동안 우리의 감동적인 변화를 음미했다. 남편의 육아휴직을 담은 첫 책 〈엄마 되기의 민낯〉을 내자 주변 사람들은 우리 부부가 이룬 성과를 치하했다. 남편을 포기하지 않고 변화시킨 아내, 가정을 위해 자기의 시간을 낸 남편은 참으로

여자, 아내, 엄마 지금 트러블을 일으키다

바람직하며 모범적인 '평등 부부'였다.

　그러나 이 싸움에 휴전은 있지 종전은 없음을 몰랐다. 1년 반쯤 지났을까. 뒷목이 싸한 느낌에 자주 사로잡혔다. 관성이란 무겁고 질겼다. 되었나 하고 마음 놓기가 무섭게 원점으로 자꾸 돌아왔다. '이거, 이거 하기로 했으니까 지키는 거다?'라고 간신히 협상안을 받아내면 뭐하나. 아이가 아플 때 모든 일정과 일을 취소해야 하나 고민하는 일, 날씨에 따라 아이의 컨디션을 살피는 일, 까다로운 입맛에 맞춰 끼니를 고민하는 일은 어김없이, 너무도 뻔뻔하고 자연스럽게 내 차지로 돌아와 있었다.

　나는 전업 주부 생활 3년, 프리랜서 디자이너 1년을 거쳐 다시 직장에 다니게 된 상황이었다. 오후 4시에 돌아오는 아이를 받기 위해서는 한 명이 시간을 내어야 했고 유연근무는 자연스럽게 남편보다 월급이 적은 내 몫이 되었다. 일을 마치면 조급하게 고속도로를 내달렸다. 집에 와서도 노트북을 손에서 놓기 어려웠다. 업무를 하다가도 수시로 맥이 끊기면서 아이의 놀이 상대가 되어주고 간식을 차려줬다.

　언제나 시간에 쫓겼다. 아무 방해 받지 않고 몰입할 시간이 절실했다. 남편과 집안일을 원활하고 수월하게 나누는 정도로는 턱없었다. 여전히 아이를 돌보는 시간은 압도적으로 내가 많았고 그러다 보니 무엇 하나 마음 놓고 할 수 없었다. 남편에게 밤늦게까지 야근할 자유가 있듯이 나에게도 그런 시간이 간절했다. 그러나 나에게 주어진 한 줌의 시간을 회뜨듯 칼로 쪼개가며 틈새 시간을 만들고, 그것도 모자라서 새벽 4시에 일어나면서까지 악착같이 살고 싶진 않았다. 남편의 일상엔 어떤 영향도 주지 않은 채 나 혼자 발동동 구르며 매끄럽게 잘 해내고 싶지 않았다.

아이를 돌보는 책임감은 부부 둘이 온전히 나누어 가져야 한다. 아이를 보기 위해 남편의 시간 역시 아내만큼 쪼개져야 하고 그만큼 빠듯해져야 한다. 시간이 나면 아이를 보는 것이 아니라 시간을 내어 아이를 보는 게 맞았다. 아빠도 주 양육자로서 정체성을 갖춰야 했다. 그러나 남편은 여전히 수동적이었다.

다 년 간에 경험 끝에 다정하고 친근한 말로 부탁하는 일도, 눈물로 호소하는 일도, 붙잡고 논리로 설득하는 일도 불가능함을 알았다. 직장일의 완강한 중력은 남편을 제자리로 돌려두곤 했다. 여성에게만 주어진 양육의 기본값, 그것이 있는 한 협상이 되지 않았다. 통보로 밀고 나갔다. "이것 좀 부탁해"가 아니라 하지 않으면 안 되는 지경으로 배치를 구성했다.

아침 시간부터 필사적으로 확보했다. 야근이 잦은 대신 출근이 늦은 남편에게 아이의 등원을 맡겼다. 옷 입히고 아침 먹이고 차량에 태우기까지 1시간도 안 되도록 짧지만, 분초를 다투는 촉박한 시간에 늑장 부리는 아이를 무사히 등원시키는 일은 하루 일과 중에서도 초고난도 과제다. 나는 그들이 일어나기 전에 눈 딱 감고

여자, 아내, 엄마 지금 트러블을 일으키다

집에서 나왔다.

　남편이 아이에게 무엇을 먹이든 무엇을 입히든 관여하지 않기로 했다. 바람 부는 날에도 민소매 티를 입고 간 사진을 보며 경악하기도 했지만 그렇다고 끼어들면 내 시간을 확보할 수 없었다. 아니, 같이 보고 있음 분명 내 입에서 좋은 소리가 안 나올 테고 남편 귀엔 잔소리로만 들릴 터였다. 그 꼴을 아예 안 보는 게 나았다. 남편을 믿자. 맡기자. 남편도 처음 엄마가 된 나를 너무나 믿은 나머지, 가장 힘들다는 육아 초기에 3년이나 손을 놓지 않았던가. 모르는 게 약이다.

　하원은 내가 맡았다. 오후 4시부터 밤 9시까지 6시간 동안 혼자 아이를 보았다. 남편에게 일찍 오라고 재촉한 적도 많았지만 지금은 그에게 '야근할 자유'를 준다. 야근할 자유라니 이상할 수도 있다. 그러나 직장 다니는 양육자라면 알 것이다. 눈치 보며 칼같이 퇴근하고 허겁지겁 저녁 차린 다음 아이를 겨우 재우고 다시 노트북 켜서 일하는 상황을. 그런 다급함에서 벗어남이 얼마나 홀가분한지를. 야근을 미덕처럼 권장하는 후진적인 직장 문화에서 칼퇴근을 고수하기란 얼마나 힘겨운지를.

　나는 남편을 야근에서 면제시켜주진 못했지만 눈치 보며 퇴근하기에선 구제해줬다. 가끔 근무가 일찍 끝나도 운동을 하거나 개인 시간을 누리고 오라고 했다. 남편은 일찍 와도 8시. 그렇게 애매한 시간에 와 버리면 자려고 준비하던 아이도 홀랑 잠이 깨서 놀자고 버틴다. 차라리 아이가 잠들고 들어오는 게 나았다.

다른 이유도 있었다. 퇴근을 압박하지 않음으로써 남편에게 선택권을 주었다. 저녁을 어떻게 쓰느냐는 전적으로 그의 선택이다. 회사의 야근을 거부하든 따르든, 자기 계발의 시간을 갖든 그가 조절할 문제다. 그는 언제나 이래서 저래서 못한다는 말을 달고 살았지만 개인 시간이 절박하다면 회사 일을 조정하기 위해 협상을 해야 할 것이다. 나도 육아를 위해 일에 대한 나의 욕구 상당 부분을 접었으니까. 그를 연민하지 않기로 했다.

남편에게 평일 저녁을 주는 대신 나는 토요일을 얻었다. 나는 직장 업무 이외에도 글 쓰고 강연까지 하곤 하는데 그 모든 걸 평일에 아이까지 보면서 준비하기엔 부족했다. 주말 하루, 내가 마음껏 몰입하며 일하는 동안 남편은 아이와 끈끈한 시간을 보낸다.

아이가 아플 때면 남편에게 휴가를 내도록 정확하게 말했다. 그는 자발적으로 휴가를 내겠다고는 입을 결코 열지 않았으니까 알아서 해주기를 기다리면 안 됐다. 나는 대체 불가능한 고정 강의까지 맡고 있었다. 갑작스러운 돌봄 공백이 생기면 대처는 남편이 해야 했다. 그는 15일의 연차를 아이를 위해 소진했다.

지인들에게 우리의 육아 분담에 대해 말하면 성별을 불문하고 백이면 백 남편에게 감정이입해서 그는 언제 쉬냐고 말한다. 못 쉬는 건 나도 마찬가지이지만 나만 인정머리 하나 없는 독한 여자가 되어버린다. 저렇게까지 해야 하냐고 묻는다면 그래야 한다고 답

여자, 아내, 엄마 지금 트러블을 일으키다

하겠다. 그러지 않고서는 남편과 남편 회사가 밀어붙이는 강력하고 공고한 장시간 근무 문화에 대항할 힘이 없었다.

사회가 남자에게 과중한 업무를 요구하는데 왜 남편에게만 변하라고 하냐고 물을 수도 있다. 그도 어쩔 수 없는 거라고. 그런데 정말 사회 구조가 문제라면 왜 남편은 불합리함에 저항하거나 일을 조정할 노력을 하지 않을까? 그 구조와 공모하는 편이 자신에게 더 유리함을 알기 때문 아닐까? 이런 조건에서 내가 할 수 있는 건 무얼까. 협상하지 못하는 그를 배려한다는 명목으로 나 혼자 모든 압력을 견디며 살아야 할까. 그렇게 하지 않기로 했다. 집안일과 육아의 시간을 그에게 일정 부분 밀어 넣음으로써 그가 스스로 압박을 느껴 일을 조절하길 바랐다. 자발적으로는 절대 하지 않았으므로 그런 배치로 재조직해야 했다. 지역주의라고 할까 봐 조심스럽지만 대한민국에서 정치적으로 가장 보수적인 도시 출신에 나이는 마흔 하나로 과도기에 걸쳐 있는 남편은 의식은 바뀌어도 몸이 느렸고, 이렇게라도 해야 했다. 기득권을 쥔 이들이 자발적으로 권력을 걷어차는 법은 없으므로 없는 자가 안간힘을 써서 밀어야만 한다.

8년이 넘은 지난한 싸움 끝에 우리 부부는 합의에 도달했다. 애매한 감각이 아니라 피 튀기는 경험으로 회사에서 일하기보다 아이 돌보기가 훨씬 힘들다는 점, 아이 돌보기보다는 청소나 요리가 수월하다는 것에 동의했다. 남편은 평일 아이 재우기에서 면제됨

만으로도 감지덕지한다. 혼자 하는 육아가 군대 훈련보다 힘들다고
했다.

가까스로 형성한 공통 감각은 동지 의식을 부여하고 공동체적
결속감을 강화시켰다. 감사하는 마음은 절로 생기지 않았다. 우린
그 정도로 성숙한 인간이 아니었다. 나만 힘들지 않다는 감정 이입
을 느낄 수 있는 구체적이며 선명한 배치가 필요했다. 부부 공동의
일이 육아로 격하됨이 서글퍼 보일 수도 있다. 부부 사이에 한 줌
낭만조차 사라지고 회사 동료처럼 하루하루 일을 나누고 확인하
며 사는 모습만 있는 게 삭막해보일지도 모르겠다. 그러나 육아 동
지라도 되지 않는다면 대체 이 시기를 어떻게 버텨갈 수 있을까.

누군가는 질문할 거다. 남편이 돈을 더 버는데 그거 하나 양보
못 하냐고. 응. 못한다. 이미 많은 여자 가장들은 모든 걸 다 하면
서도 죄책감에 시달리고 있으니까. 왜 우린 성별에 따라 책임과 기
준을 다르게 적용하는 걸까.

여전히 한계는 있다. 몽글몽글 감사함이 싹트려다가도 아이의
길게 자란 발톱, 집을 비웠다가 들어갔을 때의 난리통을 접하면
마음이 싸늘하게 식는 건 어쩔 수가 없다. 어떻게 배치를 형성해
도 끝내 다다르지 못하는 지점이 있다. 남편을 덜 미워하기 위해
그가 할 수 있는 일을 더 주기로 했다. 이번 주 토요일에도 집에서
나왔다.

여자, 아내, 엄마 지금 트러블을 일으키다

부부 싸움을
줄이고 싶다면
물건부터
줄이세요

한밤중에 문 여닫는 소리나 발소리가 너무 크게 들린다고, 식탁에
서 유리잔을 놓는 소리가 건너 방까지 쩌렁쩌렁 울린다고, 집안의
방음이 문제가 있는 거 같다는 나의 말에 이웃들이 고개를 갸우뚱
했다.

"집에 물건이 너무 없어서 그런 거 아니에요?"

우리 집 거실엔 캠핑용 접이식 의자가 달랑 3개 있다. 한쪽엔 30
년 된 피아노가 한 대 놓여 있다. 벽에는 책장 대신 아이가 그린 그
림이 붙여져 있다. 방으로 들어가면 이부자리만 덩그러니 개어져 있
다. 침대는 없다. 방의 4면이 텅 비어 있다. 소파와 티브이도 없다.

티브이 없이 사는 집이 제법 많을 텐데도 여전히 우리 집에 방문
한 사람들은 허전한 거실 풍경을 낯설게 본다. 일부러 없앤 건 아
니었다. 결혼할 때부터 사지 않았다. 6년 동안 내가 자취방에서 쓰

던, 박물관에나 들어갈 법한 14인치 브라운관 티브이를 신혼집으로 가져오긴 했지만 석 달쯤 있다가 고장 나 버렸고 그 뒤로 새로 구입하지 않았다.

대한민국의 많은 남자들이 흔히 가지는 로망처럼 남편도 카우치 소파에 드러누워 60인치 대형 벽걸이 티브이를 보는 결혼 생활을 꿈꾸었다. 우리도 식구들이 소파에 옹기종기 모여앉아 한 방향으로 시선 고정하고 드라마를 시청하면서 제법 단란한 시간을 보낼 수도 있었다. 티브이가 초래하는 대화 단절을 우려하지만 티비 덕에 대화 없이 시간을 보낼 수 있음이야말로 다행 아닌가.

그러나 문제는 식구 전체가 함께 보는 시간이 하루 중 그리 길지 않다는 점이다. 리모컨은 보통 티브이 보며 휴식 누리기를 절절히 원하는 한 사람 손에 쥐어지게 된다. 우리 집은 남편이 될 터였다. 남편은 결혼 전 티브이만 있으면 종일 지루함 없이 살 수 있을 정도로 좋아했다고 한다. 그에게 티브이 시청은 휴식이자 충전이고 일상의 BGM이다. 그러나 나에게 티브이는 소음일 뿐이었다. 티브이 소리를 들으면 두통이 생긴다.

혹자들은 티브이 보며 쉴 수 있는 권리를 주장하지만 자신이 당당히 누리는 생활이 다른 식구들에게 스트레스가 될 거란 점은 모른다. 티브이는 그 존재감이 미디어보다는 가구에 가깝다. 그런 까닭에 티브이를 집안의 배경음이자 배경 영상처럼 틀어두는 건 너

무도 자연스럽게 느껴지기도 한다. 그러나 집안의 트인 장소에서
가장 크게 소리 나는 물건을 독점하면서까지 누리는 휴식이 마땅
한지 묻고 싶었다.

한 사람이 널찍한 카우치 소파에 대 자로 드러누워 리모컨을 쥐
게 되면 나머지 식구들은 티브이가 내보내는 번쩍이는 영상, 크게
울리는 소리에 지배당한다. 사람들의 시선은 쉽게 티브이로 고정
된다. 티브이가 집안 권력의 중심이 된다. 티브이 보는 사람은 그
걸 보지 않는 다른 이의 말소리를 차단하고 식구들이 무얼 하건 외
면하기 쉽다. 거실이라는 공용 공간이 한 사람의 소유가 되고 티브
이는 집안의 주인이 되어버린다. 그런 광경이 우리에게 초래할 불
화를 예상했다. 어린 시절 티브이 보는 식구들을 뒤로 하고 내내
주방에 서 있던 엄마의 모습과 "애 보라고 했더니 티브이만 보고
있다"고 말하던 결혼한 친구들의 원성을 떠올렸다.

직장 일을 오래 하는 남편이 힘들다며 소파에 드러누워 티브이
만 보고 있을 때, '내 집에서 티브이도 못 보냐'고 항변할 때, 과연
내가 자비로운 표정으로 지켜볼 수 있을까. 내 입에서 고운 말이
나올까. 나에겐 그럴 만한 인내심이 없었다. 곧장 전쟁 상태로 돌
입할 게 불 보듯 뻔했다. 티브이 없이 살기는 미연의 싸움 방지였
고 딱 그만큼 평화를 유지해줬다.


침대, 쓰레기통, 발 매트, 가습기, 전기밥솥, 전자레인지, 무선
청소기도 없다. 그것들은 우리 부부의 게으름과 무관심에 하나 둘

씩 방치되다가 결국 폐기처분 됐다. 신혼 땐 높이가 낮은 저상 침대를 라텍스 매트리스와 함께 써왔는데 이사하며 없앴다. 자리 차지도 문제였지만 침대 바닥의 먼지 청소와 매트리스 관리가 관건이었다. 남편은 침대 바닥에 먼지가 소복하게 쌓이든 매트리스에 아이가 싼 오줌이 그대로 말라가든 상관하지 않는 관대한 위생 관념을 가지고 있다. 그러므로 관리는 집안 오염에 책임감을 느끼는 내 몫이었다. 그러나 나는 더 이상 매트리스의 먼지나 진드기를 신경 쓰며 사용하고 싶지 않았다. 관리가 온전히 내 몫이라면 처분할 권한도 나에게 있는 법. 그래서 없애버렸다. 허리가 배기지 않을 정도의 두툼한 요를 깔고, 아침에 일어나면 바로 개기로 했다.

쓰레기통은 필수 생활용품처럼 여겨지지만 의외로 손이 많이 가는 물건이다. 비닐봉지도 꼬박 꼬박 씌워줘야 하고 제때 비워줘야 한다. 주변에 흘리는 오물도 닦아줘야 한다. 주기적으로 씻고 말리지 않으면 바닥에 때가 찌들어 악취를 풍긴다. 우리 부부는 미루고 미루다가 썩은 내가 진동할 때에야 비우곤 했다. 해결 방안으로 종이 쇼핑백을 문고리에 걸어두었다. 종이의 특성상 냄새와 물기를 흡수해준다. 쇼핑백이 꽉 차면 통째로 버리면 그만이었다. 또 바닥에 놓인 것이 아니기 때문에 청소를 할 때 들고 옮길 수고도 없었다.

발 매트도 마치 욕실 앞 필수 아이템 같지만 따져보면 천덕꾸러

여자, 아내, 엄마 지금 트러블을 일으키다

기가 되는 용품이다. 물기를 흡수하기엔 대체로 두껍고, 그래서 세탁과 건조도 용이하지 않다. 금방 더러워지기에 자주 세탁을 해야 하는 물건임에도 손이 잘 가지 않는다. 대단한 살림꾼이 아닌 이상 발 매트는 시커먼 때가 눌러 붙은 채로 욕실 앞을 지키게 된다. 발 매트를 없애고 낡은 수건을 까는 것으로 대신했다.

전기밥솥도 없다. 일주일씩 밥이 노랗게 굳어가도록 두는 인간이 우리였다. 왜 밥솥의 밥을 제때 비우지 못했냐고 상대방을 질책하느니 없는 게 나았다. 밥솥의 밥을 알맞게 관리할 능력이 없으므로 우린 압력솥에 밥을 짓는 수고를 치르게 되었지만, 찰기 가득하고 쫀쫀한 솥 밥 만족도는 의외로 높았다.

남편과 내가 첨예하게 대립한 물건은 광파오븐과 무선 청소기였다. 광파오븐과 청소기 모두 남편이나 나나 사용하는 빈도는 같았지만 기계의 관리는 지난 8년간 내가 대부분 해왔다는 게 문제였다. 광파오븐은 거창한 이름값을 하지 못하고 처음부터 밥을 데우거나 토스트를 하거나 생선을 굽는 걸로 사용되어 왔다. 빵이나 쿠키를 구운 적은 손에 꼽혔다. 문제는 생선을 굽고 나면 비린내와 기름때가 내부에 잔뜩 늘러 붙는다는 거였다. 오븐을 세척해줘야 하는지 모르다가 사용한지 5년쯤 되던 어느 날 심각한 악취에 내부를 살펴보다 경악했다. 사방에 비릿한 기름때가 잔뜩 엉겨 있었다. 그 후로 최소 2-3달에 한 번씩 베이킹 소다를 풀어 스팀 청소를 해주어야 했는데 과정은 너무나 지루했고 만족도는 현저히 떨어졌다. 어떻게 해도 속 시원하게 벗겨지지 않았다. 이렇게까지 하면서 오븐으로 생선을 구워야 하나. 그냥 생선 구이 안 먹고 마는 게 차라리 낫지 않을까.

무선 청소기도 마찬가지였다. 먼지 통이 꽉 차서 흡입력이 없을 때까지 버티다 비우곤 했다. 자주는 아니어도 먼지 통을 비우면서 미세먼지 필터에 가득 낀 머리카락과 먼지를 씻어내고 말리기도 해야 했다. 남편은 요리도 자주 하고 청소기도 자주 밀었지만 그 기계들의 내부를 열어 먼지 뭉치를 떼고 세척하는 일은 하지 않았고 관심도 없었다. 먼지 통이 꽉 차서 흡입력이 떨어진지도 모르면서 나보고 자꾸 청소기를 '다이슨'으로 바꿔야 한다고 말했다.

남편에게 오븐이건 청소기건 더 이상 쓰지 않을 거라고 말했다. 없애자고 했다. 그는 펄쩍 뛰었다. 그런 격한 반발에 나는 재반격으로 대응했다. 만약 쓰고 싶다면 내부 세척도 책임지고 하라고, 하지 않는다면 반년 있다가 없애자고. 그가 했을까. 전혀 하지 않았다. 그렇다고 더 성능 좋은 제품을 알아보지도 않았다.

우린 두 가지 물건을 처분하기로 합의했다. 생선 구이는 프라이팬에 생선 조림으로 대체했고 냉장했던 밥은 냄비에 쪄서 먹었다. 청소기 대신에 짱짱한 밀대로 대체했다. 주로 내가 바닥을 닦고 남편은 걸레를 빨았다. 생선 요리를 한 프라이팬이건, 바닥을 닦은 걸레건 오염이 바로 눈에 보였고, 이를 방치해두면 바로 불편해지므로 어떻게든 맡은 사람이 해야만 했다. 우린 싸울 일이 없어졌다.

　주기적인 드라이클리닝이 필요한 모직코트, 먼지가 쌓이는 커튼, 거실 실내화, 잡동사니를 쌓아두는 여분의 수납장도 처분 대상이 됐다. 분란을 일으키는 물건들을 하나 둘 없애다 보니 썰렁하고 허전한 집이 되었다. 아이의 장난감과 책은 여전히 이곳저곳에 널브러져 있지만 성인 두 사람에게는 꼭 필요한 물건만 남았다. 취향을 위한 잉여의 물건이 거의 없다. 큰 액자, 화병, 쿠션이나 카펫, 화분 같은 건 엄두도 안 낸다. 아늑하고 따뜻한 집이란 필연적으로 누군가의 손길이 닿아야만 만들어질 텐데 우리 부부는 그런 애정을 기꺼이 실천할 능력도 의지도 없었다. 누구 하나가 책임지고 하면 되지 않느냐는 순진한 소리.

　선택해야 한다. 잔뜩 쌓인 물건 속에서 허우적거리며 함께 사는 이의 게으름을 탓하느니 아예 없애는 전략을 취했다. 많은 물건을 분담하며 박 터지게 싸우느냐, 분담을 포기하며 혼자 다 하느냐, 아니면 물건이 적은 불편함을 일부 감수하고 사느냐, 선택해야 한다. 적어진 물건 안에서 가사를 나누다 보니 조금 미루고 안 해도 티가 덜 났다. 다루어야 할 물건의 양과 처리해야 할 과정의 단계가 단순해졌다. 노동의 난이도가 확 낮아졌기에 나보다 숙련도가 낮은 남편도 훨씬 쉽게 참여할 수 있었다. 이쯤 되면 결론을 내릴 수 있겠다. 가사 분담 전에 물건을 줄이세요. 부부 싸움이 줄어듭니다.

우리에겐
각자의 방이
필요하다

2년 전, 이사하면서 작업 공간을 어디에 둘지 고민이었다. 나는 집에서 일하는 디자이너로 30인치 대형 모니터와 로봇 같은 데스크톱 본체를 둘 공간이 필요했다. 우리 집에 방은 두 개뿐. 하나는 큰 방이고, 다른 하나는 아이가 크면 줄 방이다. 어디에 나의 책상을 놓을 것인가.

처음엔 거실을 생각했다. 티브이와 소파가 없어서 책상 둘 공간은 충분했다. 그러나 거실에 있는 책상은 순식간에 잡동사니로 점령될 것이 뻔했다. 의자엔 겉옷이 수북이 걸쳐질 테고 아이 장난감이 뿌려질 테고 컵과 과자봉지와 부스러기로 가득 찰 테다. 아이가 어려 쓰지 않는 작은 방을 당분간 내 작업실로 둘까도 싶었다. 하지만 그 방은 퇴근하고 온 남편도 사용할 것 같았다. 그가 내 데스크톱에 게임을 설치하지 않으리란 법이 없었다. 육아 초기, 퇴근한 남편이 밤마다 스트레스 푼다는 명목으로 게임을 했을 때 컴컴한

방에서 홀로 젖을 쥐어짜내며 느낀 배신감과 분노가 떠올랐다. 불화는 미연에 방지해야 했다.

　고민 끝에 내가 많이 머무는 곳, 오며 가며 들르기 가장 좋은 장소, 주방 한 구석에 책상을 넣기로 했다. 그러나 상상해보자. 보통의 주방은 주방용품 넣기에도 비좁다. 제한된 공간에, 그것도 무려 작업 공간을 어떻게 넣는단 말인가. 이사 갈 집의 주방 구조를 다시 그려보았다. 만약 냉장고 용량을 줄인다면 가능하지 않을까? 이사하면서 마련하려고 했던 김치냉장고를 포기하기로 했다. 그러나 이미 있는 750리터 양문형 냉장고가 차지하는 공간도 상당했다. 달랑 세 식구 살고 집에서 밥 먹는 사람은 실상 나와 아이뿐인데 버려지는 식재료도 많았다. 음식물 쓰레기만 저장하는 대형 냉장고가 꼭 있어야 할까. 고민 끝에 마침 냉장고가 필요한 곳이 있다기에 기부하고 400리터 슬림형 냉장고를 특가로 구매했다. 냉장고를 바꾸고 김치냉장고를 빼고 주방 그릇과 반찬 통 가짓수를 줄이니 싱크대 하부장 한 칸 공간을 터서 책상으로 개조할 공간이 나왔다. 6칸이 넘는 키 큰 그릇장에도 그릇을 채우지 않고 책을 꽂았다. 주방과 서재가 묘하게 공존하는 공간이 탄생했다. 밥 짓고 글 쓰는 생활이 고스란히 반영된, 어느 인테리어 잡지에도 없는 나의 공간이었다.
　'주방 서재'는 집에서 일하는 나에겐 분명 최적화된 공간이었다. 주 양육자이자 재택근무자로 지내며 멀티태스킹에 필요한 시간과 동선을 확 줄여주었다. 국 끓이다가도 두어 발자국 움직여 메일을 쓰고, 모니터를 보고 있다가도 아이가 물 달라고 하면 그냥 몸을 돌려 내줄 수 있었기 때문이다. 게다가 구석에 있어 책상 위에 물건이 쌓여도 지저분함이 쉬 눈에 띄지 않았고 아이를 보다가도 피곤해지면 잠시 파묻혀 숨을 돌릴 수 있었다. 의자 뒤편에 음식물 쓰레기통이 있어 가끔 악취가 나고 부지런히 비우지 못한 과일 껍질에서 윙윙거리는 날파리 소리가 신경 쓰이기도 하지만, 왼쪽으론 작은 창이 있어 제법 아늑함을 누릴 수 있었다. 주방 서재는 나의 구석 쉼터이자 일터가 되었다.

그러나.
좋은 건 서너 달이었다. 집안일 마치고 책상 앞에 앉아 쉬고 있노라면 아이가 쪼르르 달려와 내 무릎에 기어이 앉았다. 내가 자리를 비우면 용케 찾아온 네임 펜으로 책상 위, 정확하게는 하얀 싱크대 상판 위에 그림을 무자비하게 그려댔고 키보드 커버를 벗겨냈고 모니터를 꺼버렸다. 서랍을 열어 서류철을 다 뽑아났다. 남편마저 퇴근하고 내 책상 의자에 슬그머니 앉곤 했다. 아침에 보면 그가 머물렀던 '나의 자리'엔 헝클어진 이어폰과 휴짓조각과 빈 맥주병이 남겨져 있었다. 나는 울분을 터트렸다.
"여긴 내가 일하는 자리라고. 회사에서 다른 사람 자리에 함부로 앉아 있지 않잖아. 왜 내 자리를 지켜주지 않는 거야?"
아이는 어려서 그렇다고 치더라도 남편조차 나의 자리를 침범

하는 건 참을 수 없었다. 집에서의 공간이라도 내가 집중해서 일을 하는 자리이니만큼 다른 사람의 물건으로 어질러지지 않았으면 했다. 그게 가족이라도. 나는 결국 실컷 만들어둔 책상을 두고 카페로 도망쳐야만 했다.

나의 방을 따로 마련하지 않았음을 후회했다. 진실로 필요한 건 단지 컴퓨터를 놓는 공간이 아니라 나의 일이 보존될 수 있는 자리였다. 식구들에 의해 지켜지고 존중받을 수 있는 공간이었다. 최소한 거실과 부엌 사이에 애매한 이 공간은 아니었다. 하지만 내 방이 있다면 그 방에 아무도 안 들어올 수 있을까. 남편도 아이도 믿을 수 없었다. 나의 공간과 물건은 이미 식구들의 공공재였다.

우리에겐 각자의 방이 필요하다. 지금은 거실이고 부엌이고 방이고 어른과 아이 물건, 책과 장난감이 뒤섞여 있다. 방마다 기능 분리가 거의 되어 있지 않다. 그러나 아이가 커갈수록, 또 내가 일에 시간을 내려 할수록, 남편과의 평화로운 공존을 위해서라도 분리된 방의 필요성을 절감한다.

남편과 나는 아침과 밤에만 겨우 마주치지만, 어쩌다 거실에 같이 있다고 해도 각자의 할 일을 한다. 그러나 남편은 남편대로 편하게 드러누울 곳이 없다고 불만이었고 나는 나대로 밤에 글 쓰거나 일할 때 집중이 안 되었다. 무엇보다 아직은 아이가 잠자리 독립을 하지 못해 같이 자고 있지만 아이가 혼자 자게 되는 시기가 되면 남편과 내가 어디에서 어떻게 잘지 역시 고민이었다. 비로소 부부 침실이 생긴다는 건 기대가 아니라 걱정거리다.

 남편과 나는 따로 잔다. 그럴 수밖에 없었다. 남편과 아이와 자다 보면 잠자리에 예민한 편인 나는 밤새 잠을 거의 이루지 못했다. 아이의 이불을 덮어주거나 부스럭거리는 소리에 깼다가 남편의 코골이에 잠이 달아나곤 했다. 그래서 평일엔 주로 내가, 주말엔 남편이 데리고 잤다. 부부끼리는 코 고는 소리에도 어느덧 익숙해져 잠을 때 없으면 허전해진다는데, 나는 차마 자장가로 여길 순 없었다. 함께 자려 했다가 뜬눈으로 밤을 새운 적도 많았다. 밤에 같이 자야지만 부부 사이가 좋아진다고 말하지만 코 고는 소리를 참다가는 아침부터 남편만 노려볼 것 같았다. 남편이 아이를 데리고 자면 고마움이라도 남을 수 있었다.

 각방 쓰는 부부에 대한 부정적 편견 때문에 우리가 따로 잔다는 말을 공개적으로 발설하진 못했다. 그러나 우린 따로 자고 있고 또 앞으로도 그럴 것이다. 그래도 굿나잇 키스는 잊지 않고 하고 있느니 어쩌니 하며 부부 관계를 변호하는 안심의 말을 쓰고 싶지도 않다. 오히려 묻고 싶다. 꼭 부부가 한방에서 자야만 할까. 매일 살을 맞대야지만 부부인가. 누가 그런 기준을 정해둔 걸까. 자식과의 잠자리 독립은 언젠가 해야 할 당연한 과제로 여기면서, 부부의 잠자리 분리를 비정상으로 보는 인식이 도리어 이상하다. 한 이불 덮고

여자, 아내, 엄마 지금 트러블을 일으키다

스킨십 하고 섹스를 해서 남자와 여자로서 성적 친밀성을 유지해야 '정상'이라는 통념도 되짚어봐야 한다. 누군가와 살 부비며 자는 게 좋은 사람이 있는 반면, 한 이불 덮는 것 자체가 싫은 사람도 있는 법이다. 나의 딸 역시 같은 방에서 자길 원하지만 기초 체온이 높은 탓에 엄마 아빠와 신체 부위가 닿는 걸 싫어한다. 덥다고 달아난다. 아이의 말캉한 살과 0.5도 높은 체온이 너무나 좋지만 녀석을 존중하려 한다.

엄마는 남편과 한방에서 쉽게 자지 못하는 나를 보며 어릴 때 시골에서처럼 한방에서 대여섯 명이 다닥다닥 자는 버릇을 안 해 예민하다고 구박하곤 하시지만, 따로 잘 방이 없어 어쩔 수 없이 적응해야 했다면 모를까, 여분의 방이 있어서 혼자 자며 숙면을 취하겠다는 의지를 왜 '개인의 부적응'으로 보는 걸까. 사람마다 체온도 숙면에 필요한 온도도 잠버릇이 다른데도 기어이 맞추겠다며 참는 것이 더 억지스러운 노릇 아닐까. 적응과 배려는 일상의 다른 영역에서도 얼마든지 할 수 있다.

그나저나 방이 달랑 두 개뿐인 우리 집은 난감하다. 이사를 가지 않는다면 남편과 나 둘 중 한 명은 거실에서 자야할 것이다. 난관이 예상된다.

남편은
오빠도
신랑도
아니다

카페 한쪽에 앉아 노트북 켜고 글 쓰던 토요일 오후. 뒤쪽 테이블에 앉아 있던 4-50대 여성 네 명의 목소리에 귀를 쫑긋하게 됐다. 엿들을 의도는 아니었는데 특정 단어를 한 번 듣고 나니 유독 그 말만 또렷하게 들렸다.

"어제 우리 오빠 생일이었잖아."

"신랑 밥은 해주고 나왔어?"

"우리 신랑이 애 보고 있어."

웅얼거리는 실내 소음 때문에 전후 사정과 맥락은 파악하기 어려웠지만, 내 귀에 지속적으로 들어온 낱말은 자신의 배우자를 일컫는 '신랑' 또는 '오빠'라는 호칭이었다. 별다른 문제의식 없이 공기처럼 듣고 써왔던 말이 미묘한 냄새처럼 신경에 거슬리게 된 계기는 엄마 페미니즘 탐구 모임 '부너미' 활동을 하면서부터였다.

"결혼식 올리고 몇 년이나 지났는데도 왜 '신랑'이라고 부르는

여자, 아내, 엄마 지금 트러블을 일으키다

거죠?"

우리는 기혼여성이 겪는 가족 내 성차별을 지속적으로 다루어 왔다. '부녀미'의 레이더망은 아무리 사소한 행동, 태도, 말이라고 해도 사정 봐주지 않고 예리하게 감지했다. 누군가의 날카로운 문제 제기 덕에 나 역시 '신랑'이라는 호칭을 낯설게 체감했다. 마땅하지 않다 느끼면서도 무엇이 잘못되었는지 모르고 무심결에 받아들이고 있었음을 깨달았다.

결혼을 준비하거나 결혼식을 막 올린 부부를 일컫는 말, 신랑, 신부. 그러나 많은 여성들은 신혼이 지나고 아이들이 크고 중년이 한참 넘도록 자신의 남편을 신랑이라고 부른다. 나는 남편을 신랑으로 부를 만큼의 설렘이나 애틋함이 남아 있지 않아서인지 그 호칭이 입에 붙지는 않았지만, 다른 이들이 말할 때 딱히 거슬림을 느끼지도 않았다. 그런데 새삼스럽게 반대의 경우에 대입해보니 기혼여성들이 자주 쓰는 신랑이라는 호칭은 너무나 기이했다.

초등학생 아이를 둔 남자 동료가 이런 말을 남겼다고 해보자.

"오늘 신부가 아이를 데리고 온다고 해서요."

초등학생 아이를 둔 여자 동료가 이런 말을 남긴다면 어떤가.

"오늘 신랑이 아이를 데리고 온다고 해서요."

어감의 차이가 현저하게 느껴진다. 분명 신랑과 신부는 같은 상황에서 남성과 여성을 일컫는 수평적인 호칭인데 쓰임새가 완전히 달라져버렸다. 신랑이라는 말은 어색한 거부감 없이 읽히고, 신부라는 단어는 어법이 잘못된 문장처럼 느껴진다. 존칭어가 극도로 발달한 한국어에서 호칭은 관계의 역학을 정의해주는 중요한 요소다. 상호 간에 위계가 없다면 호칭 또한 상호 수평적이며 동일한 비중을 차지해야 한다. 높임말이면 같이 높이고 낮춤말이면 같이 낮춰야 한다. 적용 대상도 같아야 한다. 그러나 여자가 배우자를 향해 쓰는 호칭과 남자가 쓰는 호칭의 균형은 비틀려 있다.

'당신을 평생도록 결혼식 때의 설레는 마음으로 바라보며 살겠어요'라는 매 순간 다짐인 걸까. 배우자를 그리도 살갑게 여긴다면 남자 또한 자신의 아내를 일컬어 '신부'라고 불러야 할 것이다. 공적인 자리는 물론 동료나 친구들 앞에서. 그러나 한국의 남편들은 제삼자에게 '아내' 또는 '처', '부인'이라는 말조차 못 꺼내서 '와이프', 또는 '마누라'라고 부르는 지경 아닌가. 이런 와중에 아내들만 결혼식의 풋풋함을 가득 새긴 신랑을 애타게 찾고 있다. 여기에까지 이르니 신랑이라 부르는 말을 들을 때마다 뜨끔뜨끔했다. 그렇다고 섣불리 나서서 호칭을 고쳐주면 상대방 기분을 상하게 할 수 있으니 속으로만 '신랑, 아니야. 아니라고요!'라고 중얼거린다.

신랑이라는 호칭의 문제점은 '부녀미' 모임에서 쉽게 동의했다. 그러나 의외의 장벽에 다시 부딪혔다. 남편을 일컫는 또 다른 말, '오빠'였다.

"'오빠'라는 호칭은 어떻게 생각해요? 저는 좀 아니라고 보거든요."

여자, 아내, 엄마 지금 트러블을 일으키다

"왜요? 연애할 때부터 오빠였고, 오빠라는 말이 익숙해서 계속 부르는 건데요?"

나름 성 평등주의자들인데 '오빠'라는 말이 성차별적인 호칭이라는 말에 다들 반발했다. 결혼식을 올리자마자 '오빠'라는 호칭부터 버린 나는, 따지자면 '반反 오빠파'였다. 공식적인 부부가 되었으니 호칭을 새롭게 설정해야겠다고 생각했고, 아무래도 지인이나 친척들 앞에서 남편을 '오빠'라고 부르는 건 적절하지 않다고 여겼다. 하지만 그렇다고 딱히 큰 문제라곤 여기지 않았다. 각자의 선택이라고 생각했다.

남편은 나보다 10개월 먼저 태어났고 연도로는 고작 1년 차가 난다. 우리가 막 데이트를 시작했을 때 남편은 나를 "나리 씨"라고 불렀고 나는 아마도 "저기요"였던 거 같다. 남편이 먼저 말을 놓자며 제안했고 자기를 편하게 '오빠'라고 부르라고 했다. 내가 그를 '오빠'라고 불러주고 말을 놓는다는 건 '친근한' 남성으로 대한다는 의미였고, 비로소 그도 나를 자기보다 무려 10개월이나 어린 연하의 여성으로서 '편하게' 대할 수 있었다. 그는 나를 "나리야"라고 불렀다. 그래서 우리는 친해졌는가. 가까워짐은 맞다. 그러나 지금 와서 보니 그건 일종의 서열 정리였다.

우리 사회는 친목을 맺을 때 나이를 우선 확인한다. 나이 차가 나는데도 존칭을 한다는 건 거리를 두고 예의를 차리는 사이라는 말이다. 우린 이 긴장을 없애기 위해 연장자가 말을 놓는다. 서열을 정리함이 친근함의 표식인 거다.

여기에 상대 성별이 달라지면 존칭은 좀 더 미묘한 뉘앙스를 띤다. 특히 '오빠'는 단순히 남자 연장자에게 쓰는 호칭만으로 작용하지 않는다. 20대에 학교나 동호회, 단체 등에서 알게 된 남자들은 조금 친분이 쌓이기 시작하면 어김없이 자신을 '오빠가~'라고 슬금슬금 자칭하곤 했다. 느끼하게 내뱉는 말에 토가 쏠리는 것 같았지만, 내가 오히려 그들을 사람이 아닌 남자로 대하는 과대 반응은 아닐까 싶어서 나이 차이가 얼마 나지 않는다면 눈 딱 감고 넘어갔다. 그런 과정을 거치다 보니 어떤 남자들에게 향하는 '오빠'는 '언니'와 비슷한 무성적 어감으로 남기도 했다.

하지만 오빠는 여전히 불온한 함의를 지닌다. 이 호칭에 갇히면 두 사람의 위치는 사회가 규정한 성별 위계에 포획된다. 여자가 남자를 오빠라고 부르는 한, 여자는 남자보다 사회적 위치에서도 서열에서도 능력에서도 자율성에서도 아래에 놓일 수밖에 없다. 오빠라는 말은 여자를 남자가 보호해줄 여동생으로 환원해버린다.

친족 관계를 떠난 '오빠'라는 말이 얼마나 이상한지는 동급인 '누나'의 쓰임으로 알 수 있다. 남자들은 연상의 여자와 이성 관계를 맺기 시작하면 '누나'라는 말부터 뗀다. 가수 이승기가 부르는 노래 '누난 내 여자니까'의 가사는 결국 '너라고 부를게'로 끝난다.

여자, 아내, 엄마 지금 트러블을 일으키다

'누나'는 가족 중 연장자를 향한 말이다. 한국사회에서는 연장자에게 그만한 서열 권력이 주어지게 되는데, 로맨스로 진입하기 위해서는 여성에게 그런 힘을 주어서는 안 되기 때문이다. 결혼하고서도 마찬가지다. 연상의 아내를 '누나'라고 부르는 경우를 단 한 번도 보지 못했다. 누나라고 부를 땐 오히려 아내에 대한 존중을 하지 않을 때나, 무시하거나 놀리고 싶을 때다.

내가 데이트를 시작하며 '오빠'라고 부르기로 결정한 건 어떤 이유였을까. 내가 만난 당시의 남편은, 통상적인 남성다움과는 꽤 거리가 있는 소심하고 내향적인 남자였다. 그에 비해 상대적으로 외향적이며 추진력이 있는 나는, 가뜩이나 나이 차가 얼마 나지 않는 마당에 언제든 그를 리드하거나 넘어설 준비가 되어 있었다. 그를 향한 '오빠'라는 호칭은 내가 그를 연장자로서 대우해주고 성별 긴장감을 유지하는 장치였다. 그러니까 그와 내가 차마 동등해지지 않기를 바란 것이다. 우리 사이를 주도할 힘이 나에게 오지 않길 바란 것이다. 로맨스를 위해.

남자들이 로맨스를 위해 '누나'를 버린다면, 여자는 남자와 로맨스를 위해 '오빠'를 받아들인다. 남성에게 나이에 따른 권력을 주고 그만한 힘을 행사하게 하며 존중을 유지한다. 단지 '사장님', '선배', '과장님'과 같은 딱딱한 권위가 아니라 '오빠'라는, 얼핏 느끼기엔 다정한 말로 권력을 '낭만화'한다. 친근함의 외피만 썼을 뿐이지, 위계와 서열은 결코 변하지 않는다. 당시엔 여기까지 생각하지 못했다. 익숙한 통념에 따랐다.

　결혼하고서도 여자가 남자를 '오빠'로 부르는 건 여전히 서열상 아래에 있다는 재확인에 다름 아니다. 부부 사이에 이런 식의 위계는 과연 옳은가. 나를 포함한 3-40대 대부분은 부부를 상하 관계로도 나이에 따른 권력이나 역할을 분배하는 관계로도 보지 않는다. 파트너, 동료, 동반자로 인식한다. 그러나 '오빠'라는 말은 아내를 파트너나 동료라는 자리에서 지운다. '여동생'과 같이 오빠의 휘하에서 보호하거나 지켜줘야 하는 위치로 내려가게 한다.
　서로에게 편하면 그만이라고도 한다. 그러면 이건 어떤가. 요즘 가족 내 호칭 성차별 문제가 거론된다. '시댁'은 '시가'로 바꾸고 '도련님'이나 '아가씨', '장인어른', '장모님' 등의 호칭 역시 수정하자는 논의가 한창이다. 그런데 왜 '오빠'는 유지하려 하는가? 왜 '오빠'라는 말을 쓰지 말라 하는 것에 저항감을 보이는가. 익숙함을 버리는 건 불편한 일이다. 두 사람간의 친밀성을 해치는 위협처럼 느껴진다. 그러나 이러한 호칭이 편하다면, 오빠라는 호칭을 버릴 수가 없다면 그만큼 불평등에 안락하고 깊숙이 담가져 있다는 말이기도 하다. 우리 삶의 불평등은 공기 같아서 일부러 낯설게 보려 하지 않으면 감지되지 않는다.

　결혼하고서 남편을 '여보'라고 불렀다. 남편에게도 나를 '여보'로 불러 달라고 했다. 그러나 그는 '야' 자를 떼지 못하고 '여보야'

　　　　　　　여자, 아내, 엄마 지금 트러블을 일으키다

라고 불렀다. 이 말을 들은 주변 사람들은 닭살이라며 귀엽다고 반
색했지만 나는 거북스러웠다. 애칭 같은 걸 만들지 못하는 나의 건
조한 성격 탓인가 했는데 그 이유를 나중에야 파악했다. '야'라는,
하대를 뜻하는 호격조사 때문이었다. 나는 '여보'인데 그는 '여보'
라고 하지 않고 '야'를 붙인데서 벌어진 미묘한 위계가 남아있었던
것이다. 무의식적으로 튀어나온 조사가 그가 나를 똑같이 존중해
주지 않고 있다고 느끼게 했다. 한국어가 이렇게 까다롭다. 남편에
게 나를 마찬가지로 '여보'로 불러주기를 요청했다. '여보야', '나
리야'는 금지어다. 그는 노력하겠다고 했고 호칭을 바꿨다.

'부너미' 멤버 중 한 분은 "오빠"와 "누구야"에서 "누구 씨"라는
호칭을 쓰기로 했고, 연습에 연습을 거듭한 끝에 자리 잡았다고 했
다. 호칭만 바꾸었을 뿐인데 남편이 자신을 대하는 태도가 완전
히 달라졌다고 한다. '누구 씨'라고 부르면 상대방을 훨씬 존중하
게 된다. 다른 이의 변화가 안주하고 싶은 나를 자극한다. 나도 입
에 붙지 않아도 애써 쓰려고 노력했다. 남편을 '누구 씨'라고 어색
함 없이 부르는 데 이르렀다. 부부 사이가 너무 서먹해지지 않느냐
고? 우리가 불평등을 편안히 여겨온 건 아니고?

# 기혼여성이
# 돈을 버는
# 이유

아이 낳고 4년간 육아와 살림에 집중했다. 그리고 알았다. 내가 무얼 할 때 활기차지는지. 아기 돌보기는 아니었다. 아이의 넘치는 에너지를 감당할 능력치가 내겐 부족했다. 아이와 있다 보면 기가 쭉쭉 빨렸다. 요리도 아니었다. 최소한으로만 해 먹고살고 싶었다. 대충 했으면 몰랐겠지만 가사에 열중해본 덕분에 그 일이 나의 적성에도 본성에도 맞지 않음을 깨달았다. 생활 반경과 인간관계가 집과 동네로 축소되며 일상 전반이 무기력에 잠식되어 갔지만 어디부터 해결해야 할지를 몰랐다.

꽉 막힌 내 삶에 피가 돈 계기는 첫 번째, 출간 계약이었다. 일기 같던 글쓰기를 넘어 책 쓰기라는 목표가 생겼다. 출간 준비가 얼마나 오래 걸릴지 전혀 알지 못했던 상태에서 좋았던 건 100만 원 넘는 선인세였다. 계약금이 들어오자 전원 켜는 데 10분 걸리는 구

**152** 여자, 아내, 엄마 지금 트러블을 일으키다

닥다리 노트북부터 새로 바꿨다. 두 번째는 지인 소개로 하게 된 디자인 프로젝트였다. 모처럼 받아본 400만 원 가까운 뭉텅이 돈이었다. 반짝, 활력을 얻었다. 그러니까 돈, 돈이 좋았다. 돈의 맛. 돈의 힘. 통장으로 꽂힌 몇 백만 원이 내 어깨를 펴줬다. 그 뒤로 종종 구인 광고를 살펴봤고 포트폴리오를 재정비했다. 그런데 마음이 편치 않았다. 나 이래도 되는 건가.

남편의 월급이 턱없이 적고 생활비에 쪼들렸다면 돈을 탐하는 나의 열망은 생계에 대한 절실함이 되어 기특하고 정당하게 취급받았을지도 모르겠다. 그러나 남편은 세 식구 먹고살 만큼 벌어왔다. 우린 경제적으로 안정되어 있었다. 이런 상황에서 가족의 절실한 생계가 아닌, 내가 버는 돈이 주는 만족감을 찾아 일하는 건 과연 '옳은가?' '이기적인 욕심은 아닌가?' 자꾸만 되묻게 됐다.

아이 때문에 집에 있고 싶지만 생계 때문에 억지로 직장에 다닌다는 여자들의 이야기를 들을 때, 남편이 충분히 번다면 애 보면서 집에 있겠다는 말을 들을 때, 가계부 잘 쓰고 아끼며 사는 게 오히려 남는 일일 수 있는데 왜 하지 않아도 될 비용을 만들어내느냐는 말을 들을 때, 한 명이 산업 역군이라면 한 명은 집안의 돌봄을 맡아야 안정된 가정이라는 말을 들을 때, 집도 있고 월급도 꼬박꼬박 가져다주는데 뭐가 문제냐며 불만이 많다는 남편의 말을 들을 때면 긴장했다. 나의 답답함은 '중산층 주부의 사치스러운 하소연'이 되곤 했다. 침을 삼킬 때마다 목구멍이 아팠다. 일하면서 성취감을 느끼고 싶다는 말이 가사와 육아의 가치에 대한 무시처럼 여겨질 때면 나의 욕망이 죄스러워지기도 했다. 있어야 할 자리에 만족하지 못하는 문제아가 된 것만 같았다. 가슴 저 아래편에서 자라나기 시작해 걷잡을 수 없이 몸 전체로 퍼져버린 욕망을 안전하고 무사히 키우기 위해서 온갖 그럴듯한 명분과 이유를 갖다 붙였다. 남편의 직장은 정년이 보장되지 않기 때문에, 부양 책임을 나눠지기 위해서. 그러나 그건 만들어낸 말이지 진심이 아니었다.

나는 돈도 안 나오고 남들이 알아주지도 않는 일을, 그럼에도 꼭 필요하고 중요한 일이라고 다짐하면서 내 안에 구겨 넣고 싶지 않았다. 가사와 육아의 중요성에 열렬히 공감하지만 그렇다고 그 일을 내가 모조리 해야 한다고 생각하지 않았다. 남편이 생계를 책임질 수 있다는 이유로 내가 대기조가 되어 집을 지키고 있어야 함에 납득할 수 없었다. 설사 그것이 가족을 위한 최선이며 유일한 길이라고 해도. 백 번이고 천 번이고 생각해도 남편이 벌어오는 돈과 그 돈으로 살뜰히 꾸려나가는 안락한 생활에 충족할 수 없었다. 누군가는 그토록 원하는 자리일 수도 있겠지만 나에게는 감옥이었다.

그러나 이럴수록 배우자를 지지하고 응원해줄 줄 모르는 여자, 가족을 힘들게 하는 여자, 일과 아이를 거래하려는 여자가 된 것만 같았다. 친구들도 지인들도 가족들도 나 보고 욕심이 많다고 했다. 마치 내가 가질 수 있는 그 이상을 바라는 듯이. 분수 그 이상의 것을 탐하는 듯이. 내가 가진 야심이란 고작 한 줌이었는데도 자아실현이라는 뻔하고 지루한 말로 포장했을 때조차 돈을 벌고자 하는 의지는 폄하 당했다.

질문을 바꿔본다면 어떨까. 왜 남자들에겐 욕심 때문에 일한다고 하지 않는 걸까. 바득바득 자기 일을 찾으려는 여자에 대한 평가절하와 검열은 애초에 남자들에게는 작용하지 않는다. 남자들이 일하고 돈 버는 건 당연하다. 누구도 그 이유를 묻지 않는다. 야근을 해도 주말 출근해도 아이를 보지 않아도 청소를 하지 않아도 정당하다. 그는 가족을 위해 희생하고 있다고 믿으니까.

자신을 유일한 생계 부양자라고 믿는 '가부장'들은 여자들에겐 회사를 그만둘 수 있는 선택지가 있다고 한결같이 주장하곤 한다. 마치 여자들이 그 선택지를 자발적으로 얻어낸 것처럼. 그런데 그게 과연 여자들이 원하던 선택지였을까? 사회는 여자가 있을 자리를 우선적으로 집으로 규정해놓고 있다. 반면 남자들에게는 직장일보다 아이 보는 것이 더 중요하다고 아무도 말하지 않는다. 왜 아이를 키우기 위해 너의 일을 줄이지 않느냐고 말하지 않는다. 어떻게 감히 집에 아이를 두고 나와 회식을 할 수 있느냐고 묻지 않는다. 그 질문은 여자에게만 향한다.

30대만 넘어도 최소한 사무직에서 남자 임금은 여자 임금을 압도적으로 앞지른다. 이런 상황에서 누군가 아이를 맡아 키워야 한다면 임금이 적은 사람이 된다. 직장의 근무 환경은 육아 패턴을 완전히 무시하기 때문에 양육을 우선시하려면 누군가는 직장을 포기할 수밖에 없다. 생산성과 효율성을 고려했을 때, 월급이 적은 사람이 가지는 일의 가치는 무시되어도 된다.

이것이 여자에게 주어진 선택지의 실체다. 답을 하나만 정해놓고서 네가 선택할 수 있는 문제라고 돌려놓는다. 이런 선택지에서 여성의 일이란 언제나 임시직이다. 여성의 일이란 남편의 벌이가 부족해서 어쩔 수 없이 해야만 하는 거라고 보거나, 안 해도 되는데 그깟 자아실현 때문에 한다고 보거나, 분수를 넘는 지나친 야망이라고 본다. 이러한 사회적 통념 속에서 남편과 다르게 내가 돈 벌고 싶은 이유를 자꾸만 찾아내야 했다.


우리가 유급 노동을 하는 이유는 한 가지로 수렴되지 않는다. 돈 때문에, 가족 때문에 억지로 하는 거라고 말하면서도, 사실상 많은 이들은 가족이 없어도, 돈이 급박하게 절실하지 않아도 자신의 일을 관두지 못한다. 이것만 벌면 그만두겠다고 하는 이들은 그 돈 이상을 벌어도 죽는 소리를 해대며, 더 많이 벌기 위해 자기 일을 유지한다. 꼭 일에 대한 신념, 열정 때문이 아니더라도 말이다.

일하는 동기란 굉장히 복합적이어서 우린 그것들을 다 가려내고 따져가며 일하지 않는다. 직장 생활 이외엔 다른 취미도 능력도 없어서, 사회적인 인정과 관계망을 위해서, 무엇으로 여가를 보낼지 몰라서, 자기가 어떤 삶을 원하는지 질문하는 법조차 배우지 못해서 그저 유급 노동에 자신의 전부를 바치기도 한다. 복잡하게 얽힌 동기들을 싹 잘라내고 남자는 '가족 때문에', 여자는 '자아실현 욕구 때문에'라고 납작하게 눌러버린다면 자신이 왜 일을 하는지 성찰할 기회가 박탈되고 만다.

내가 돈을 벌고 싶은 이유 역시 한 가지가 아니다. 이왕 시간과 노력을 들여 무언가 해야 한다면 적절한 보상을 받고 싶다. 유급 노동에 따른 책임감과 소속감을 느끼고 싶다. 그것이 설사 성과 주체로 세팅된 결과라 하더라도 내가 하는 여러 가지 일이 단순 취미 취급당하지 않길 바란다. 노동에 대한 합당한 보수를 원한다.

남편과 분리된 경제 활동 영역을 가지고 싶다. 어떤 이들은 한 명의 가사 전담, 한 명의 유급 노동 전담, 또는 한 명의 돌봄 정서 담당, 한 명의 자본 담당을 합리적인 분업이라고 말하지만 그건 핵가족 체계와 산업사회 유지의 필수 조건일 뿐이다. 직장에 온종일 집중할 수 있는 노동력 확보를 위한 환경 설정일 뿐이다. 한 명의 일이 누군가의 전적인 내조를 받을 만큼 중요하다고 생각해서다. 경제적인 종속, 정서적인 의존을 동반자 관계라고 치환해버려서다. 영원히 두 사람이 하나임을 전제로 하는 방식이다. 그러나 나는 남편의 벌이가 평생 자신의 안락한 삶을 보장할 수 있을 거라는 강고한 신념이 외려 무섭다.

가장 바람직한 모습은 일과 육아, 가사를 나누는 삶 아닐까. 단 현실적으로 그걸 이룰 수 있는 투쟁의 의지도 또는 전략도 시스템도 부재하기에 자꾸만 한 명이 벌고 한 명이 집에 있으면 된다고 덧칠하고 있는 건 아닐까. 아무리 가계부를 꼼꼼하게 쓰고 재테크를 잘한다고 하더라도 남편이 돈을 가져온다는 사실, 그의 돈이 없이는 못 산다는 사실은 변함없는데도.

한 명의 성공을 위해 다른 한 명이 보조하는 삶, 파트너의 성취를 내 것인 양 여기는 삶, 누군가의 돈을 기다리는 삶이 아니라 내가 주도권을 쥔 삶을 원한다. 나에게 배우자는 의지하는 사람이 아니라 연대하는 동료에 가깝다. 남편과 한 세트가 되어 각자의 발목하나씩 묶고 가까스로 보폭을 맞추며 움직이고 싶지 않다. 한 쌍이 아닌 개인으로서 분리되고 독립하고 싶다. 각자의 영역에서 활동하며 공존하고 싶다.

내 통장에 돈이 꽂히던 때 느끼던 희열은 아마도 이것이리라. 그가 없어도 나는 살 수 있다는 것.

# 더 이상
# 커플 여행을
# 꿈꾸지 않는다

"정말 애랑 둘이 가는 거야? 괜찮겠어?"

일곱 살을 앞둔 아이와 둘이 말레이시아의 코타키나발루로 9일간 자유여행을 떠난 적이 있다. 같이 겨울 휴가를 가려던 남편은 회사 일을 뺄 수 없다며 머뭇거렸고, 나는 애걸하고 사정하고 포기하고 실망하기보다 그를 집에 두고 가기를 택했다. 취소 수수료 12만 원을 떼이며 속은 쓰라렸지만 오히려 홀가분했다. 이미 두 번 엄마들과 아이들만의 제주 여행을 경험하고서 자신감이 생긴 터였다. 그건 남편 없이 여행을 할 수 있다는 각오나 용기가 아니라 딸과 둘이, 그리고 엄마 동지들과 보내는 시간의 충족감이 더없이 좋아서였다. 나는 어쩌면 기실, 그가 못 가기를 바라고 있었는지도 모른다.

엄마와 아이들만의 여행은 이랬다. 우린 바닷가 가까이에 숙소를 잡고 줄곧 물놀이만 했는데, 관광지와 맛집을 돌아다니는 여행이 아니었기에 자잘한 집안일을 여느 때처럼 해야만 했다. 우린 누가 밥을 차리나 눈치 게임을 하지 않아도 한 사람이 밥을 안치면 한 사람은 식탁을 치웠다. 저마다 알던 레시피가 더해지다 보니 여행지의 식탁은 간소하지만 맛깔나고 풍성했다. 노련한 양육자 둘이 만나니 손발이 척척 맞았다. 서로에 대한 조심스러운 배려가 불편하기보다 감사했다. 남편과 여행 다닐 때는 겪지 못한 낯선 편안함이기도 했다. 상대에 대한 기대와 실망으로 좋았다가 나빴다가 북 치고 장구 치며 속을 들끓이곤 했지만 엄마들만의 여행에서 비로소 짐을 공평하게 나누는 파트너를 만난 것 같았다. 이번 기회로 되돌아봤다. 완전히 다른 방식의 여행이 이처럼 가능한데 왜 그리 남편하고만 다니려고만 했을까.

이십 대. 혼자 여행을 자주 다녔던 나는, 숙소나 기차역에서 각자 큰 배낭 하나씩 짊어진 커플들을 볼 때마다 참으로 부러웠다. 그들은 목이 늘어난 빛바랜 티셔츠를 입고 샌들을 털레털레 신고 표지가 닳은 '론리플래닛'을 머리를 맞대고 들여다보고 있었다. 최소 한 달에서 석 달, 길게는 일 년 가까이 여행 중이라고 했다. 나도 사랑하는 사람과 저렇게 다니고 싶었다. 까맣게 그을린 피부와 헝클어진 머리를 기대어 정신없이 졸던 20대 커플처럼. 막 돌이 지난 아기를 데리고 3개월째 여행 중이라던 스페인에서 만난 부부처럼. 희끗한 머리카락을 날리며 나보다 빨리 걷던 노년의 백패커

여자, 아내, 엄마 지금 트러블을 일으키다

커플처럼.

　결혼을 하고 보니 평생의 동반자로 믿었던 사람은 나처럼 여행을 즐기지 않았다. 어디 가자고 하면 따라 나서주긴 했지만 단 한 번도 먼저 가자고는 하지 않았다. 그럼에도 그와 가고 싶어 애써 휴가를 맞추고 일정을 짜고 할인 항공편을 알아보고 속옷과 양말과 칫솔까지 차곡차곡 싸주면서 끌고 갔다. 여행에 대한 갈망도 의지도 없는 그는 내가 하자는 대로 따라 해줬다.

　우리는 지리산 둘레길과 제주도 한라산과 울릉도 성인봉을 걸었고 필리핀 팔라완의 작은 섬까지 비행기와 버스와 배를 갈아타고 찾아갔다. 네팔 안나푸르나의 푼힐에도 올랐다. 기껏 갔던 여행 마지막 날 돌아오는 반응이라고는 '그래도 집이 제일 좋다'였지만, 혼자가 아니라는 사실만으로도 감지덕지했다.

　아기가 태어났다. 24개월이 되기 전 무료 탑승 기회를 놓칠 수 없다며 틈만 나면 동남아시아 휴양지로 가는 할인 항공권을 찾았다. 휴대용 의자에 변기까지 항공 수하물로 부쳤다. 여행지에서도 육아는 계속되었지만 내가 있는 장소가 집이 아니라는 사실만으로도 가슴이 트였다.

　한편 나는 지쳐갔다. 아이를 데리고 비행기를 타는 고됨은 감수할 만했다. 그러나 여행 가자면 반기기보다 망설이고 귀찮아하는 남편을 설득하는 일에 갈수록 기운이 빠졌다. 그가 달라진 건 아닐

것이다. 아이가 태어나며 예전처럼 기꺼이 그의 처지를 살필 수 없었다. 반면 상대적으로 기대는 늘었다. 아이와 가기 위해 두 명의 양육자가 일을 나누기를 바랐지만 번번이 실패했다. 아이의 장난감과 내복을 챙기는 사람은 언제나 나였다. 항공권과 숙소 예약부터 음식점 검색, 하루 일정 계획, 영어 통역까지 모조리 혼자 해야만 했던 나의 역할에도 점점 억울해졌다. 내가 여행 준비를 힘들게 한 만큼 인정하고 호응해주지 않으면 자꾸만 화가 났다.

무엇이 나로 하여금 그렇게 끈질기게 함께하기를 바라게 했을까. 남편과 같이 좋아하는 취미가 단 한 가지도 없어 고심했다. 그리고 부부라면 공통의 부분을 만들고 노력해야 한다고 생각했다. 물론 이건 남편은 단 1초도 하지 않는, 나만의 고민이었다.

자문했다. 이미 혼자서도 여행을 온전히 즐겨왔는데 왜 파트너와 함께하려 했을까. 애초에 하루 열두 시간씩 홀로 육아를 해왔는데 왜 여행지에서 보호자를 바랐을까. 혹시 나는 가치관부터 여가까지 모든 걸 나누는 이상적 가족주의라는 환상에 갇혀 있던 건 아닐까. 기혼여성에겐 여행지에서조차 남편이 울타리가 되어줘야 한다는 고정 관념에 매여 있던 건 아닐까. 가족이라는 이유로 모든 것을 공유해야 한다는 당위는 어디에도 없었다. 나는 판타지를 부여잡고 있었다.

남편과 여행 다니는 노력을 그만두기로 했다. 그리고 아이와 단둘이 두 번째 여행을 떠났다.

둘이 처음으로 떠난 해외여행인 코타키나발루에서 아이는 자기 배낭을 야무지게 챙겼다. 약과, 초콜릿, 소시지와 물병, 연필과 지우개, 색연필, 작은 노트까지 담아주니 필요할 때 알아서 꺼냈다. 숙소 열쇠를 나 대신 보관하겠다며 나서기도 했고 내가 손이 부족할 땐 짐을 거들어줬다. 내가 어리바리하게 일행을 놓쳐 헤맬 때나 물건을 떨어뜨릴 때면 녀석이 눈을 동그랗게 뜨며 작은 손가락으로 가리켜줬다. 평소 장난치며 말 안 듣던 여섯 살짜리는 어느덧 든든한 여행 동지로 자랐다.

녀석은 여행을 더없이 즐겼다. 사진 찍자고 하면 열두 동작으로 바꿔가며 연출했다. 수영장에서는 나올 생각을 안 했다. 잠수에 배영까지 도전하며 작은 몸을 쉬지 않고 파닥거렸다. 석양이 지는 바닷가를 바라보며 녀석은 말했다. "구름을 가져오고 싶어. 엄청 높은 사다리로 올라가면 되잖아." 햇볕에 짱짱하게 그을린 얼굴이 반짝였다.

여행 내내 아이가 쏟아내는 보석 같은 말들이 여행이 고행이란 푸념을 잊게 했다. 스스로 여행을 계획하지도 요리를 해주지도 못했지만 온 몸으로 발산하는 생명력으로 나에게 힘을 보탰다. 열심히 뛰고 열심히 수영하고 열심히 먹고 새근새근 잠드는 아이를 보고 있자니 몸이 피곤해도 잡념이 끼어들 여지가 없었다. 아이와의 여행에서 마음은 잔잔했다. 가져간 책을 읽을 갈증조차 생기지 않았다.

게스트하우스에서 만난 육아 동지들에게도 새로운 자극을 받았다. 바쁘거나 여행을 좋아하지 않는 아빠들을 떼놓고 나처럼 아이만 데리고 온 엄마들이었다. 혼자라도 적극적으로 움직이는 이들이었다. 아내들은 남편을 기다리지 않는다.

그곳엔 커플 여행이나 가족 여행에서 벗어난 새로운 여행 공동체가 있었다. 여기엔 미완의 가족이라는 결핍이 없었다. 이것으로도 충분했다. 내가 오래도록 알면서도 외면해온 경험이었다. 커플 여행이나 가족 여행이라는 닫힌 구조에서 벗어나면 다채롭고 풍요로운 활동이 펼쳐진다는 점. 새로운 장소에서 새로운 만남이 생성된다는 여행의 본질. 이걸 적극적으로 받아들이면 될 일이었다. 혼자 여행하던 예전처럼. 인생 바람을 수정했다. 부부가 나란히 배낭 메고 여행하는 꿈에는 절로 관심을 잃었다. 서글퍼하며 포기하고 내려놓는 체념이 아니었다. 그보다 나에게 더 좋은 여행이 무엇인지 알아서였다.

여행은 애초에 혼자 나의 짐을 꿋꿋이 지고 가는 일이다. 동행이 생긴다면 의지할 게 아니라 협력할 일이다. 여행을 통해 만나야 할 건 동행자가 나에게 무엇을 더 해주느냐, 어떤 보탬이 되느냐, 우리가 이것을 통해 무엇을 이루느냐가 아니다. 가족의 화목 과시는 당연 아니다. 기존의 역학과 위계를 이어가는 건 애초에 여행이라할 수 없다.

여행이라면 새로운 장소에서 새로운 관계를 생성해야 한다. 그저 어리게만 보았던 아이가 훌쩍 자라 든든한 파트너가 되었던 것처럼. 일상의 패턴이 해체된 그곳에서 기존에 몰랐던 감각이 들어와 기분 좋은 환기를 시킬 때 우린 여행을 가치 있게 기억한다. 이것마저 없다면 대체 무엇 하러 돈 주고 시간 내어 가는가.

여기까지 이르자 기다릴 이유가 없었다. 아이와의 여행이 두렵지 않아졌다. 그리고 훗날 아이가 자라 나와 여행을 거부할 날이 온다고 해도 속상할지언정 받아들일 수 있을 것 같았다. 가족 여행이라는 완전체가 더 이상 필수적으로 느껴지지도 않았다. 휴가 계획을 짜느라 더 이상 누군가의 승인을 초조하게 기다리고 애써 조정하고 실망할 필요 없이, 그저 떠나는 결단만 준비하면 되었다. 여행은 버거움에서 다시 설렘이 되었다.

그러려니 넘어가지 못하고 늘 '왜'라는 질문을 품고 사는 아내인 나는, 결혼 생활이 만족스럽지 않았다. 그럼에도 오늘 하루를 잘 살기 위해 갖은 방법을 쓰며 노력했다. 남편의 장점을 쥐어짜 떠올리거나, 내 앞에서 졸고 있는 그를 붙들고 눈물을 흘리며 호소하거나, 집안일을 조용히 파업한다거나, 정신을 차리고 나눠서 해야 할 일을 꼼꼼하게 적어 그에게 보내곤 했다.

처절하게 싸웠다. 9년 가까이 걸린 남편 개조 결과 남편은 일일이 시키지 않아도 건조된 빨랫감을 정리하고 아침을 차리고 쓰레기통을 비운다. 주말에는 적극 아이를 돌본다. 맞지 않은 아이 양말, 해진 운동화를 교체해주고 어린이집 친구들의 선물도 마련한다. 아이가 좋아하는 입맛에 맞춰 두부가 넉넉하게 들어간 된장국을 끓이고 압력솥에 찰기 가득하게 밥을 짓는다. 육아하는 아빠 동료들을 사귀었고 아이의 놀이 친구를 솔선해서 찾는다.

그러나 기나긴 싸움에 너무나 힘을 뺀 탓일까. 오랜 기간 악착같이 달려들었던 집안일과 육아 문제는 나에게 꽤나 큰 후유증을 새겼다. 한 사람에게 가졌던 신뢰를 회복하기까지 오랜 시간이 필요했다. 지독했던 싸움으로 나는 탈진했다. 육아와 가사 분담만이라도 잘 되었으면 좋겠다는 나의 처절한 바람은 정말 육아와 가사 분담만을 결혼 생활에 남겨버린 것 같았다.

의문이 불쑥 불쑥 치고 올라왔다. 대체 왜 이 남자와 사는 걸까. 가끔 아이'는' 봐주니까? 둘이 살면 더 큰 집에 살 수 있으니까? 아이가 아빠를 좋아하니까? 대화나 취미는 친구들과도 나눌 수 있었다. 여자 친구들과의 대화는 남편과는 느끼지 못한 정서적 공감대와 쾌락을 선사한다. 하나밖에 없는 아이는 일곱 살이 되어 혼자 봐도 엄청 힘들진 않았다. 지금도 남편이 아이를 보는 시간은 주말에 한정됐다. 차라리 각자 살면서 주말에만 육아 바통터치를 한다면 애초에 부딪칠 일도 실망할 필요도 없을 텐데. 대체 우리는 왜 같이 사는 걸까? 결혼 생활이 힘겨울 때마다 자문했다. 아이도 볼 줄 알고 밥도 할 줄 아는, 제법 훌륭한 '한국 남자'와 살면서 결혼 생활이 힘들다는 건 명백하게 나의 문제로 보였다. 화살을 나에게 돌리는 건 사회와 타인을 향한 분노를 잠재울 가장 좋은 방법이다. '나는 결혼과 맞지 않는 성격이야.'

내가 남성 중심 사회에 살고 있음을 실감할 때가 있다.
'남편 아침은 차려주느냐.' '매일 입을 옷을 챙겨주느냐.' '시가

2장. 부부는 무엇으로 사는가

167

에 연락은 잘하느냐.' '여자가 살갑게 대하지 않으면 남자는 밖으로 나돈다.' '남편에게 여자로 보여야 한다.' '남자는 아이처럼 돌봐줘야 한다.' '남자가 밖에서 일하는 게 얼마나 힘든지 아느냐.' '남자는 집에 오면 쉬어야 한다.' '남자도 불쌍하다.'

여자에게 남자의 처지에 감정 이입할 것을 끝없이 강요하는 말들. 차별을 다름으로 둔감시키는 말들. 명백한 차별을 성향이나 개성의 차이로 치환하는 말들. 그것이 기혼여성이 겪어야 하는 성별 제도의 실체다. 체제는 불화하는 이에게는 피해를 주지만 기득권을 인정하고 받아들이는 이에게는 적당한 당근을 주기도 한다. 자본주의가 돈을 다룰 줄 알고 자본가를 꿈꾸며 노력하는 이들에게 금전적 보상을 제공하듯, 남자의 '습성'와 '본성'을 고분고분 받아들이고 다룰 줄 아는 여자에게도 가부장제는 꽤나 적절한 보호막이 된다. 남편을 손바닥 위에 올리고 다루는 능력이야말로 2등 시민인 여자에게 필요한 생존 전략이다. 여자가 가정의 관리자로서 역할을 얼마나 충실히 해내느냐, 얼마나 군말 없이 돌봄과 감정 노동에 헌신하느냐, 얼마나 남자 기죽이지 않으면서 현명하고 지혜롭게 갈등에 대처하느냐에 따라 역설적이게도 가족의 평화가 유지되기 때문이다. 체제는 이렇게 우리를 종속시킨다. 불화하지 말고 적응하라고.

과정이 순탄하진 않다. 많은 여성들이 남성 중심 사회에 적응하기 위해서 뼈를 깎아내는 노력을 불사하기도 하니까. 대부분 여성들에게 결혼 생활 종결은 곧 생존 문제로 이어지기 때문에 그들은

여자, 아내, 엄마 지금 트러블을 일으키다

남편을 애써 사랑하기 위해 노력한다. 노동자는 회사에서 해고당할 것을 염려하여 사장을 사랑하려고 하지 않는다. 그렇지만 가족 내에서는 이해보다 애정이 우선되어야 한다고 믿기에, 나보다 좀 더 유리한 위치에 있는 상대라도, 때론 나를 무시하고 차별하는 배우자라도, 나를 아내라는 역할로만 보는 이라도 사랑하려 한다. 단 하나라도 해주면 그저 감사해야 한다. 부부 상담에서부터 종교 생활까지 온갖 방법이 동원되고, 구조에 내재된 근원적 불평등함을 개인적인 수양 차원에서 애처롭게 극복해간다.

"매일 도 닦는 심정으로 살아요."

그리고 모두가 나에게, 그렇게 참으라고 했다. 하지만 그럴 수 없었다. 나를 뭉개고 지우는 수행보다 피비린내 나는 투쟁을 택했다. 자신을 지워가며 애정을 유지하고 싶지 않았다. 벼랑 끝에서 우린 가까스로 합의했다. 그리고 남편 역시 죽도록 노력하고 있다고 자주 말했다. 이만하면 된 걸까. 이내 너무도 익숙한 말이 귓전에 맴돈다. '남자의 한계를 인정하고 네가 할 수 있는 걸 열심히 해. 그러면 평온해질 거야.'

이렇게 하고 싶지 않은 나는, 가부장제 부적응자일까.


현재 남편과 나는 말 그대로 육아 공동체다. 평일, 주말로 나눠 봐도 상관없다고 생각했지만 그러기엔 아이가 아빠를 좋아하고 남편 역시 아이를 끔찍이 여긴다. 당장 남편이 없다면 나 역시도 생활에 상당한 불편을 겪는다. 주말에 평일에 못 다한 일을 하러 카페로 나갈 수 없다. 남편도 마찬가지다. 그는 내가 없다면 월급의 반을 내어 입주 도우미를 구하거나 아이를 부모님 집에 떼어 놓거나 지금 회사를 그만두어야 할 것이다. 우리는 아이를 사이에 두고 의존하며 살고 있다.

육아로 맺어진 우리의 단단한 동맹은 경제적 조건보다 강하다. 육아를 나누면서 싸움이 반의 반으로 줄었다. 집에 머물 때 겹치는 동선이 하루에 30분도 안 된다. 성격 차이를 확인하지 못할 정도의 바쁨은 우리의 갈등을 현격히 완화시켰다. 육아는 최후의 방패막이었다. 우리를 결속시키는 유일한 교집합이면서 결정적 수단이었다. 아이가 없다면 우리 부부가 무엇으로 공동의 목표를 가지며 살 수 있을지 상상할 수 없다. 아이 때문에 산다는, 그 경멸적인 말이 결국 우리에게 해당될지 10년 전엔 상상조차 하지 않았지만 사실이 그렇다.

차이라면 육아나 집안일을 전혀 하지 않는 남편일지라도 아빠라는 존재 자체가 필요해 '아이 때문에 참고' 사는 것이 아니라 남편이 육아와 집안일을 적극적으로 하고 아이가 아빠에게 상당한 애착을 느끼기에 같이 살 수밖에 없는 거라고 할 수 있다. 각자에게 이만한 '육아메이트'를 구하기도 어렵다.


그런데 아이가 성인이 되어 독립한다면 어떻게 될까. 어떤 이들은 아이는 떠나지만 부부는 영원하다고, 그래서 부부 사이가 좋아야 한다고 말한다. 부부가 인생 전부를 함께 보내야 한다는 전제는

여자, 아내, 엄마 지금 트러블을 일으키다

부부에게 요구되는 정상성이다. 난 이런 말이 숨 막힌다.

남편과 아내가 겪는 문제의 원인 대부분은 부부가 함께해야 할 것이 너무 많다는 데 있는 것이 아닐까. 경제적으로 연결되어 있고 같은 방을 써야 옳고, 배우자의 성욕도 충족시켜줘야 한다고 한다. 이 와중에 취미나 대화까지 통해야 한다. 돈, 성욕, 공간, 시간까지 나누는 '가장 친한 친구 되기'야말로 현대 사회가 부부에게 요구하는 모범이다. 이 모든 걸 충족하는 관계를 일컬어 '소울메이트'라는 전문 용어도 등장했다. 이 중 하나만 결핍되어도 이상하게 본다. 각 방을 쓰거나, 섹스를 하지 않거나, 돈 관리를 별도로 하거나, 취미 생활을 따로 해서 한 명에게 소외감을 주거나. 그러면 부부 상담 필수다. 그러나 실제로 많은 아내들이 인정한다. "남편과 대화하며 사는 거 아니잖아요." 이 말을 열 명 넘는 사람들에게 들어온 거 같다.

대부분의 부부 사이를 유지하는 건 돈 아니면 자식, 잘해야 섹스지만 그걸 대놓고 말하지 않을 뿐이다. 대부분의 아내들은 남편에게 정서적 지지나 친밀성을 확인받지 못한다. 그러나 동반자라고 여긴다. 경제적 계급을 유지하기 위한 전략적 선택을 낭만적 동반자로 치환하며 사는 것이 어쩌면 현대의 결혼 생활이다. 이쯤 되면 정략결혼이 차라리 솔직할지도 모르겠다.

이해되지 않는다. 대화가 통하지 않는데 어떻게 몸을 나누고, 경제적 동맹인데 어떻게 동시에 정서적 충족이 되는지. 이 모든 모순이 어떻게 분열 없이 통합될 수 있는지. 나에게 결혼 생활이란 각각의 상반된 가치들이 저마다 널뛰어대는, 자아 분열의 장이다.

'검은 머리 파뿌리 되도록 산다'는 결혼 생활의 전제를 지웠다. 평균 수명을 60세가 아닌 100세로 보는 시대라면 더더욱 그래야 한다고 생각한다. 내 나이 마흔, 20년을 더 사는 것과 60년을 더 같이 살아야 한다는 건 다른 개념이다. 그래서 '남자란 원래 이렇다'는 걸 인정하기보다 차라리 '우리가 언젠가 따로 살 수도 있고 헤어질 수도 있다'는 걸 받아들이기로 했다. 닫힌 결론을 향해 죽도록 노력하거나 체념하기보다 결말을 열어두고 다양한 가능성을 타진함으로써 숨통을 트기로 했다.

아이러니하게도 우리의 결혼이 죽을 때까지 이어지지 않으리라는 예감과 기대가 오늘의 나를 더 치열하게 살게 했다. 남편의 생계 부양에 의탁하지 않기 위해 악착같이 일하고 무리한 빚을 지지 않기 위해 노력한다. 35년 대출로 두 사람이 평생 묶이는 일은 벌어져서는 안 되니까 섣부른 부동산 투자 같은 것도 하지 않는다. 남편과 정서적으로 관계가 좋지 않더라도 두렵지 않게 됐다. 한 몸처럼 붙어 있는 부부가 아니라 현재 주어진 과업을 수행하는 개별적이고 독립적인 '동료'라고 생각하기 때문에 모든 걸 그와 나누려 하지 않는다. 가족은 나를 완전히 충족해줄 수 없음을 인정했다. 가족을 영원의 공동체가 아닌 인생 전체의 일부분에서 협업하는 공동체라고 여기니 의외로 많은 부분에서 관대함이 생겨났다.

여자, 아내, 엄마 지금 트러블을 일으키다

부부란 무엇일까. '백년해로'라는 말은 낭만적이면서도 억압적이다. 그 말은 누구를 위한 것일까. 왜 결합된 부부만을 완전하게 볼까. 독립된 개인을 온전한 주체로 볼 수는 없을까.

결혼 10년 차다. 안정감과 동시에 불안과 불만족, 불안정이 공존한다. 여전히 결혼과 가부장제에 부적응 중이다. 바람직한 결론을 정하고 조바심 내기보다 상상력의 가능성을 열어두고 싶다. 오늘의 결혼 생활을 위해.

3장

———

오늘도 난 아이 앞에서
미친년이 됐다

오늘도
난
미친년이
됐다




우리 집의 아침 준비는 남편 담당이다. 정확히는 아이의 식사만 남편이 맡는다. 남편과 나는 오랜 세월 아침 공복에 단련되어 이른 시간에 음식을 먹으면 소화불량에 시달리지만 한창 자라나는 생명력 왕성한 아이는 아니었다. 남편은 주 4일 동안 아이의 아침 식사를 시리얼로 때웠다. 그는 쌀이 똑 떨어지고 냉장고가 텅 비어도 전혀 알아차리지 못했지만 라면과 시리얼만큼은 지체와 유보됨 없이 악착같이 사와 싱크대 하부장에 차곡차곡 쟁여두는 성실함을 발휘했다.

이번에는 마트에서 원 플러스 원으로 판매하던 마시멜로와 초콜릿이 범벅된 '신상' 시리얼이었다. 하나만 먹어도 밥맛이 싹 사라질 정도로 달았다. 아이는 집에 있으면 그 맛을 못 잊어 온종일 그것만 찾았다. 그 꼴을 보고 있자니 슬슬 부아가 위장에서부터 치밀어 올라왔다. 대체 저게 뭐길래. 포장지를 찬찬히 뜯어보았다. 평소 식재료의 성분을 꼼꼼하게 따져 보지도 않았고 오히려 화학 첨가물 범벅인 가공식품을 즐겨 먹는 소비자에 가까웠지만, 남편에게 타당하고 정확한 지적을 해야 했으므로 성분표를 하나하나 읽었다. 남편에게 쏘아붙이려고 카카오톡을 열었다.

"일주일에 한두 번도 아니고 매일 이런 사료를 먹이는 건 좀 너무하지 않아?"까지 쓰다 멈칫했다. "네가 그럼 아침 해!"라는 소리를 바로 들을 수 있는 위험한 발언임을 직감했다. 우리의 대화 패턴으로 보건대 백 퍼센트였다. 그것은 남편이 아침 식사에 대한 책임감이 여전히 없다는 지적의 말이었고, '내가 이 정도나 해주는데 고마워하지 않는다'는 뉘앙스가 잔뜩 담겨 있으므로 한판 붙어보자는 전쟁 선포나 다름없었다. 한 치도 지지 않고 맞불 공격에 나설 자신이 있었지만 심호흡을 했다. 나는 성숙한 아내여야 하므로 어디에선가 주워들은 대로 '비폭력 대화 방식'을 채택하기로 했다.

단어와 문장 선택에 신중을 기했다. 남편을 직접적으로 공격하는 말은 삼가기로 했다. 분초를 다투는 출근 시간에 시리얼 봉지를 열고 싱크대 서랍장에서 아이 그릇을 꺼내고 냉장고에서 우유를 가져와 질퍽거리지 않을 정도로 붓고 돌아다니던 아이를 의자에 앉히고 딴짓하며 먹는 걸 참을성 있게 지켜봐주느라 참으로 고생하고 있다고 그의 노고를 살짝 치하했다. 그리고 아이가 시리얼만 먹으려고 하니까 같이 신경 쓰자고 전했다. 너무도 티 나게 가식적

여자, 아내, 엄마 지금 트러블을 일으키다

이라 찝찝했지만 남편의 "그래, 알았어"로 상황 종결됐다.

시리얼로 아침을 주는 이 세상 수많은 부모들의 죄책감을 건드릴까 노파심에 덧붙인다. 나도 시리얼을 매우 좋아한다. 아이에게 고래밥과 허니버터칩에서부터 오레오, 킨더조이와 같은 짜고 달고 자극적인 과자도 곧잘 사준다. 시리얼은 잘못이 없다. 단지.

집안을 돌아봤다. 방바닥은 엊그제 엎지른 오렌지 주스와 엉겨 붙은 과자 부스러기의 잔재로 끈적거렸다. 잘게 분쇄된 오색창연한 색종이들이 흩뿌려져 있었으며 건조기에서 걷어둔 빨래는 바닥에 뒹굴며 집구석의 먼지를 흡착하고 있었다. 냉장고엔 말라비틀어진 대파 한 줌과 쿰쿰한 백김치와 된장과 고추장, 2년 전부터 보존된 말린 황태만 있을 뿐이었다. 시리얼과 라면 이외에 먹을거리가 없었다. 아이는 지난밤부터 열이 펄펄 끓었다. 녀석은 자기가 열이 나는지도 모르는 채 "안 아파! 안 아파!" 하며 해열제도 물수건도 한사코 거부하며 벌거벗은 채 들뜬 몸뚱이로 설쳐댔다. 그래서 오늘이 그날이 된 것이다. 인내의 임계점이 정수리까지 올라온 날.

꾹꾹 억누르며 다독여왔던 그간의 불만과 불평과 짜증이 자기연민이라는 형태로 터져 나오기에 안성맞춤인 시점이 되어 버렸다. 따끈한 밥과 국이 있는 아침밥 얻어먹기를 사랑의 증표로 여기는 배우자가 아직도 몇 트럭이나 있는 세상에서 아침마다 손수 시리얼로 상을 차리고 아이를 차량에 태워 보내주는 대한민국 '1퍼센트' 남편과 사는데도 넙죽 엎드려 감읍하지 못하는 나, 어질러진 집구석을 그저 내 일이라고 여기며 군소리 하지 않고 묵묵히 치우지 못하는 나, 아이와 실랑이할 때 기싸움 하기보다 호기심을 자극하고 가벼운 유머로 꼬시며 잘 구슬리지 못하는 재미없는 나. 여기에 적당히 순응하지 못하는 여자, 관대하거나 쿨하지 못하고 까칠하며 까다롭고 예민한 여자라는 자기 비하가 더해져 싱크대에서 배수구 망을 들어올리고 헛구역질을 참으면서 구린내를 풍기며 발효되는 밥풀을 떼어내고 헹구며, 혼자 씩씩거렸다. 유구한 역사를 자랑해온 모성애 이데올로기와 가부장제의 압박을 어깨 위에 무겁게 짊어진 이 시대 비운의 여성으로 나를 정체화했다.

배고프면 밥이 아니라 과자를 찾는 아이는 내가 음식물을 버리러 주방을 비운 사이에 허겁지겁 싱크대를 뒤졌고 잠깐 사이에 그 다디단 시리얼을 꺼내 먹었다. 하부장 앞에 잔뜩 흘려둔 시리얼이 그 증거였다. 역시나 저녁 먹을 땐 죽을 두어 숟갈 떠먹더니 슬그머니 거실 한쪽으로 가서 장난감을 뒤적거렸다. 몇 번 먹자고 달래보다가 서서히 가슴 깊은 곳에서부터 열이 달아올랐다. 정수리에 다다른 분노의 임계점은 급기야 압력솥의 김처럼 분출되기 시작했다. 아이에게 소리를 질렀다.

"너 초코볼 먹더니 또 밥 안 먹는 거지?"

정말 이렇게는 하고 싶지 않았는데.

여자, 아내, 엄마 지금 트러블을 일으키다

개수대에다가 남은 시리얼을 와르르르 몽땅 다 부었다.

"너 이렇게 밥 안 먹고 과자만 찾으면 다 버린다고 했지? 봐, 다 버린다?"

다른 것도 가져왔다. 시리얼 박스를 거꾸로 들어 죄다 쏟아 부었다. 그리고 물을 세차게 틀어 다 녹여버렸다. 이참에 상부장에 넣어뒀던 뜯지 않은 과자 봉지도 죄다 잘라버렸다.

"엄마! 엄마! 내가 잘못했어! 하지 마! 내가 잘못했어!"

세상 소중하며 맛있는 자신의 일용할 양식이 무참히 학살되어 가는 걸 본 아이는 얼굴이 시뻘게진 채로 괴성을 토하며 엉엉 울었다. 듣는 채도 하지 않고 그 다음엔 초콜릿을 꺼내서 몽땅 다 깨부숴버렸다. 마시멜로와 과자와 초콜릿은 세찬 물줄기에 자신들의 몸을 비틀어대며 고통스럽게 녹아내려갔다.

"엄마, 엄마, 엄마아아아아아아아!"

"내가 다 버린다고 했잖아!"

밥 먹으라고 암만 애걸복걸해도 꿈쩍도 하지 않던 아이는 자기의 소중한 과자가 무참히 버려지는 현장을 보자 한달음에 달려와서 내 다리에 붙어 작은 몸을 감고 통곡했다. 우리 두 사람은 한참을 주방 개수대 앞에서 서서 참혹한 표정으로 일그러지는 과자를 바라보았다. 그리고 우리 모녀의 구질구질한 일상을 애도했다.


간신히 밥을 떠먹이고 나서 아이에게 사과했다. 안아줬다. 다행히도 뒤끝이 적은 이 아이는 땅이 꺼져라 울었다가도 5분이면 풀려 놓았다. 통곡으로 몸에 남은 열기를 쫙 뺀 탓일까. 펄펄 끓던 아이의 몸이 정상 체온 언저리로 돌아왔다.

곰돌이와 토끼 인형으로 역할 놀이에 빠져 있던 아이가 갑자기 말했다.

"근데 엄마 너무했어! 흥!"

"엄마가 미안해. 그런데 과자만 먹고 밥 안 먹으려고 하면 엄마가 화가 나."

"다시 사와. 마시멜로 있는 초콜릿 과자랑 다른 과자랑 사오라고!"

"다음에 시원이가 밥 잘 먹으면 칭찬 스티커 모아서 초콜릿 사줄게."

오늘도 난 미친년이 됐다.

여자, 아내, 엄마 지금 트러블을 일으키다

# 내향적 엄마와
# 외향적 아이가
# 공존하는 법

오디오를 켰다. 거실의 공기가 재즈 선율로 가득 찼다. 막 내린 뜨거운 드립 커피를 한 모금 꼴깍 삼켰다. 카페인이 혈관으로 들어가며 몽롱하던 정신이 깨어났다. 다닥다닥. 노트북으로 글을 썼다. 음악과 커피와 글쓰기. 내가 만들어낼 수 있는 가장 완전하고 완벽한 작은 세계. 얼마만인가.

재택근무를 주로 하지만 최근엔 과하게 밖으로 돌았다. 종일 사람 만나 회의하고 강의 듣고 강의하고 떠들며 지냈더니 영혼이 탈탈 털리고 골이 띵 했다. 내향인이 끌어다 쓸 수 있는 에너지가 동났다. 내 옆에 아무도 없는 시간이 간절했다. 이대로 사흘만 묵언수행할 수 있다면 얼마나 좋을까.

조용한 몰입과 집중의 리듬을 한창 타는데 난데없이 알람이 울렸다. 아이가 어린이집에서 돌아올 시간이었다. 고요했던 짧은 하루는 끝났고, 식탁 위에 만들어둔 나만의 세계에서 황급하게 빠져나와야 했다. 아이를 데리러 나가기 5분 전이었다. 마음은 급해도 믹스커피 원샷만은 잊지 않았다. 고 카페인을 고속 충전하지 않고선 아이가 잠들기 전까지 감당할 재간이 나에겐 없었다.

녀석은 종알종알 쉴 새 없이 떠들고 노래 부르고 춤추는 활기 넘치는 다섯 살 꼬마로, 주특기는 역할 놀이였다. 녀석의 작은 머릿속엔 언제나 한 편의 완결된 에피소드가 들어 있었다.

"나는 엄마고 엄마는 딸이야. 엄마, '딸아, 밥 먹어라' 해야지!"

"옷가게 놀이하자. 내가 문 열면 엄마가 저기서 들어와야 해?"

대본까지 몸소 짜서 스무 번씩 반복하곤 했다. 이뿐인가. 쓰레기통을 뒤지고, 계절에 맞지 않은 옷을 열 번씩 갈아입으며 패션쇼하고, 커피 가루나 밀가루를 귀신같이 찾아내어 요리를 선보이곤했다. 요즘은 그림 그리고 책 만들기에 취미를 붙여 열 번 정도 읽어보는 시늉을 해줘야 했다. 모든 말과 행동에 엄마가 빠짐없이 동참하고 반응하기를 원했다. 설거지 하며 "응, 응" 건성건성 대답하다 아이에게 호출 당했다.

"엄마! 엄마! 엄마! 엄마! 어어어음마마마!"

아이가 내 귀에 대고 지른 소리에 잠시 딴 생각하던 정신이 복귀했다. 공 던지고 받기를 백 번 하고 숨 좀 돌리려 했더니 그새를 못참고 손을 잡아끌었다. '좀 혼자 놀면 안 되겠니!' 한숨이 절로 새어 나왔다.

　　　　　여자, 아내, 엄마 지금 트러블을 일으키다

"아이랑 놀면 재미있잖아!"

이런 말을 들을 때마다 대꾸할 수 없었다. 이 작은 녀석이 귀엽고 사랑스러우며 소중하지만, 솔직히 말해 아이와 있는 시간이 그렇게까지 즐겁진 않았다. 다섯 살이 되면서 '영장류의 새끼'에서 '인간의 자식'으로 진화했지만 아이와 있는 시간엔 여전히 이를 악물어야 했다. 가만히 있는 법 없이 시종일관 떠들썩한 아이를 차마 외면할 수 없어 그럭저럭 맞장구 쳐주지만 금세 허덕이고 머릿속은 몽롱해졌다.

'아이에게 기 빨린다'는 말을 차마 하지 못해 속으로 삼켰다. 아이와 단 둘이 보내는 시간이 곤욕이라는 느낌은 나의 자존감을 자주 바닥까지 끌어내렸다. '엄마가 애에게 끌려다닌다', '훈육을 못한다'는 말을 들을 때에도 죄인이 된 것만 같았다. '유난 떨어서 힘들다'는 말을 들을 때면 자아를 스캔하며 검열했다. 왜 이리 아이 보기가 힘들까, 엄마 자격이 있는 걸까. 양육자로서 가져야만 하는 육아효능감이 수직 하강했고, 오랜 시간 자책했다.

출산하고 3년 가까이 '고립 육아'를 해왔다. 남편은 매일 늦었고 주변에 양육의 짐을 나눌 사람도 전혀 없었다. 그래도 나보다 악조건 속에서도 씩씩하게 아이 키우는 엄마들을 보며 나의 힘듦은 푸념과 투정일 뿐이라며 애써 깎아내렸다. 방책을 찾아 육아서를 찾아 읽었고 미리 겪은 선배들에게 물어가며 다양한 답변을 얻기도 했다.

'아이 혼자 노는 법을 가르쳐야 해.'

'엄마가 여태 아이를 제압하지 않고 뭐 했어. 다 누울 자리 보고 뻗는 거라고.'

'다른 엄마들과 교류해.'

'최대한 아이를 데리고 밖으로 다녀.'

그러나 이런 조언에 나는 도리어 움츠러들곤 했다. 내 딴엔 엄하게 해도 아이는 통제되지 않았다. 간식과 물과 여벌옷을 바리바리 챙겨 밖으로 나가면 더 힘들었다. 시간 계획을 세우고 동선을 짜야 했다. 한시도 가만히 걷지 않고 방방 뛰는 아이가 행여 주변 사람들에게 폐를 끼칠까 바짝 주위를 살펴야 했고, 아이가 어쩌다 낯을 가리며 나한테만 찰거머리처럼 붙어 있으면 집보다도 버겁고 부대꼈다. 그러다 겨우 재미를 붙이면 집에 들어올 때마다 안 가겠다고 한바탕 악을 쓰고 우니까 그건 그것대로 진이 빠져버렸다. 엄마들을 만나도 취향이나 가치관, 육아 방식이 다르면 툭툭 끼어드는 서먹함을 감당하기 위해 뇌를 부지런히 가동시키며 적합한 단어 선별에 감정 노동을 해야 했다.

한참이 지나고서야 알았다. 주류의 육아 방식들은 엄마의 성향이나 기질을 고려하지 않고 있었다. 양육자라면 모름지기 활력 넘치는 외향적 인간임을 전제했다. 게다가 계획적이고 주도면밀하며 민첩하기까지 해야 한다. 아이의 정서와 행동을 통제할 수 있음을 전제한다. 이러지 못하면 양육 민감성이 떨어진다거나 우울한 기질이라며 폄하한다.

의문이 생겼다. 아이만큼이나 양육자의 기질도 다양하다. 그런 만큼 나처럼 사람 만나기를 즐기지 않거나 일사분란하지 못하고 아이와 일대일로 밀착하여 대응해주는 게 버거운 성향의 엄마들도 있을 텐데 왜 '음지의 부류'를 위한 육아법은 없는 걸까.

나는 내향적인 편이다. 말수가 적다거나 낯을 많이 가리는 건 아니지만 사교와 네트워킹을 활발하게 즐기지 않는다. 가치관과 취향이 비슷한 소수의 사람과 가늘고 길고 조용하게 교류할 때 편안함을 느낀다. 하나에 깊이 빠지는 편이고 반복적인 일에도 취약하다. 시간 단위 계획은 먼 나라 이야기이고 즉흥적으로 움직인다. 10년의 조직생활로 길든 사회적 자아 덕에 의무적으로 대외 활동에 임하고 쾌활한 연기도 곧잘 하지만, 혼자 보내는 시간을 충분히 가져야지만 에너지를 회복한다. 이런 나의 성격은 때론 집중과 열정을 화르르 불태우는 창의성으로 운 좋게 발현되기도 했다. 엄마가 되기 전에는 그랬다. 그런데 책 읽고 음악 듣고 글쓰기 할 시간과 장소만 있다면 세상 행복한, 혼자 놀기의 달인인 나에게 1초의 짬도 주지 않는 울트라 파워 에너지를 탑재한 아이가 태어나 버렸다.

육아엔 본디 몰입은 없고 반복만 있는 법이다. 이것만으로도 이미 탈진 상태인데 치밀한 계획 없이는 나의 시간을 도무지 가질 수 없었다. 매 순간 바짝 긴장한 채로 살아야 했다. 잠깐이라도 멍 때리면 파도처럼 밀려오는 쌓인 과업들을 허덕이며 처리하다 하루가 가버렸다. 온종일 긴장한 채 나를 위한 시간과 처리할 과업을 오고가지만 소진된 몸과 마음을 채울 방도가 없었다. 너무도 힘들었지만, 힘든 마음 역시 나의 부족한 능력 탓이기에 더욱 노력해야 한다고 믿었다.

지나고야 보였다. 육아의 힘듦은 나 때문도 아이 때문도 아니었다. 아이와 나는 달랐고 그래서 충돌했고, 우리의 빈틈을 보완하거나 완충해줄 다른 해결책은 없었다. 여기까지 생각이 이르자 비로소 가슴을 짓누르던 묵은 체증이 내려가는 거 같았다. 인정하기로 했다. 나는 아이가 원하는 걸 모두 채워줄 수 없는 엄마다. 거기부터 시작해야 했다.

아이는 여섯 살이 되었다. 나는 먹이고 재우고 입히기 등 최소한의 육아에만 집중하기로 했다. '최소'는 물론 세상의 기준일 뿐 나에겐 최대치였다. 요리는 저녁에 한 번만, 한 가지 반찬만 했다. 교구나 책, 장난감, 옷 등 육아 아이템도 알아보는 데 에너지를 소모하기가 싫어 웬만하면 누가 주거나 물려주는 걸로 버텼다. '엄마표' 놀이나 공부도 계획을 짜지 않았다. 아이가 원할 때에만 책을 읽어주고 한글을 알려줬다. 미리 계획표 짜서 진도 빼는 건 나에겐 불가능했다. 그때그때 아이의 요청에만 응대하는 식으로, '아이 주도 학습'으로 진행했다.

아이와 놀아주는 대신 놀이 친구를 섭외했다. 궁합 잘 맞는 친구만 있으면 몇 시간이고 엄마에게 오지 않아서다. 다행히도 친한 동네 친구들이 생겨 매일같이 만났다. 우리 집을 자주 개방했다. 타인이 내 공간에 들어옴에 부담을 느끼지 않음은 그나마 다행이었다. 나는 꼬마 손님들을 무리해서 대접하지 않는다. 간식과 밥만 간단히 챙겨주고 방임한다. 같이 숨바꼭질 하자고 해도 모른 척 한다.

"나에게 말 걸지 말고 너희들끼리 놀아!"

소음 차단 헤드폰을 끼어버린다. 에너지 넘치는 아이들은 세 시간 내내 떠들고 노래 부르고 뛰어다녀도 지치는 기색이 없다. 역시 애는 애랑 놀아야 한다. 이번이 우리 집이면 다음번엔 친구 집이다. 엄마들이 졸졸 따라다니지 않아도 되는 육아 상부상조의 현장.

주말엔 어떻게든 남편과 시간을 나눴다. 육아 초기엔 주말마다 가족끼리 단합한다면서 똘똘 뭉쳐 나들이며 여행이며 쇼핑을 하러 다녔다. 기분 전환이라는 명분으로 나섰지만 지치고 진 빠졌다. 아이와의 여행은 내향적 엄마에겐 고행이었다. 나에게 필요한 건 혼자 고요히 몰입하는 시간이었다. 반나절이라도 가족에게서 떨어져 있으면 에너지가 충전되어 아이에게 좀 더 친절하고 다정해지곤 했다.

집에서 아이와 둘이 시간을 보내야 할 때면 집안 살림을 죄다 내어줬다. 주방 식기류부터 재활용 쓰레기까지. 어지르면 버리고 치우면 그만이라고 마음을 내려놨다. 오래 집중하진 않아도 유용한

방편이었다. 유튜브 영상 노출도 허용했다. 단 아이에게 채널 선택권을 주지 않고 내가 고른 영상물만 볼 수 있도록 저장된 파일로만 보여줬다. 영상 중독을 방지하면서도 죄책감을 덜 수 있는 마지노선이었다.

내 딸이라고 나와 닮은 점도 있다. 뭔가에 꽂히면 주변이 안 보였다. 이런 기질을 알고 나서 위험하거나 남에게 피해를 주는 것만 아니면 제풀에 지칠 때까지 내버려 두었다. 아이의 에너지를 억제하기보다 가능한 실컷 발산하게 둔다. 그렇게 질리게 놀고서도 밤 9시에 못 놀았다고 할 땐 물론 기가 차다.

육아의 어려움이 단번에 사라지진 않았다. 다만 버틸 만해졌고 아이와의 부대낌이 전만큼 이 악물 정도로 힘겹지 않아졌다. 내가 성숙하고 좋은 엄마로 변해서가 아니었다. 나의 성향을 억지로 바꾸기보다는 받아들이기로 해서였다. '할 수 있는 것'과 '해야 하는 것'과 '하지 않아도 되는 것'을 분간하려 해서다. 내 그릇만큼만 하기로 했다.

지금은 안다. 아이에게 기 빨린다는 나의 말에 공감보다 질책을 하곤 했던 이들치고 24시간 혼자 육아를 해본 이들은 없었다. 기질도 외향적이었다. 일시적이 아니라 수년 간 지속적으로 배우자나 조부모의 적극적인 조력이 있었다. 자신의 지독한 바닥을 만나며 자기혐오에 빠지지 않을 수 있던 건 그들이 유달리 훌륭해서가 아니다. 그럴 수 있는 위치가 형성되어 있었기 때문이다. 예민하거나 유별난 엄마가 되지 않는 건 어찌 보면 운이나 조건의 영역이다. 이걸 무시하고 마치 아이와 투명한 진공 상태에 단 둘이 있는 듯 상정하는 오류를 범한다. 엄마와 아이도 수많은 변수 안에 위치하기 마련인데.

무리하지 않기. 따라 하지도 못하고 따라 해도 자괴감만 들던 육아법에 전전긍긍하기보다 나에게 맞는 걸 택하기. 더 많이 하려 하기보다 하나라도 덜 하기. 나의 부족함에 죄의식 갖지 않기. 부족함을 채워나가기 위해 나를 뒤틀어 짜내는 게 아니라 다른 이들과 나누기. 뜨겁도록 찰싹 붙어 있지 않고 바람이 통하도록 하기. 그 자리에서 너무나 다른 너와 나는 공존할 수 있었다.

# 육아가
## 할 만해질 때,
## 힘들어질 때

여름휴가로 제주에서 일주일을 지내고 돌아온 다음 날이었다. 긴 여행을 다녀왔으니 여독 풀자며 아이를 어린이집에 보내지 않고 있었다. 장거리 여행을 한 뒤 쉬지 않으면 감기에 걸리는 패턴을 수십 번 겪어온 터라 내 한 몸 하루만 고생하자고 각오했다. 여행의 여운 때문이었는지 왠지 자신 있었다. 아침은 햇반 데워 주먹밥 뭉쳐 먹이고 엄마가 일하는 동안에 혼자 놀라고 당부했다. 녀석은 여섯 살이나 되었으니까.

아이는 색칠놀이에 열중하더니 15분도 안 되어서 나를 불렀다. "엄마, 심심해, 놀아줘." 물감을 꺼내주고 2절 도화지를 펼쳐줬다. 10분이나 했을까. 몇 번 붓질하더니 쪼르르 달려온다. 아이를 1시간 이상 묶어둘 놀이가 필요했다. 물놀이장에 호스를 틀어 채워주었다. "물 데워지면 들어가?" 아이는 기다릴 수 없었는지 찬물에

여자, 아내, 엄마 지금 트러블을 일으키다

참방 몸을 담가버렸다. 물놀이하는 아이 옆으로 노트북을 들고 왔다. 쭈그리고 앉아 오늘까지 인쇄소에 보내야만 하는 브로슈어 작업을 하면서 아이를 지켜보는 시늉을 했다. 녀석은 나에게 마구 물을 뿌렸다.

"엄마도 들어와! 같이 놀자!"

노트북 화면에 물기가 번지자 나는 그만 버럭 소리 질렀다.

"그만해. 뿌리지 마…… 뿌리지 말라고!"

시작은 호기로웠으나 우리의 하루는 실랑이와 언성과 싸움으로 점철되어 버렸다. 잠들기 직전엔 기어이 애를 울려버렸다. 제주에서는 목소리 높일 일 없이 평화로웠는데 하루 만에 어찌된 일인지.

아이와의 여행이 힐링이 된 건 이번이 처음이었다. 여행지에서 육아효능감이 한껏 상승했다.

'아이와 노는 게 할 만해지는 때가 오기는 오는구나!'

'크는 게 아쉽다는 말이 뭔지 알겠어.'

'나 이제 좀 아이 잘 보나 봐.'

이러고 집에 돌아와서 하루도 못 지나 싸운 거다. 찬찬히 비교해 보니 내가 육아를 잘하는 엄마라는 착각에 잠시 빠졌던 데에는 그럴 만한 이유가 있었다.

제주에선 꼭 해야 할 일이 없었다. 해수욕장 코앞에 숙소 잡고 매일 바다에만 가서 놀았다. 렌터카를 빌리지도 않았고 관광지에 다니지도, 맛집을 찾느라 배를 굶주리지도 않았다. 무無 계획 무無 일정. 끼니만 챙기면 시간에 쫓길 일이 없었다.

이번 여행은 아빠 없이 아이들과 엄마들끼리만 함께였다. 숙소에서 아침, 저녁으로 밥을 했지만 고되지 않았다. 엄마 둘이 하는 육아는 손발이 척척 맞았다. 한 명이 아이를 씻기면 한 명은 젖은 옷을 빨아 널었고 엄마 한 명이 밥을 하면 한 명은 치웠다. 아이들은 엄마를 안 찾고 마당과 방을 뛰어다니며 놀았다. 밥을 먹고 나면 어슬렁어슬렁 바다로 걸어 나갔다. 그늘막에서 맥주 마시며 망중한을 때리기도 하고 아이들과 같이 게를 잡고 물장구를 치고 모래성을 쌓았다. 시간은 느릿하고 한적하게 흘렀다. 아이들이 당 떨어질 즈음엔 우유와 과자를 주고 해가 질 때쯤이면 들어와서 옷 갈아입히고 씻기면 되었다. 하루 종일 햇볕과 바람과 물과 모래 속에 뒹군 아이들은 불 끄자마자 잠이 들었다. 이토록 아름다운 육아라니.

매일이 휴가 같다면 육아도 제법 할 만해질까. 직장 일을 집에 들고 오면 안 되는 걸까. 아니면 사회생활이나 직장 일에 대한 필요나 욕구를 접고 주부로 살면 될까. 아니었다. 주부로만 살 때엔 나의 소속감과 미래에 대한 불안에 시달렸다. 아이와의 시간이 소중한 것과 나의 미래가 막막한 건 다른 문제였다.

휴가가 좋은 건 돌아갈 곳이 있는 상태에서 '쉬기' 때문이었다.

일상을 비켜난 이 생경한 여유에는 마감이 있었다. 그게 흥취를 돋우었다. 그러나 여유가 무료함으로 바뀌는 건 오랜 시간이 걸리지 않는다. 돌아갈 곳이 있을 땐 여유가 되지만 없으면 무기력이 된다. 휴가라고 해도 혼자 아이를 상대해야 했다면 여행지의 풍경을 음미할 사이 없이 시달리는 기분을 자주 느꼈을 것이다. 엄마에게는 동료가 아이에게는 친구가 있어야 둘만의 시간도 역설적으로 달콤해진다.

에너지를 마음껏 뿜을 공간도 중요하다. 아무리 좋은 키즈 카페여도 자주 가면 질려 한다. 그러나 물과 모래와 돌멩이와 나뭇가지는 아무리 놀아도 물리지 않았다. 시원한 물속에서는 나도 놀아주는 사람이 아니라 같이 노는 사람이 되었다.

이런 탓에 제주에서는 매 순간이 만족스러웠다. 아이와 보내는 하루하루가 아찔할 만큼 소중했다. 나에게 평소에 없던 숭고한 모성애가 생겨났다거나 별안간에 대단히 훌륭해져서가 아니었다. 내가 있던 배치가 그렇게 느끼게 했다. 아마 아이를 낳은 순간부터 엄청나게 운이 좋아 죽 '여름휴가' 같은 환경 속에 있었다면 '아이 잘 본다, 육아 체질이다'라고 자만했을지도 모르겠다.


아이 낳고 하루하루를 겨우 버텨내듯 쫓기듯 끌려다니듯 살았다. 돌봄의 육체적 피곤과 별개로 자신감과 자존감이 너덜너덜해졌고 자주 도망치고 싶었다. 그때는 내가 엄마 능력이 부족해서, 엄마가 되면 안 되는 사람이 엄마가 되어서 그런 줄로 알았다. 한참이 지나서야 그 이유를 알았다. 짧은 시간에 두세 가지 일을 해야 할 때, 해도 해도 끝이 보이지 않을 때, 나 혼자 모든 걸 해야 할 때, 아이가 나만 바라보고 있을 때, 시간을 살아내는 게 아니라 죽이는 것만 같을 때, 계획과 미래가 그려지지 않을 때, 휴식과 보상이 주어지지 않을 때, 아무도 나의 이야기를 들어주지 않을 때. 나를 둘러싼 배치가 다급하고 초조하고 무기력한 나를 자꾸 만들어냈다.

환경 탓 하자는 것이 아니다. 아니 어찌 환경 탓을 안 할 수가 있겠는가. 한 명의 개인은 홀로 존재하지 않는다. 우리는 끝없이 주변의 영향을 받으며 산다. 나약함과 불완전함은 무능력이 아니라 보통의 인간들이 지닌 자연스러움의 일부이고 우린 자신을 보완해줄 장치들을 찾아가야 한다.

그러므로 지금 힘들다고 너무 자책하지는 않기를. 반대로 할 만해질 때 우쭐하지도 말기를. 내가 배치와 구조 속에 있음을 기억하길. 배치는 잘 보이지 않는다. 때로는 공기 같다. 그 배치가 바뀌고 나서야 허겁지겁 당황하며 어쩐 일인가 둘러본다. 그래서 누군가에게 조언할 때, 도움을 요청할 때도 자신의 배치를 쏙 빼고 말하기 쉽다. 육아가 할 만할 때에도 죽도록 힘들 때에도 분명 저마다 그럴 만한 배치에 있었다. 그런데 다들 그걸 빼고 순전히 엄마 개인의 능력으로만 말하고 있었다.

아이가 커가면서 분명 육아는 수월해졌다. 생명을 단축시키는 것만 같던 육체노동이 조금씩 줄고 아이와 지시, 의견, 답변, 생각 전달이라는 대화가 가능해지고, 기관의 도움을 받으면서부터였다. 여전히 불쑥불쑥 고됨이 찾아오지만 깊은 수렁으로 미끄러지는 것만 같던 좌절감에 빠지지 않는다. 무엇 때문에 힘들고 무엇 때문에 나은지를 알기 때문이다.

누군가가 나에게 조언을 구한다면 이렇게 말해주고 싶다. 개인의 마음가짐을 바꿔 먹거나 능력치를 높이기보다 자신이 위치한 배치를 바꿔보라고. 혼자 하는 육아가 힘들다면 혼자 하는 능력치를 올리기보다 어떻게든 나눌 사람을 찾아야 한다. 자꾸만 무료해지고 몸이 가라앉는다면 답을 육아 속에서 헤집으며 찾는 일은 멈추어야 한다. 아이와 노는 게 재미가 없다면 차라리 나의 놀이를 모색해야 한다. 몇 시간이라도 어린이집에 보내는 이유, 주말이면 혼자만의 시간을 꼭 가지는 이유는 나를 둘러싼 물리적 조건을 배열하기 위해서다.

아이를 돌보는 와중에 수없이 끼어드는 돌발 변수는 내가 기껏 구축하려 했던 배치들을 헝클어뜨릴 것이다. 매일 여름휴가 같이 지내기도 불가능하다. 그러나 좀 더 나은 엄마가 되기 위해서가 아니라, 지금 당장 내가 좀 더 나은 인간임을 느끼기 위해, 나 자신을 덜 미워하기 위해, 나를 학대하지 않기 위해, 여름휴가 같은 배치를 일상 속에 조금씩 넣어주는 일이 절실하다.

자꾸만 화가 나고 한없이 처지고 불안하다고 하더라도 그것은 나의 전부가 아니다. 자신이 좀 더 다정하고 느긋하고 더 좋은 사람이라고 느낄 수 있는 위치로 나의 몸을 이동시키자. 그런 경험이 누적될 때, 그 총량이 늘어날 때, 비로소 나를 긍정할 수 있게 된다.

# 어린이집 보내고 집안일 하지 맙시다

'전업맘'으로 살던 때였다. 아이를 어린이집으로 등원시키자마자 바삐 집안일에 돌입했다. 직장으로 출근하지 않는 자로서 응당 수행할 일이라고 간주했다. 열심히 했다. 두어 시간 동안 저녁부터 쌓인 설거지하고 세탁기에 빨래 넣었다가 꺼내서 널어두고, 이부자리 먼지 탈탈 털고 어질러진 장난감과 옷가지를 제자리에 두고 바닥을 청소기로 밀고 물걸레로 닦았다. 하고 나면 개운했다. 반질 반질한 거실 바닥 보며 믹스 커피 한 잔 마시면 보람찼다. 슬슬 글 좀 써볼까. 그런데 사람 몸이 모드 전환이 스위치 끄고 켜듯이 되지 않았다. 청소하고 나면 꼭 허기가 졌다. 밥 한 끼 대충 먹으려고 해도 시간과 노동이 들어갔다. 전날 끓인 국과 찬밥을 데우고 밑반찬 덜고 하다 보면 설거지도 생겼다. 먹고 치우고 나면 나른한 포만감과 피곤이 몰려왔다. 글쓰기는 한 문장에서 제자리이고 책 한 장 읽으려 하면 졸음이 쏟아졌다.

이쯤 되면 만만한 일이 육아 용품 인터넷 쇼핑이었다. 나를 위한 물건이 아니라 가족을 위한 물건이니 이 시간도 업무의 일환이다. 나 노는 거 아니야. 작년에 입던 여름옷이 죄다 작아진 참이었다. 티셔츠와 양말과 레깅스를 검색했다. 똑 떨어진 베이킹소다도 주문했다. 그런데 잠깐 링크 따라 들어간 에어프라이어 후기를 읽다 보니 나도 모르게 가격 비교를 하고 있었다. 나는 어디, 이것은 무엇. 쏜살같이 아이 올 시간이 되었다. 아이가 돌아오면 기껏 치운 집안은 다시 엉망이 되었다. 저녁 차릴 시간이 되자 마음이 다급해졌고 후회가 밀려왔다.

아이가 기관에 입소하자 비로소 누구도 돌보지 않아도 되는 시간, 그토록 고대하던 혼자만의 시간이 생겨났다. 그러나 막상 쉬려고 해도 마음이 편하지만은 않았다. '아무 노동 하지 않고 쉰다는 것'이 이토록 사람 마음 불편하게 할 줄 몰랐다.

어린이집 무상보육이 시작된 2013년부터 전업 주부 혐오는 심해졌다. 사람들의 고정관념 속에서 전업 주부 여성이 있어야 할 곳은 오로지 집안이었다. 온종일 집에 박혀 쓸고 닦고 가족을 위한 서비스를 대기하고 있어야 마땅했다. 사람들은 아이 엄마가 감히 밖을 싸돌아다니려 한다며 '맘충'이라고 질책했다. 남을 해치지도 물건을 훔치지도 않았는데도 어느 날 보니 아이를 낳았고 직장에 다니지 않는다는 이유로 죄인이 되어 있었다. '개념 있는 엄마'가 되기 위해 아이 없는 시간에도 나의 역할에 충실하려 했다. 집안을

여자, 아내, 엄마 지금 트러블을 일으키다

쓸고 닦으며.

그러다 보니 어린아이 키우는 주부들은 아이를 기관에 보내도 쉴 새가 없다. 아침에 등원 준비, 오전에 집안일, 오후에 아이 돌봄, 저녁 준비, 밤에 데리고 자면서 수유한다거나 기저귀를 갈아준다거나 이불 차는 거 봐주는 밤샘 야간 근무까지 한다. 직장인 근무시간 빰치거나 넘는다.

잠깐, 어딘지 이상하다. 주부의 일을 보통 가족을 위한 가사와 돌봄이라고 정의 내리곤 한다. 그러면 엄밀하게 주부의 근무 시간은 식구들이 집에 있는 시간이 되어야 한다. 직장인이 자신의 일이 끝나면 퇴근하듯이 주부는 식구들이 밖으로 나갈 때면 퇴근해야 하는 게 아닐까. 직장인들도 퇴근하면 모임을 하거나 취미 생활을 갖는 것처럼 주부도 근무가 끝나면 재충전할 시간이 필요하다. 직장인이 업무가 많아 야근을 하는 날이 있더라도 언제나 밤늦은 시간까지 사무실에서 대기함이 당연하지 않듯이 주부도 마찬가지다. 직장인들이 저녁에 회식을 하듯이 주부들도 오전에 '브런치'할 수 있다.

그런데 사람들은 주부에게 직업 정신을 가지라고 부추기면서 주부가 자신의 노동 시간 이외에 잠시라도 쉬거나 '근무지'를 이탈하면 역할 수행을 제대로 하지 않는다고 나무란다. 주부 역시 노동자라면 퇴근과 휴식이 필요하다는 사실을 묵살한다. 주부의 노동이 돈으로 환산되지 않는다는 그 단 하나의 이유만으로 사람들은 식구들이 집에 없는 시간조차도 집안에 매여 쓸고 닦아가며 가족을 위해 청결한 서비스를 준비하고 있으라고 한다. 그럼 주부는 식구들이 집에 오면 퇴근해도 되는 건가. 그것조차 안 된다면 대체 주부는 언제쯤 쉴 수 있는가. 돈 벌지 않는 자는 퇴근도 없이 살아야 하나. 주부에겐 노동자로서의 인권마저 없다.

여자라서, 엄마라서 전업 주부가 되었지만 이 역할이 영원하지 않을 거라 믿었다. 아니 그래야만 했다. 언젠가 다시 사회에 나갈 것이고 지금은 단지 유예 기간이었다. 아이를 어린이집에 보내면서 생기는 짧으면 짧고 길면 긴 여섯 시간은 일을 준비할 수 있는 절호의 기회였다. 본격 직장 생활을 하기엔 어려워도 내가 하고 싶은 일을 조금씩 찾아갈 수 있을 거 같았다.

처음엔 학원에 등록해 영어를 배우기도 했고 요가원에 다니기도 했다. 그러나 어느 것 하나 꾸준히 정착하지 못했는데 그 이유를 나중에야 따져보고 알았다. 집안일까지 잘하려고 했기 때문이었다. 어질어진 집을 치우고 나가려다 보니까 자꾸 지각했다. 또 헐레벌떡 뛰어와서 미리 저녁 준비를 하려다 보니 다급했다. 본격적인 글쓰기와 책모임을 시작하며 시간은 더욱 빠듯해졌다. 도저히 안 되겠어서 서서히 순서를 바꿔나갔다. 집안일에 허겁지겁 끌려다니는 것이 아니라 주도적으로 시간을 쓰기로 했다.

우선 식구들이 없거나 잠든 시간엔 주부 업무를 멈추기로 했다.

여자, 아내, 엄마 지금 트러블을 일으키다

먼저 일어나 밥을 차리지도 않았고 아이를 재우고 나와서도 설거지를 하지도 않았다. 인터넷 뱅킹이나 쇼핑도, 맘 카페 서핑도 하지 않았다. 집안일이란 식구들이 나와 같은 공간에 깨어 있을 때만 하는 걸로 정의 내렸다.

누군가는 미리 해야 쉽다고 했다. 그런데 경험컨대 아이가 기관에 가거나 자는 시간에 집안일을 해도 전체적으로는 수월하지 않았다. 청소에 집중할 수 있다는 장점은 있었지만, 아이가 오면 집안은 금세 난장판이 되었다. 미리 더 한다고 해서 일이 줄어드는 게 아니었다. 오히려 늘었다. 다행히도 아이는 말귀를 알아듣는 다섯 살쯤 되자 엄마가 청소하고 설거지할 때 기다려주었다. 반복해서 말해줬다.

"엄마가 설거지하고 놀아줄게."

"다 했다! 놀자!"

아이와 있을 때엔 아이에게만 집중해야 한다는 강박이 나를 힘들게 하고 있음을 깨달았다. 집안일을 하려면 아이가 방해가 되어 영상물을 보여줄 수밖에 없다고도 하지만 좀 보면 안 되는가.

많은 사람들이 아이가 오면 놀이에 집중해줘야 하기에 미리 미리 해두어야 한다고도 말하는데, 아이의 요구에 매번 즉각 반응하기란 불가능하다고 생각한다. 아이가 부르면 설거지하던 고무장갑도 벗어던지고 1초 만에 쪼르르 달려가며 들어주고 싶지 않았다. 그런 행위가 아이에게 상처를 준다고도 보지 않는다. 엄마는

'서비스직'이 아니다. 아이와 같이 생활하는 사람이다. 아이도 자신을 돌봐주는 사람이 집안일을 한다는 걸 알고 기다리는 법을 익혀야 하지 않을까. 더 나아가서는 자기가 함께해야 할 일이라는 인식을 갖도록 해야 하지 않을까.

아이가 다섯 살이 되면서 함께 요리에 참여하게 했다. 처음엔 플라스틱 칼로 연습을 충분히 시켰다. 여섯 살이 되면서 날이 무딘 작은 과도를 주고 야채를 썰게 했다. 쌀도 씻게 했다. 아이는 애호박도 깍둑썰기를 하게 되었고 오이도 감자 깎는 칼로 꼼꼼하게 깎을 수 있게 되었다.

남편이 집에 와서 낮에 왜 청소 안 했냐고 물어본다면 말하기로 하자.

"애가 어린이집에 가 있는 시간이 나는 퇴근 시간이야."

퇴근한 남편이 아이와 놀아주거나 아이가 혼자 놀이에 빠진 사이에 설거지를 했다. 아무리 해도 티 안 나는 집안일이라면 나의 노동이라도 티 나게 하고 싶었다. 집안일을 보이지 않지만 쾌적한 서비스처럼 만들기보다 가족 구성원 전체가 보아야 하고 신경 쓰여 해야 하고 참여해야 하는 생활의 일부로 만들고 싶었다. 집이라는 건 휴식의 공간만이 아니라 쉼 없는 노동의 현장임을 각자의 몸으로 체득하게 하고 싶었고 결국 모두 함께해야 하는 일임을 알게 하고 싶었다.

주부를 가사 서비스 해주는 사람으로 둔갑시키지 말자. 식구들이 집으로 돌아왔을 때 호텔처럼 말끔하게 치운 집을 보여줘야 한다는 환상이나 기대는 버렸으면 한다. 그건 아이들이 다 커서 집에서 잠만 잘 때나 가능하다. 주부 '주제에' 어찌 감히 집안일을 나누려 하냐는 질책에 한마디 더 보태자면 나는 양육자로서 역할을 충실히 한다고 생각했다. 남편이 없는 동안 집에서 아이를 기다리고, 또 남편을 대신해서 아이를 돌보고 있으니까.

집안일을 하는 시간의 시작과 끝을 정해두니 신기하게도 양이 맞춰졌다. 마감의 마법이다. 직장에서도 마감이 없는 일은 무한정 늘어지기 쉽다. 일의 속성이 본래 그렇다. 끝을 정해두고 거기에 규모를 맞춰야 한다. 마감은 일의 속도를 빠르게 했다. 쓸 그릇이 없을 정도로 설거지가 쌓였거나 도저히 바닥에 발 디딜 수조차 없이 장난감이 어질러져 있을 때에만 아이가 돌아오기 30분 전부터 치웠는데, 다급함에 몸이 로봇처럼 척척 움직였다. 또 저녁을 미리 해두지 않으니 아이 보는 틈틈이 해야 해서 딱 그만큼의 저녁만 했다. 약식화된 요리 덕에 버려지는 음식물은 물론 설거지까지 줄어드니 일석이조. 집안일에 몰입할 때면 스마트폰의 알람을 꺼두거나 아예 치워버린 뒤 일사불란하게 차리고 치웠다. 아이가 잠시 혼자 놀 때 스마트폰을 열지 않는 결단이 중요하다. 메시지 응답하는 데 쓰는 10분이면 바닥을 밀대로 밀 수 있었다.

집안일을 우선순위에서 미루라는 말이 한때는 나의 주부 정체성을 부정하는 것만 같아 불편한 적도 있었다. 내가 하는 일의 의미를 찾기 위해서라도 더욱 열심히 헌신하려 했다. 그런데 알겠더라. 집안일 팽개치고 더럽게 살아도 된다는 말이 아니었다. 가족 없는 자리에서 너무 열심히 하지 말자는 거다. 가족이 있는 시간 안에 집안일 시간을 녹이자는 것이다. 이건 집안일이나 주부에 대한 비하가 아니다. 주부의 일은 남겨지지도 않고 보상도 없다. 직장인은 일한 시간에 대한 급여라도 받지만, 주부는 혼자 집안일을 많이 할수록 식구들의 당연함이 부메랑이 되어 돌아온다. 이건 가사노동의 가치나 존중과는 전혀 다른 차원이다.

아이가 어린이집에 가 있는 동안 나에게 주어지는 혼자만의 시간을 오롯한 나의 시간으로 만들고 싶다. 엄마나 주부 역할만으로 살아가고 싶지 않다면 식구들이 없을 때라도 나의 또 다른 모습을 찾아가야 하지 않을까. 아무도 나에게 등 떠밀면서 시간을 주지 않는다. 내 시간은 내가 지켜가기로 했다.

여자, 아내, 엄마 지금 트러블을 일으키다

내가 둘째를
낳을 수 없는
이유

"왜 둘째를 안 낳아요?"

왜 하필 그날 거길 갔을까요. 부모님을 따라 성당에 갔다가 우연히 만난 분에게 왜 둘째가 있어야 하는지에 대한 일장연설을 장장 15분 동안 서서 들어야만 했어요. 어찌나 말을 속사포처럼 하시는지 중간에 끊을 겨를조차 없더라고요. 뭐 이상하진 않아요. 무례하다고 느끼지도 않았고요. 못이 박히도록 들어왔던 익숙한 패턴이었고, 예상에서 한 걸음도 벗어나지 않은 지겨운 이야기였고, 저는 예의를 차리느라 자리를 과감히 뜨지 못했을 뿐이니까요. 그런데 집에 와서 앉아 있는데 불쾌하더라고요. 그분 때문은 아니었어요. 생판 모르는 사람에게조차 가족계획에 대한 훈계를 듣고 그러려니 하며 넘어가야 했던 상황들이 줄줄이 떠올라서였어요. 그래서 이참에 둘째 왜 안 낳느냐는 질문을 들을 때마다 하지 못한 답을 해보려고 해요.

'낳으면 다 큰다.' '첫째 때와 다르다.' '예쁘다.' '둘은 있어야 의지하며 산다.'

다들 안간힘 다해 설득하고 가르치려 하시는데요. 저라고 둘째 아이가 예쁜지 모르지 않아요. 어찌 예쁘지 않겠어요. 키우기 힘들어도 그래도 잘 낳았다고 하겠죠. 그런데요. 저는 못해요. 낳으면 다 한다고 하지만 아니요, 못해요. 처음엔 출산이라는 거 다 하는데 나라고 못하겠냐 싶었는데요. 애 키우면서 인격의 바닥, 체력의 바닥, 능력의 바닥을 겪었어요. 처음엔 '정말 몰라' 낳았는데 알고서도 다시 겪을 수 없더라고요. 그리고 결심했어요. 지금과 같은 조건에선 더 이상 아이를 가질 수 없다고요.

저는 이미 30대 후반이에요. 양가 부모님은 모두 차로 3-4시간 거리에 사시고요. 이 조건은 바뀔 수 없어요. 다시 아이를 가지려면 다음 조건이 충족되어야 해요. 남편이 주 3일은 7시 반까지 퇴근하고, 육아휴직을 1년 낼 수 있을 때만요.

남편이 육아 휴직 못 내서 둘째 생각 안 한다고 했더니 어떤 분은 저를 무척 의아하게 보시더라고요. 남편의 육아 참여는 기본 값이어야 해요. 그런데 남편은 둘째를 원하지만 육아휴직은 거부하더라고요. 말인가요, 방귀인가요. 아이를 원하지만 키우기는 싫다니요. 아이는 저 혼자 만드나요. 정자은행에서 받아 인공 수정해서 낳는 게 아니잖아요. 아이에게 붙여주는 배우자의 성은 어떻고요. 아이의 성도 호적도 모두 나의 직계로만 할 수 있다면 혼자 하는

여자, 아내, 엄마 지금 트러블을 일으키다

육아를 받아들일 수 있을지도 모르겠어요. 하지만 아니잖아요. 처음엔 모르고 했지만 혼자 젖먹이 키우는 고생, 아무리 아이가 예뻐도 인생에 두 번 다시 겪고 싶지 않아요.

둘째를 낳아야 하는 가장 큰 이유로 빠짐없이 거론되는 건 외동의 외로움과 심심함 해결이더라고요. 키우기 힘들어도 첫째 생각해서 낳으라고요. 동생이 첫째의 부속품인가 싶은 생각이 언뜻 스쳐지나가지만 그런 발언이 올바른지에 대한 판단은 미룰게요. 둘이 잘 놀아서 편해진다고 하지만 성별이 다르면 금세 한계가 오지 않나요. 남매로 살아온 나의 경험상 같이 노는 건 길어도 아쉽게도 초등 저학년까지였어요. 아들 낳을지 딸 낳을지 결정할 수 없잖아요. 둘이 잘 지낼지 아닐지도 모르고요. 여기에 인생 걸기엔 너무 무모합니다.

부모가 죽고 혼자 남을 자식 생각하면 의지할 가족이 있어야 한다고 말하기도 하죠. 그러나 부모가 모두 떠나면 자식들도 가족을 꾸리거나 중년이 될 쯤이에요. 형제, 자매끼리 의지하며 지내는 집, 짐작보다 많지는 않더라고요. 제가 아는 많은 집들이 자식들끼리 만나지도 연락하지도 않아요. 실상이 이런데도 남는 건 가족밖에 없다는 말은 일종의 협박 같아요. 가족이 나에게 어떤 억압을 가해도 존재의 기반이 되어주어야 한다는 거죠. 가족이 모든 걸 해결해줄 거라 믿지만 가족은 혈연일 뿐이지 관계의 전부가 될 수 없고 그래서도 안 되거든요. 남편, 부모, 형제, 자매에게만 의지하는 삶이 아니라 가족 이외의 다양한 관계가 보완되는 삶이 더 풍부한 인생 아닐까요.

저에게 둘째 권하시는 분들에게 묻고 싶어요. 아이들, 그리고 육아를 좋아하시나요? 저는 아이가 떼쓰는 소리, 우는 소리가 아직도 듣기 힘들어요. 듣는 순간 짜증과 화가 올라와요. 도망치고 싶어요. 아이 하나 가지고도 이런데 어찌 둘을 키우죠? 남편이 일찍 와서 저녁 6시와 10시 사이 죽음의 시간을 함께해준다거나, 휴직을 한다거나, 근처에 부모님이 살아서 비상시에 아이를 봐줄 수 있다면 한번쯤 둘째 생각을 해보겠는데 가능하지 않은 일이에요.

결국 엄마에게 달렸다고 하는데 저는 좀 생각이 달라요. 엄마가 체력이 안 좋아도, 육아가 자신의 기질과 상극이라도 주변에서 양육의 짐을 나눠 가져주면 엄마가 극심한 우울감에 빠질 확률은 줄어요. 낳으면 알아서 다 큰다는 말로 엄마 혼자 감당하는 상황을 정당화하지 않았으면 좋겠어요.

2-3년 죽을 만큼 고생하고 나면 보람찰 것 알아요. 하지만 경력, 체력, 건강, 인간관계. 아이 하나까진 간신히 회복 가능한데 주변 도움이 적은 상황에서 둘째 낳으면 돌이킬 수 없게 될 가능성이 커요. 아닌 분들이 계시다면 굉장히 운이 좋은 케이스에요. 제 주변에 조부모님, 남편 도움 없는데 둘째 낳고도 일 계속 하는 분들은 장기 휴직 이후에도 복직 가능한 공무원 말고는 아무도 없거든요.

아이가 다섯 살이 된 뒤부터는 어린이집 간 시간 동안 안정적으로 제 일에 집중할 수 있게 되었어요. 주말이면 아빠 혼자서도 아이 돌봄이 가능해서 제 시간을 충분히 갖고요. 비로소 '인간 생활' 합니다. 아주 만족해요. 그런데 이걸 포기하고 돌아가라고요? 애 봐주실 거 아니면 말을 마세요.

외동이냐 둘째냐, 다들 아이를 위한 선택이라고 하죠. 최고의 선물이라고요. 하지만 그런 명분보다 엄마, 그리고 부부의 성향과 여건에 충실하는 편이 더 정직하다고 생각해요. 우리 좀 솔직해지면 어때요?

둘째를 가지려 할 땐 예상치 못한 상황을 받아들일 준비가 되어야겠죠. 동성이나 바라는 성별이 아니어도 괜찮을까. 둘이 잘 지내지 못해도 괜찮을까. 내가 일을 못해도, 남편이나 주변 가족의 도움 없어도 정말 낳고 싶은가. 이 모든 걸 감수하고서라도 아이를 낳고 싶을 수 있거든요. 어떤 이득보다 아이가 좋아 갖는 거잖아요.

외동 또한 마찬가지에요. 외동이라는 이유로 겪게 되는 사회적 편견이라거나 아이가 꽤 커서까지도 놀아줘야 할지도 모르는 상황, 계속되는 경험의 부족, 또는 하나 더 낳을 걸 그랬나 하고 문득문득 찾아오는 후회까지도 감수하겠다는 마음이 있어야 하는 거죠.

외동은 뭐가 나쁘다, 다둥은 뭐가 나쁘다, 그런 말 많이 하는데요. 상대의 선택이나 처지를 애써 깎아내리면서 내 선택의 우월성을 강조하는 것은 그다지 현명한 방법이 아니라고 봐요. 오히려 '이러이러한 점이 후회되고 안 좋을 수 있는데 나는 감수할 수 있는가'를 따져 봐야 하지 않을까요. 어떤 선택이든 잃는 것과 얻는 것이 있어요. 내가 무엇에 가치를 두느냐의 차이에요.

성급히 결정하기보다 지켜보기도 필요해요. 돌 전에 아이가 순해서 스스로 육아 체질이라고 방심하는 경우가 종종 있어요. 하지만 돌 이후 '역변'하는 경우가 생겨요. 제가 그랬지요. 일단 두 돌은 넘겨야 아이나 나의 '스펙'을 알 수 있더라고요. 36개월만 넘어가도 극한으로 힘들었던 육아가 지나가요. 조금씩 숨통 트여요. 그러면서 젖냄새 폴폴 풍기는 아기 시절이 그리워지기도 해요. 이때 두 갈래로 나뉘더라고요. 지금이 딱 좋다, 아니면 다시 겪어보고 싶다. 저는 전자로 결정했어요. 그러나 아이가 미치도록 예쁘기 때문에 한 번 더! 를 외치는 분들도 꽤 있어요. 충분히 그럴 수 있다고 봐요. 아기들은 사람을 홀리니까요. 둘째 고민, 백일부터 머리 아프게 하지 말고 지켜보세요.

또 둘째 고민에서 쉽게 누락되는 조건은 경제적 여건이 아닐까 싶어요. 없어도 다 키운다는 말로 퉁치려는 분들이 계신데 옛날과 지금은 사정이 달라요. 정말 요즘 세상에서 없이 키워보셨나요? 물려받는 것도 다 네트워크와 인적 자본을 토대로 해야 하는 거고, 인간관계 유지에 나의 시간과 노력을 투여해야 얻는 결과인데 거저 되듯이 말하면 서운합니다.

아이 키우는 데 돈이 어마어마하게 든다고 겁주려는 건 아니에요. 소비엔 언제나 다양한 선택지가 있으니까요. 줄이고 아낄 수 있어요. 하지만 월급도 경제 사정도 빠듯한데 아이까지 더 생기면 당연히 부담이 늘 수밖에 없죠. 문제는 돈만이 아니라 마음이 쪼들리고 각박해진다는 거예요. 가난하지만 행복하다고요? 정말인가요? 개천에서 용 나오는 시대는 끝났고 부모가 지닌 물질적, 문화적 자본이 고스란히 자식에게 가는 세상이에요. 학원비 아껴보겠다고 엄마가 직접 공부해서 가르칠 수도 있지만 나의 노동력도 결국 돈이라는 점은 왜 감안하지 않는 거죠?

둘째 계획 없다면 피임을 단단히 하세요. 갑자기 둘째를 임신한 케이스, 주변에서 수두룩하게 봅니다. 노력해도 안 생기는 경우도 많지만 하룻밤의 실수와 방심으로도 아이는 생기니까요. 갑작스럽게 둘째가 생기는 사고를 방지하고 싶다면 만반의 준비를 해야 합니다. 남편과 제대로 된 피임을 상의해서 지켜가야 해요.

주변 여건이 호의적이지도 않은데 가족이 낳으라고 해서 고민되시는 분들은 중심을 잘 잡기 바랄게요. 내 마음 1도 없는데 (도와주지도 않으시는) 시부모님이 낳으라고 한다고, (가사, 육아에 1도 안 하는) 남편이 낳자고 조른다고 낳아야 하나 하는 고민한다면 생각해보세요. 임신과 출산은 오로지 내 몸으로 겪는 일이에요. 자칫하면 평생 겪어야 할 후유증과 내 목숨마저도 걸어야 하는데 왜 타인이 좌지우지하도록 두시나요. 남들이 하라는 대로 인생 살 거예요? 우리는 가족을 이루었지만 '개인'이에요. 다른 가족들의 말을 거절하고 거부한다고 해서 잘못하는 게 아니에요. 죄책감 느낄 일이 아니라고요.

이렇게 써도 고민 말고 낳으라는 분들 꼭 계세요. 그러나 어찌 고민을 안 할 수가 있을까요. 더 이상 고민 없이 남들 하는 대로 결혼하고 애 낳고 하는 세상이 아니잖아요. 여자들도 의문을 품고 질문할 줄 알아요. 자신의 몸에 일어나는 일을 결정할 수 있어야 하고요. 여전히 이렇게라도 설명해서 나의 선택을 이해받아야만 하는 상황이 착잡합니다. 더 이상 이런 문제로 오지랖에 시달리지 않아도 되는 사회, 설명하지 않아도 되는 시대가 오길 바랍니다.

여자, 아내, 엄마 지금 트러블을 일으키다

4장

지금 나는 잉여력을
충전중입니다

# 매력적인
# 온라인 자아는
# 포기했어

첫 번째 책인 〈엄마 되기의 민낯〉 출간 무렵이었다. 내심 점잔 떨고 있었지만 책 낸다는 자랑을 하고 싶어 입술과 손가락이 근질근질했다. 육아 집중기였지만 실제로는 인생의 암흑기였던 시간. 만나면 힘들다고 질질 짜기만 하던 나를 기억하던 사람들에게, '너도 애 엄마 되더니 별 수 없구나'라고 연민하며 혀를 차던 사람들에게, 보란 듯이 떠벌리고 싶었다. 나 가만히 살지 않았어!

글쓰기에 방해된다며 휴업했던 인스타그램과 페이스북에 조금씩 말을 흘렸다. "마지막 퇴고를 하고 있답니다. 출간 전 연재를 한답니다. 예약판매를 시작합니다. 드디어 출간되었습니다!"

나는 출간과 동시에 제어불가 모드가 되었다. 매일 인터넷 서점 판매 지수를 확인하고 리뷰를 검색했다. 다른 저자들은 일주일 만에도 척척 2쇄, 3쇄를 찍던데 무명인 내 책 판매는 기대보다도 한참이 더뎠다. 출판시장이라는 게 원래 이리도 저조하다는 걸 몰라서 차마 티 내지 못하면서도 조바심에 홀로 안절부절못했다. 책을 내고 작가라는 타이틀을 갖게 되면 하루아침에 대단한 커리어가 생기고 사람들이 나를 추켜세워주면서 인생이 청천 개벽 할 줄 알았지만 그런 사건은 생기지 않았다. 결국 어떻게 하면 한 명이라도 더 내 책을 봐줄 수 있을지 애걸복걸하는 영업 사원이 되고 말았다.

하루에도 몇 차례씩, 책 사세요! 책 사세요! 책을 사세요! 방금 전 나온 뜨끈뜨끈한 에세이랍니다! 라고 짖어댔다. 대놓고 사라고 할수록 사기 싫어진다는 마케팅 홍보 불변의 법칙도 모르고 책 장사에 열중했다. 그래봤자 한계는 명확했다. 나의 페이스북 친구는 고작 50명이었고 인스타그램은 200명이었다. 내 책을 홍보하고 자랑하는 글을 올릴수록 팔로워가 늘기는커녕 한두 명씩 줄었다.

어쩌자고 페이스북을 탈퇴했을까. 어쩌자고 인스타그램에서도 오랜 지인 아니면 친구를 다 끊어버리는 만행을 저질렀을까. 팔로워나 구독자수도 인적 자산이고 자본인 시대인데 그걸 몰랐다. 쿨하다고만 생각했다. 안일하고 나태한 태도였다. 지나고 보니 한 명이 아쉬웠다. 책을 내고 나서야 SNS 팔로워가 수천 명씩 되는 사람들이 부러웠다. 나의 아니꼬운 눈으로는 책의 내용이 썩 대단하지도 않아 보였다. 그보다 훌륭한 책들도 많았다. 그런데 왜 많이 팔렸을까 보면 독자층이 단단하게 형성되어 있었다. 이미 수만이 넘는 팔로워를 확보한 저자라면 베스트셀러는 따놓은 당상이었다. 그들은 나처럼 기분 내키는 대로 탈퇴와 가입을 반복하는 변덕을 부리지 않았다. 꾸준히 SNS를 관리하며 운영한 시간이 준 보상이었다.

저자도 셀프 마케팅 해야 하는 시대다. 출판사는 SNS에 고정 독자층을 확보해둔 저자를 선호한다. 대놓고 말은 안 해도 저자의 SNS는 계약 조건의 결정적 근거라고 한다. 출판사가 돈 들이지 않아도 마케팅이 가능하니까, 그런 저자를 찾는다는 건 그만큼의 비용 절감 효과는 물론 책 판매 성과를 가져온다. 지금이라도 다시 하면 된다. 출간하며 SNS를 가입하는 저자도 많다고 한다. 시작하자.

인기 계정들을 찬찬히 살펴보고 '작가다운 인스타그램'을 위한 나름의 전략을 세워보았다.

첫 번째, 보정 없이 칙칙하거나 크롭 없이 지저분한 배경까지 나오는 사진은 탈락. 전체 피드를 보았을 때 한 폭의 그림처럼 일정한 톤이 유지되어야 했다. 사진은 디지털 카메라로 찍어 스마트폰으로 전송하기로 했다.

두 번째. 직접 책 광고가 아니라 간접 책 광고를 해야 했다. 이 책을 왜 사야 하는지가 아니라 내가 왜 이 책을 썼는지, 나의 어떤 생각을 담았는지 조곤조곤 풀어내야 했다. 나 한 사람의 뚜렷한 개성과 매력이 보일 때 사람들은 그 사람이 쓴 책에도 자연스럽게 관심을 가졌다. 대놓고 사달라고 하기보다 어떤 사안에 대해 나의 책

한 구절을 은근히 공유하며 목소리를 내는 것이 세련되면서도 자연스러워 보이는 방식이었다.

세 번째. 주제를 통일해야 했다. '작가 계정'으로 콘셉트를 잡았다면 글쓰기 모습이나 책 리뷰, 강연 소식, 짤막하고 여운이 있는 에세이를 올려야 한다. 지금처럼 아이 얼굴 잔뜩 음식을 묻힌 우스꽝스러운 모습이나 쓰레기장을 방불케 하는 지저분한 거실이나 식판에 대충 덜어둔 저녁 반찬을 올리는 행위는 하지 말아야 했다. 얼굴 사진은 가급적 책을 펼치고 있는 모습으로 45도 각도 위에서 찍도록 하자.

네 번째. 태그를 방대하게 달아야 한다. 책의 한 구절을 올리더라도 #책스타그램 해시태그 하나만 쓰는 것보다는 분야, 주제, 소재, 저자, 관련된 라이프스타일의 태그를 붙이고 #책추천, #책리뷰, #서평 등 비슷한 듯 다른 단어로 빠짐없이 열거해야 한다.

그러나 내가 세운 치밀한 전략은 두 달을 넘기지 못했다. 평소처럼 즉흥적으로 올리지 않으니 SNS가 마케팅을 위한 운영 업무처럼 느껴졌다. 어떻게 하면 매력적으로 보일까 고민하는 건 흥미 없는 제품 홍보처럼 지루하기 짝이 없었다. 매사 솔직한 태도로 산다고 할 순 없지만 자신을 하나의 상품으로 포장해서 진열해야 하는 일은 자꾸만 나를 속이는 듯한 찝찝함을 불러왔다. 일상이 SNS와의 간극이 없다면 모르겠으나 나에게 이건 분명 연출이었다. 직장생활할 때 써야 하는 가면과는 또 다른 자아의 연기가 필요했다.

여자, 아내, 엄마 지금 트러블을 일으키다

블로그 하면서는 느끼지 못한 피로감이었다. 나는 3년 넘게 블로그를 운영하고 있다. 이것 역시 자기 홍보와 마케팅 수단임은 분명했지만 다른 플랫폼과는 다른 결이 있었다. 사진 중심이 아니었고 짧은 글로 즉각적인 호응을 받는 구조도 아니었다. 블로그에서는 내가 하고 싶은 이야기를 누군가 읽던 안 읽던 마음껏 길게 할 수 있었다. 짧은 글과 사진 중심의 SNS보다 접근성과 즉각성이 떨어지는 탓에 타인들의 무심한 반응이 그다지 섭섭하지도 않았다.

블로그는 발언이라기보다 독백에 가까웠다. 친구에게도 가족에게도 할 수 없던 이야기를 은밀하지만 공공연하게 풀어내는 '대나무 숲'과 같았다. 출간 직후 블로그 이웃 수는 2000명 정도로 여타 '파워 블로그'에 비해서는 턱없이 적었지만 꾸준히 오래 찾아주는 이들이 있었다. 글만 빼곡했지만 긴 글을 조용히 읽어주는 사람들이 있었다. 떠들썩한 공유도 열렬히 호응하는 댓글도 줄줄이 달리지도 않았지만 이곳에서는 나를 타인을 의식한 모습이 아닌, 내가 보이고 싶은 모습으로 드러낼 수 있었다. 블로그는 내가 가장 안심하는 공간이었다. 나의 존재가 진열된다는 거북스러움이 덜했다.

블로그가 우리만의 공간 속으로 숨어서 한참을 수다 떠는 장소라면 페이스북이나 인스타그램은 일종의 경연장이었다. 한 사람의 인맥을 속수무책으로 노출시키는 페이스북이나 사진 중심의 인스타그램에서 나는 수시로 평가에 오르는 거북함을 종종 느꼈다. 아무도 나를 그렇게 보지 않아도, 자의식 과잉이라고 해도 어쩔 수가 없었다. 블로그에서도 거침없이 하던 이야기를 어째서인지 할 수 없었다. 나를 지켜보는 눈은 블로그가 훨씬 더 많을지 몰라도, 블로그에서는 긴 글이라는 진입장벽에서 독자가 한번 필터로 걸러졌다. SNS의 실시간 플랫폼에서는 그게 없었다. 그러니 더욱 자체 검열하게 되었다.

작가에 걸맞게 사색적인 에세이, 글쓰기 활동 홍보, 책 간접 광고를 부담스럽지 않게 해야 마땅했지만 마음이 끌리지 않았다. 누군가는 지나치게 수동적인 자세는 좋지 않다고 했다. 스스로 나대지 않으면 알아서 알아주지 않는다고 말이다. 꿋꿋이 이겨내고 퍼스널 브랜딩을 해야 한다고 하지만 나의 마음은 그렇게 작동하지가 않았다.

단독저서 1권과 공동저서 1권을 출간했지만 나에게는 아직 작가라는 정체성이 없었다. 사람들이 '작가님'이라고 부를 때마다 흠칫 놀라면서 손과 발이 오그라들고, 갑각류처럼 단단한 집을 털썩 내 몸에 씌우고 웅크리고 싶었다. 앞으로도 여전히 글을 쓰고 기회가 닿는 대로 책을 내고 싶지만 작가로 불리는 건 다른 문제였다. 겸손을 떨고 싶어서가 아니다.

작가는 사람들이 선망하는 직업의 일종이다. 자신만의 콘텐츠를 갖고 있는 이들이다. 지적이고 고상한 이미지가 덧씌워져 있다. 그러나 환상과 다르게 첫 책을 내면서 그 이름이 주는 압박감이 무엇인지 어렴풋이나마 알게 되었다. 그건 직업의 명칭이라기보다는 일종의 명예였는데, 그만큼 실체는 빈약하고 평판에 좌우되는 일이었다. 나는 글을 쓰고 싶은 걸까. 책을 내고 싶은 걸까, 작가라는 이름을 갖고 싶었던 걸까. 되물을 때마다 만나는 새빨간 허영심에 나도 모르게 얼굴이 달아올랐다.

글을 쓰고자 하는 마음으로 일상을 조직하고 활동 범위를 넓혀가다 보니 그것들이 자연스럽게 SNS에 노출되는 것과 스스로 콘셉트를 가지고 선별하여 올리는 건 다른 차원이라는 것을 알게 되었다. 유리한 광경만 쏙쏙 빼내어 보여줄 수 있다는 특징은 SNS의 치명적 장점과 단점이다. 책 리뷰를 많이 올리면 책을 많이 읽는 사람이 되고, 정돈된 책상 사진을 한두 번 올리면 정리를 잘 하는 사람이 되는 곳이 인스타그램과 같은 플랫폼이다. 그것이 SNS가 지닌 본질적인 속성이다. SNS는 실생활의 나와는 전혀 다른 '온라인 자아'의 전시장이다. SNS를 사용하려면 자신의 실제 삶과 괴리를 감당하거나, 그것을 적극적인 하나의 무대로 이용해야 한다. 그래야 분열이 적어진다.

그러나 한 명의 개인이란 어수선하고 복합적인 정체성을 가지고 있다. SNS가 나의 자아를 공적으로 드러내는 도구라면 그만큼 내가 가진 자아의 여러 측면이 반영될 수밖에 없다. 나는 아이도 돌보아야 하고 밥도 차려야 하고 청소도 하고 요가도 하고 직장일도 하는데 글 쓰거나 강연하는 모습만 의도적으로 선별해 보이기란 어려웠다. 나의 책을 읽고 찾아오는 익명의 불특정 독자들에게 평면적인 사진의 잣대로 평가받고 싶지도 않았다. 사람들이 나의 한 면만 보고 나를 판단하지 않았으면 했다. 그게 좋은 방향이든 뭐든.

책을 두 권 냈지만 '이런 글을 쓸 수 있고 당신들에게 이런 말을 해줄 수 있다'라는 목표의식을 갖고 있지도 않다. 아직까지는 나의 분야라고 할 만한 영역도 없었다. 만나지는 대로 꽂히는 대로 이끌리는 대로 글을 쓰고 활동을 한다. 이러한 느슨한 의식으로 헐렁헐렁 살다보니 그중 무엇을 딱 절단하여 보여주는 식의 SNS는 관리도 어려웠고 애쓰고 싶은 마음도 생기지 않았다.

시류에 적절하면서도 공감 가는 글만 쓸 수도 없었고 책 이야기만 할 수도 없었다. 사안에 대한 근사한 발언을 할 수도 없었다. 험담도 하고 싶고 투정도 부리고 싶었다. 어떤 이들은 수월하게 SNS를 통해 자기 홍보를 해낼지도 모르겠지만 나에겐 억지로 해야 하는 업무처럼 부담스럽고 어색하다. 이걸 프로 의식 부족이라고 볼지도 모르겠다. 그러나 SNS만큼은 마지막 유희의 영역으로 두고 싶다.

앞으로도 우왕좌왕 콘셉트 없는 온라인 기록은 계속될 것 같다. 사람들이 기대하는 콘텐츠보다 나의 관심이 가는 대로 두서없이 올릴 예정이다. 그리고 팔로워 수는 여전히 제자리거나 계속 떨어지겠지. 공적 자아와 사적 자아의 간극, 그 사이의 분리는 다행히도 적어질 테지만 매력적인 온라인 자아는 아무래도 못 만들어내겠다.

여러 겹의 정체성을 가지며, 물 흐르는 대로 가고 싶다. 그래서 더더욱 온라인이라는 공적 영역에 나의 일관된 자아를 만들어내고 싶지 않다. 나는 '지금 여기'에 있고 SNS는 그것의 기록 수단이다. 딱 거기까지다.

카톡
카톡
카톡

오전 내내 강의와 회의를 마치고 스마트폰을 겨우 들여다봤다. 단체 카톡방에 쌓인 200여 개의 메시지. 클릭해서 훑을 사이도 없이 1초마다 톡이 쏟아지고 있었다. 수북하게 쌓인 메시지를 뒤늦게 읽자니 피곤이 몰려왔다. 눈이 시렸다. 잔뜩 밀린 메시지가 공해처럼 와닿는 날이 오고야 말았다. 어쩌면 스마트폰을 쓰기로 각오한 시점부터 예상했어야 한 일이었다.

2016년부터 약 2년간 시대의 흐름에 역행하며 스마트폰을 없앤 적이 있다. 극심한 무기력과 우울에 시달리던 때였고, 급기야 일부러 관계를 단절하고 고립되는 기행을 시도했다. 틀어박혀 글만 썼다. 그러나 책 출간하고 재취업하면서 스마트폰 사용을 개시했다. 회사, 집, 카페를 오고 가며 때와 장소 가리지 않고 디지털 노마드가 되어 틈틈이 일하려고 보니 스마트폰은 필수 불가결했다.

여자, 아내, 엄마 지금 트러블을 일으키다

처음엔 내가 왜 이런 신문물을 멀리했었나 싶을 정도로 편리함을 만끽했다. 아이와 놀이터에 있으면서도 업무 메일을 보낼 수 있다니! 일터의 경계가 허물어진 업무 환경 구축에 쾌재를 불렀다.

편리함이 구속으로 변하는 덴 얼마 걸리지 않았다. 스마트폰을 쓰지 않을 때는 카카오톡을 비롯한 업무 메신저에 노트북으로 접속해야만 하는 불편함을 감당하는 대신, 연락이 오면 선택적으로 접속할 수 있었다. 그러나 스마트폰을 내 손에 쥐면서는 언제고 연락 가능하며 확인 가능한 사람이 되어야만 했다. 놀이터에서 '까지' 보며 응답해야만 하는 것이다.

업무를 비롯하여 각종 모임 단톡방은 5-6개 이상으로 늘었다. 각 톡방마다 쉴 새 없이 메시지가 쏟아졌다. 아차 하면 중요 공지를 놓쳤고 때론 답을 기다리는 상대에게 의도치 않게 시간을 허비하게 했다. 알림에 즉각 응답하지 않음은 요즘 같은 무제한 접속 시대에 무례한 일이었다. 바쁜 세상에 상대를 기다리게 해선 안 된다. 그러나 나는 핸드폰을 어디에 뒀는지도 자주 잊어버리고 벨소리와 진동 소리를 잘 알아듣지 못해 온갖 원성을 듣곤 했다. '주제에 얼마나 잘났다고 연락이 안 되는 거니?'

나는 전화보다는 문자를 선호하고 문자보다는 메일을 선호하는 '텍스트형 인간'이다. 나에게 카카오톡과 같은 메신저는 쾌적한 연락 수단이었다. 상대방의 눈치를 보아가며 말 걸고 목소리를 정돈

하며 응답하지 않아도 되어서 좋았다. 글로 용건만 쓰면 되니까 얼마나 깔끔한가. 그런데 아니었다.

카카오톡은 문자나 메일과 같은 '통보형 연락 수단'과 다르다. '대화형 메신저'이다. 이 말인즉 간단히 용건만 전달하고 상대의 동의를 받으면 끝나는 매체가 아니라는 뜻이다. 카톡은 대화를 무한히 연장할 수 있었다. 말로 하는 대화를 텍스트로 옮겼을 뿐만 아니라 심지어 말보다 더 길고 끈적이는 감정 노동을 필요로 했다. 이 사람이 키보드를 누르고 있는지, 딴 곳을 보는지 알 수 없다는 점은 대화가 비는 시점에 미묘한 긴장을 유발한다. 상대가 확인했는데도 답을 하지 않으면 왜 하지 않는지도 미루어 추측해야만 했다. 그 사람이 언제 답을 할지 내 메시지를 확인은 했는지 자꾸만 확인하느라 집중이 되지 않았다. 초조하게 상대방의 답을 기다리고 있으면 어김없이 감정적으로 약자가 되어버렸다. 전화라면 당장의 어색함을 감당한다 하더라도 상대방의 의중을 확실히 읽을 수 있지만 카톡은 공백을 자유자재로 조절할 수 있게 함으로써 초조함을 양산해낸다.

반대의 경우도 마찬가지다. 이쯤해서 대화를 슬그머니 끊고 나가야 할지, 아니면 대기하며 보고 있어야 할지와 같은 사소한 결정을 대화창 안에서 끝없이 해야 한다. 수시로 '카톡 카톡' 울려대는 알림음은 어서 확인하라며 다급함을 촉발하고, 실수로라도 대화창을 눌러버려 '1' 표시가 사라지게 하면 끝끝내 어떤 대답이든 해

여자, 아내, 엄마 지금 트러블을 일으키다

주어야만 한다. 그렇다고 알람을 꺼두면 즉시 응답해야 하는 물음에 불성실하게 답하는 사람이 되고 만다.

물결 표시 하나 없는 딱딱한 말투는 때로 불친절함으로 여겨지기도 하고 상대가 무심결에 내뱉은 짧은 대답에 기분이 상하기도 한다. 메일과 같은 전달이나 통보가 아니라 '대화(chat)'여야 하기 때문에 적절한 '쿠션어'를 넣어주어야 한다.

언제 어디서나 답할 수 있어서 쉽고 편리하게 보내지만 그만큼 아무 때나 보내고 아무 때고 답을 해줘야만 하는 새로운 구속. 우리는 카톡이라는 '실시간 고객 서비스'에 자발적으로 복무하게 되어버린 건 아닐까. "가능한 시간을 알려주면 연락드리겠습니다." 와 같이 상대의 시간과 공간을 지켜주던 습관은 카톡과 함께 사라져버렸다. 이미 사회생활과 인간관계 상당 부분을 카카오톡에 의지하고 있었기에 삭제할 수 없었다. 업무를 하거나 아이와 함께 있는 와중에도, 심지어는 운전 중까지 수시로 쏟아지는 알람에 응답하는 일도 한계에 도달했다. 단톡방 대화에 참여하다 보면 한두 시간이 훌쩍 지나버렸다. 내 말에 대한 응답, 또는 다른 사람들의 반응이 궁금하니 다른 일에 집중하기 어려웠다.

나는 멀티플레이에 능하지 않았다. 동시에 두 가지 이상의 일을 후다닥 처리하는 편도, 모드 전환이 쉬운 사람도 아니었다. 그러나 실시간 응답은 업무에 대한 몰입을 현저히 떨어뜨렸다. 알람이 울리거나 반짝이는 창이 떠오르면 어쨌든 눈이 가고 마음이 초조해져 클릭을 안 할 수도 없었다. 그리고 누르는 순간 집중력이 순식간에 흐트러져버리곤 했다.

　스마트폰을 사용하는 이상 실시간 응대는 불가피한가. 카톡에 초조함을 느끼는 건 나뿐일까. 어떻게 해야 끌려다니지 않고 '스마트하게' 카톡을 사용할 수 있을까.

　첫 번째. 알람을 껐다. 노트북이건 스마트폰이건 카톡이 와도 바로 창이 뜨지 않도록 비활성모드로 설정을 바꾸었다. 카카오톡 앱은 안드로이드 스마트폰의 첫 번째 화면이 아니라 폴더 깊숙이 숨겨두고 새로운 알림의 숫자조차 뜨지 않게 해두었다. 이렇게 하면 메시지 수백 개가 오더라도 일단은 스마트폰은 고요했다.

　두 번째. 카톡을 확인하거나 메시지 보내는 시간을 정했다. 운전할 때, 부엌에 서서 국을 끓일 때조차 메시지에 정신 팔리는 내가 한심했다. 쉬는 시간이거나 다른 일과 병행하지 않을 수 있을 때에 카톡 앱을 열어 보았다. 급한 연락은 전화 달라고 지인들에게 부탁했다. 카톡으로 논의가 필요할 땐 바로 응답할 수 있도록 30분에서 1시간 가까이 시간을 냈다.

　세 번째. 회의나 토론을 해야 하는 경우엔 시간을 정하기로 했다. 긴 이야기를 남기고 나면 상대에게 그에 상응하는 답을 나도 모르게 기대하게 되었다. 상대가 무슨 답을 할지 기다리는 시간에 나도 모르게 초조해졌다. 답이 없으면 없는 대로 내가 뭘 잘못했나 긴장했다. 논의나 상의가 필요한 일에서 드문드문 오고 가는 카카오톡은 너무 많은 시간을 잡아먹었다. 대화가 필요한 경우엔 음성 통화나 화상 회의가 나았다. 번거롭더라도 시간 맞추어 얼굴이든 목소리든 대면하는 것이 결과적으론 시간과 감정 모두 소모되지 않게 했다.

네 번째. 상대가 카톡에 바로 답하지 않더라도 초조하게 기다리지 않기로 했다. 나중에야 알았지만 많은 사람들이 본인의 우선순위에 따라 바로 응답하거나 때로는 무시하고 있었다. 한참 후에야 확인하는 사람들이 수두룩했다. 나도 한때는 그들을 나무라곤 했지만 생각해보니 그들을 탓할 일이 아니었다. 우리는 고객 서비스 센터가 아니므로 바로 답해줄 의무가 없었다. 우리는 누군가에게 어느 때고 메시지를 보낼 수 있는 이점을 가지게 되었지만 상대에게 동시에 즉각적으로 답하지 않을 권리도 있음을 잊어서는 안 된다. 다른 이의 시간을 존중해줘야 한다. 행여 내 메시지에 부담 느낄까봐 덧붙인다. "시간 될 때 답해주세요."

다섯 번째. 친구들과의 친목 모임, 요가 인증, 디자인 수업, 독서 모임 등 여러 개의 단톡방을 운영하고 있다. 단톡방을 하면서 제아무리 대화라도 누군가에게는 소음이 될 수 있다는 점을 알았다. 그래서 단톡방 열 때 꼭 대답하지 않아도 된다는 걸 알려준다. 알람은 꺼두고 적절히 활용하라고 한다. 각자 상황에 맞게 반응해주면 된다.

지키기는 당연히도 어려웠다. 카톡에 버려지던 물리적 시간은 줄었지만 감정적으로 딱 잘라지진 않았다. 사용을 통제한다고 하더라도 자제할 수 없는 것이 있었다. 무방비로 침투하는 카카오톡보다 나의 '접속 욕구'가 문제였다. 아무도 나에게 말 걸지 않더라도, 꼭 답하지 않아도 포기하지 못하고 끝내 접속해야만 직성이 풀렸다. 그토록 벗어나고 싶으면서도 막상 내가 무료해질 땐 잠깐의 고독조차도 참을 수 없게 되어버렸다. 새로운 알람이 뜨지 않는다면 은근히 불안해지기도 했다.

아무리 알람 끄고 시간 정해 접속한다고 하더라도, 오프라인이라 하더라도, 머리 한편으로는 늘 생각한다. 보이지도 않고 관리되지도 않는 시간을 쓴다. 연결은 곧 존재인가.

내가
바쁘지 않은
이유

가족 친구 할 것 없이 내게 묻는 첫마디가 "요즘 바쁘지?"라고 할 정도로, 바쁨을 사방에 티 내면서 정신없어 보이게 살고 있다.

9-6시까지의 전일제 출퇴근은 아니지만 4대 보험에 가입된 직장인이다. 나의 본업은 디자이너로 브로슈어, 리플릿, 포스터와 같은 디자인 작업을 하고 직장인들을 대상으로 하는 디자인 수업도 한다. 이 밖에 에세이 출간을 준비하며 책도 쓰며 온라인으로 사회학 공부 모임을 꾸리고 있다. 아직 손이 많이 가는 일곱 살 아이의 엄마이기도 하다.

누가 봐도 숨 가쁘다. 어떻게 저 많은 일을 다 하며 사나 싶다. 그러나 사람들의 짐작과 다르게, 엄청나게 많은 일을 처리하며 살고 있지 않다고 자주 느낀다. 심지어 하는 일에 비해 이상하게 시간이 많이 빈다고 여겨지기도 해서 '바빠 보여서 연락을 차마 할 수 없었다'는 친구의 말에 뜨끔하곤 한다. 내가 그 친구보다 시간이 더 많은 거 같기 때문이다.

휴대전화와 인터넷 업무가 보편화된 시대에 일하는 여성들은 1시간도 3시간처럼 압축적으로 쓴다고 하는데 나는 영 동떨어져 있는 것만 같다. 3시간을 1시간처럼 쓰기보다 1시간 안에 할 일도 3시간 넘게 붙잡고 있는 경우가 부지기수다. 시간 사용 밀도가 현저히 낮다. 글쓰기도, 디자인 작업도, 집안일도, 질질 끌거나 요리조리 헤맨다. 자료 준비 또는 정신 집중이라는 명목의 예열에 시간을 허비한다. 일단 배경음악이 중요하다. 이 글을 쓰기 전에도 유튜브에 들어가 '노동요'를 선곡하는 데 한참을 보냈다. 분명 나는 시간에 쫓긴다. 그러나 이상하리만치 바쁘지는 않다. 이런 나를 보고 한 친구는 말했다.

"너는 다른 여자들에 비하면 느리고 굼떠."

행동이 느리다는 말이 아니었다. 즉각적인 대응이나 반응, 피드백이 더디다는 말이었다. 전화 연락이나 카톡 응답이 재깍재깍 되지 않는다는 것, 결정을 빨리 하지 않고 미루는 것, 아이 준비물을 챙기거나 선생님에게 연락하거나 부모님에게 안부 전화를 걸거나 하는 일들을 매번 잊어버리는 것, 집안의 행사를 지나쳐버리는 것, 집안일을 바로 치우지 않고 뭉개놓는것. 쌀이 똑 떨어져도 알아차리지 못하거나 냉장고가 텅 비어도 장 볼 생각을 하지 않는 것. 어떻게든 되겠지, 라고 천하태평하게 있곤 하는 것.

여자, 아내, 엄마 지금 트러블을 일으키다

일과를 분 단위로 재빠르고 빈틈없이 조직해서, 업무와 돌봄을 척척 해내는 수많은 여성들에 비해 내가 '멀티플레이', 즉 '동시성' 능력이 너무나 떨어진다는 말이었다. 한 번에 한 가지만 겨우 집중하고 나머지는 수월하게 잊어버리곤 한다. 이런 이유로 부모님에게 수도 없이 '답답해 죽겠다'는 소리를 들어왔고, 지인들에게도 무심하다, 신경 안 쓴다는 말도 많이 들었다. 간섭하지 않고 거리 두기 잘한다는 칭찬만 한 번 들어봤다.

그리고 이것이 내가 육아와 가사, 가족 돌봄에서 끝없이 불협화음을 만든 이유인 듯싶다. 여성, 아내, 엄마에게 요구되는 일사불란한 멀티플레이어가 되지를 않으니 생활에서 구멍이 숭숭 뚫렸다. 그러나 그렇게 하지 않았기에, 일상에 구멍이 많기에 반대로 다른 많은 일을 할 수 있었다. 자잘하게 쪼개고 겹쳐지면서 에너지를 갉아먹던 일들을 관두면서 내가 집중하고 싶은 일을 건져 올릴 수 있었다.


나도 아침 6시부터 밤 12시까지 깨 있는 동안 정신을 바짝 당겨할 일 리스트를 체크해가며 완전무결하게 처리하고 싶었다. 식구들이 깨기 전에 운동 마치고 샤워하고 아침밥 앉혀두고 어린이집에서 보내온 공지문을 체크하며 아이 가방에 실내화와 잘 세척된 칫솔을 넣어주고. 방을 살뜰하게 치우며 9시가 되면 업무 메일 확인하고 밀린 카톡에 적절한 이모티콘을 날려주며 응답하고 점심 먹으면서 틈새 독서를 하고 인터넷 뉴스 클릭 말고 생협 사이트에 들어가 잊지 않고 현미유 주문하고, 시부모님 생일을 앞두고 미리 선물을 골라 배송하고.

나는 어느 것도 하지 않는다. 아이가 현장 학습 가는 날인지조차 몰라 간식도 안 보낸 날도 많았다. 이 글을 읽는 사람들이 나를 얼마나 게으르게 볼지 얼굴이 화끈거린다. 이왕 나의 사생활을 고발한 김에 더 늘어놓아 보겠다.

아침밥을 하지 않는다. 남편이 아침 준비를 맡고 나는 저녁을 맡는다. 평일 저녁에도 세 식구가 다 같이 모여 밥을 먹지 않는다. 장을 제때 차곡차곡 보며 고기와 채소, 가공 식품을 많이 쟁여두지 않기 때문에 냉장고는 수시로 텅 빈다. 식재료가 많지 않아 식사는 언제나 간소하고 단출할 수밖에 없다. 국은 없다. 일식 일찬 또는 한 그릇 식단. 식구들을 위해 성찬을 차리고 하루 두 끼 이상 얼굴 보며 밥 먹는 시간을 가져야 한다는 가족주의를 위반한 불건전한 행위 같아 뜨끔거리지만 가족과 풍성하게 하는 식사가 우선이냐, 아니면 나의 개인 시간이나 잠자는 시간이 우선이냐고 하면 역시 후자다.

양가 부모님에게는 무심한 딸, 그리고 바빠 보여 연락하기도 꺼려지는 며느리가 되어 버렸다. 부모님은 일주일에 한 번도 연락하지 않는 나에게 섭섭함을 표현하시고 아직도 포기하지 못하셨지만, 그냥 불효녀로 살기로 했다. 얼마 전엔 시어머니 생신 전화를 잊어버리기도 했다. 아차 싶었는데, 남편도 우리 부모님 생신에 전화 한 통 드리지 않음을 기억하며 죄책감을 덮어두었다. 각자 부모는 각자 챙기면 된다고 생각하면서도 그럴 때의 불편함은 왜 언제나 내 몫인지는, 여기서 따지지 않겠다.

육아 용품을 검색하지 않는다. 책은 물려받는 걸로 읽어주거나 친구들의 추천 도서를 적극 취하고, 옷은 마트에서 장볼 때 매대에 파는 걸 저렴하게 사서 입힌다. 아이의 패션을 애써 스칸디나비아 풍으로 세련되게 만들어주지 않으려 한다. 내가 사주지 않아도 장난감은 기관에서, 또 오고 가는 손님들이 주면서 넘쳐난다. 누가 준다면 감사하게 받는다. 그것들을 정리하고 분류하기도 벅차다. 여자아이 키우면서 너무 안 가꿔주는 건 아닐까 싶을 때가 있다. 무릎 부분이 닳아 해지고 엉덩이는 흙이 잔뜩 물든 옷, 작아진 양말, 엄마 손으로 한번 제대로 땋아주지 못해 풀어 헤쳐진 머리칼. 하지만 그것들을 살뜰히 챙겨주는 게 육아를 잘한다고 생각하진 않기로 했다.

퇴근한 남편과 놀지 않는다. 밤늦게 남편이 들어오면 이야기 나누느라고 정작 나의 시간을 가지지 못한다는 친구들의 이야기를 들었다. 남편이 혼자 놀기 싫어서 상대해줘야 한다고도 한다. 아이와 하루 종일 부대끼고 나서 겨우 쉬려 하면 그 다음은 남편 차례인 거다. 나도 남편과 대화하려 애써 노력한 시기가 있었다. 남편과의 대화가 딱히 재미있거나 유익하거나 일상의 피로에서 노곤하게 놀여나는 놀이도 아니었고, 오히려 진지한 이야기를 나누다 보면 싸움으로 번지곤 했는데도 미련을 못 놓았다.

나는 '아내 신화'에 갇혀 있던 게 아니었을까. 남편에게 하루 일과를 다정히 묻고 그를 다독여주는 아내 역할을 한때나마 꿈꾸었다. 남편도 나에게 그래주기를 바랐다. 정서적 교류를 원했다. 그러나 그는 특정 관심사에 치우친 나의 장황한 이야기를 지루해했다. 우린 취향부터 말하기 방식까지도 정반대다. 대화를 시도할수록 소통 불가만 확인했다.

요즘은 남편과 주말에 해야 할 일, 각자 일정, 준비할 생활 용품, 아이의 상태에 대한 확인 등 대화라고 할 수 없는 간단한 '말'을 몇 마디 주고받고 끝낸다. 밤엔 각자 자리에 파묻혀 따로 시간을 보낸다. 감정 소모는 물론 싸움도 줄었다. 이런 모습이 문제일까. 하지만 뱅뱅 돌고 헛발질 하다 미끄러지곤 했던, 대화 같지 않은 대화에 에너지를 탕진하지 않게 되었고 온전히 홀로 몰입하는 밤 시간을 가질 수 있었다. 아이를 9시에 재우고 나면 가지는 나만의 밤은 너무나 달콤하다.

토요일에도 나의 시간을 가진다. 나, 남편, 아이 셋이 하루 종일 같이 집에 있거나 어디를 가서 놀거나 뭘 사먹거나 뭘 해먹으면서 보내기보다는 하루는 남편이 맡고, 하루는 내가 맡으며 보내는 편이 나았다. 아이가 어리기에 같이 있으면 노동량이 줄어서 수월해지는 면은 있다. 그러나 그러다 보면 '쉬는 시간'이 없다.

묻고 싶다. 가족이 다 함께 있으면 좋은가? 진짜 그렇게 느끼나? 나만 힘든 건가? 내게 가족과 보내는 시간은 휴식이 아니다. 결혼하고 아이까지 키우는데 집을 진정 쉼터라 생각하는 사람들은 집에서 무엇을 하는 걸까. 요리와 청소를 안 하면 가능할지 모르겠다. 왜 가족끼리 같이 보내는 문화를 아득바득 만들려고 하는 걸까? 나들이 계획과 준비, 재촉까지, 이 모든 일을 구성원이 공평하게 나누지 않는다면 노동의 연장일 뿐이다.

가족 친목뿐 아니라 친구나 지인들과의 사교 모임도 없다. 술을 마시는 날은 반년에 몇 번 되지 않는다. 강의가 없는 날엔 아이 이외에 아무와도 말을 하지 않고 보내기도 한다. 최소한의 생필품과 식재료, 책 구입 이외에 옷 쇼핑은 일 년에 한 번이 될까 말까 한다. 남편의 옷, 신발, 속옷과 같은 의류를 대신 사주지 않는다. 여자로 보이기 위해 단장을 하지 않는다. 머리부터 발끝까지 씻는 데 걸리는 시간은 5분이 되지 않고 피부엔 딱 하나만 바르거나 생략한다. 매 계절 입는 옷은 3-4벌이다.

어떻게 그 많은 일을 하느냐는 질문에 나의 답은 이렇다. 바빠 보이지만 이런 이유로 바쁘지 않다. 24시간을 철두철미하게 계획해서 빈틈없이 수행하는 특별한 요령도 비법도 없다. 단지 안 할 수 있는 일들을 안 할 뿐이다. 일상에 구멍이 숭숭 뚫려 있는 덕분이고 지극히 무미하고 건조로운 '수도자' 같은 날들을 보내기 때문이다.

단조롭지만 나에게 집중하는 생활이 좋다. 그러나 이것과 별개로 바쁘지 않은 모습에 의무와 책임을 방기한 듯한 자책감을 느낀다. 내가 바쁘지 않기 때문에 우리 가족까지 삭막하게 사는 것만 같다. 스위트홈에 필요한 따뜻함이 감소하는 것만 같다. 내가 더 악착같이 챙기고 관리하면 이보다 더 풍족하고 풍요로워질 것만 같다. 하지만 내 속이 불편할지언정 바쁘지 않음을 추구하려 한다. 잘 관리되는 정상적인 화목함을 버리고 나의 시간을 택하겠다.

여자, 아내, 엄마 지금 트러블을 일으키다

# 잉여력을
# 충전중입니다

당장 마감할 원고를 두고 드라마 보기를 시작해버릴 때가 있다. 10분 시간도 없어 밥 못 먹는다면서 SNS에 접속해 자꾸만 혼잣말을 한다. 잠은 쏟아지는데 노트북 앞에 앉아 의뢰받지도 않았고 출간 예정인 책에 들어가지도 않을 글을 쓴다. 디자인 일에도 글쓰기에도 육아에도 유용할 정보 하나 없는 소설책을 읽는다. 앞으로 쭉쭉 나아가지 못하고 자꾸만 딴짓을 하며 놀고 싶은 욕구를 표출한다.

최근 빡빡하고 성실하게 살았지만, 열정 넘치는 겉모습과 다르게 모든 일을 멈추고 싶은 충동에 자주 휩싸였다. 하루가 만족스러울 줄 알았는데 이상하게 텅 빈 느낌이었다. 컨베이어 벨트 위로 착착 움직이지만 영혼은 이탈해 허공을 떠다녔다.

한동안은 이런 허탈함이 여전히 시간을 더 알차게 보내지 못해서인 줄 알았다. 잡다한 일들을 처리하느라 뭐 하나 진득하니 몰입하지 못하고 허둥대서라고 말이다. 흩어지는 정신을 물 샐 틈 없이 한데 모으기로 했다. 딴. 짓. 금. 지.

35분 집중 모드 10분 휴식을 자동화하는 알람을 걸어 놓고 몸을 기계처럼 움직였다. 10분마다 산만해지려는 정신을 붙잡았고, 화장실 가고 싶은 욕구도 참았다. 오후 3시쯤 되니 그날 해야 할 업무를 모두 끝마쳤다. 와우.

그러나 하루를 30분, 40분 단위로 쪼개며 살다 보면 어김없이 삼일도 못 가 몸이 욱신욱신 아팠다. 꾀병인가, 엄살인가. 자투리 시간 10분도 허투루 보내지 않는 사람들도 많던데 나도 '노오력' 하면 되지 않을까. 그러나 삼일을 계획적으로 살다 보면 꼬박 삼일 간 방전되었다. 암만 해도 안 됐다. 계획적이고 빈틈없는 인간이 되려면 다음 생을 기약해야 하는가.


정확하게 환산해보지는 않았지만 감각적으로는 꽤 많은 시간을 당장 하지 않아도 되는 일들에 몰입하며 보내는 편이다. 몸과 마음을 애써 단속하지 않으면 자기 계발서가 지칭하는 시간 관리와 정반대로 산다. 중요하지만 급하지 않은 일, 중요하지 않지만 급한 일, 중요하지도 않고 급하지도 않은 일 중에서 중요하지도 않고 급하지도 않은 일에 절로 몸이 움직인다.

꼭 알지 않아도 되는 궁금증에 빠져 구글에서 검색 결과를 오십 페이지 넘게 클릭해본다거나, 논문을 찾아 읽는다거나, 관련된 책

리스트를 뽑은 다음 나름대로의 좌표 만들어보기는 내가 즐겨하는 취미 생활이다. 식음 전폐하고 수면을 줄이면서까지 심취하곤 했다. 공부를 이렇게 했다면 '스카이' 대학에 갔을지도 모르고 회사 일을 이렇게 했다면 고속 승진을 했을지도 모르겠다. 한 친구는 그런 열정과 노력으로 부동산 투자를 했다면 진즉에 건물 한 채는 소유했을 거라고 하는데 불행하게도 목표가 확실한 일엔 흥미가 생기지 않았다. 성적이나 돈이나 성공과는 관련 없이 무용하기에 즐길 수 있던 것이다.

자아를 제어하기 어려웠고 역할이 적었던 10대나 20대 초반엔 이런 성향이 극대화되었다. 시험을 앞두고 중요 정보를 콕콕 집어서 외우기보다 엉뚱한 데 열의를 쏟았다. 가령 서양미술사 시험을 준비하며 미켈란젤로가 조각한 '피에타'의 특징만 쏙 뽑아서 외우면 그만인 것을 시험 전날 왜 그걸 따라 정성껏 스케치하고 있는 것인지, 몇 년도에 태어났는지 알면 그만인 것을 왜 미켈란젤로 전기를 읽고 있는 건지. 그러다 보니 나의 시험공부라는 건 언제나 헛다리 짚기였고 그렇기에 분명 열심히 했는데도 노력 대비 성적은 좋지 않았다.

그래도 운이 좋았다. 내가 직업으로 선택한 디자인은 나의 성향과 잘 맞았다. 혼자만의 작업에 몇 시간이고 빠져들 수 있었고 1픽셀, 1미리 디테일에 목숨 걸어도 누구 하나 쓸데없다고 나무라지 않았다. 아이디어를 발전시키기 위해 며칠간 디자인 자료를 샅샅이 뒤져도 시간 낭비한다고 하지 않았다. 디자인을 하려면 수십 개의 아이디어를 내야 했고, 그건 나에게 힘들기는 해도 하기 싫은 일은 아니었다.

글쓰기도 마찬가지였다. 이리저리 생각의 바다를 헤엄치다 보면 글감이 넘쳤다. 한 주제를 정해 관련 자료를 찾아 읽고 다시 나의 관점과 언어로 정리 정돈하는 일은 어렵기는 해도 짜릿하고 뿌듯했다. 글 하나를 완성하고 나면 사우나에서 노폐물을 쭉 빼고 나온 듯이 개운하면서도 노곤했다.

그러나 공통적으로 에너지 효율 면에서 형편없었다. 글을 쓸 때에도 디자인을 할 때에도 시도에 비해 버리는 게 많았다. 일과 일 중간의 예열시간도 한참 걸렸다. 발동이 걸리기 전까지 한없이 굼떴다.


20대일 때, 또 혼자일 때는 괜찮았다. 하지만 직장에서 업무가 늘어나고 결혼을 하고 아이를 키우면서 일상 전체가 삐거덕거렸다. 아이 키우기는 무엇 하나에 깊숙이 빠지는 시간을 허락하지 않았다. 누군가와 내내 붙어 있으면서 3분마다 요구사항을 들어준다는 건, 아무리 귀엽고 달콤하고 사랑스러운 아이라 하더라도 방해처럼 느껴지곤 했다. 아니 피가 쭉쭉 빨려 나가는 듯 어지럼증을 유발했다. 이른 아침이나 늦은 밤, 한두 시간씩 짬을 내는 걸로는 성이 차지 않았다. 친구들을 만나 한풀이를 해도, 기다렸던 택배가 도착해도, 푹 고은 사골 육수와 보약으로 보신해도 내면의 고갈을

여자, 아내, 엄마 지금 트러블을 일으키다

채울 수는 없었다.

아이가 자라고 다시 글을 쓰고 디자인 업무를 시작했다. 집중할 일과 목표가 생긴 건 좋았다. 그러나 예전과 다르게 어떤 일에도 전과 같이 푹 빠져들 수 없었다. 하루를 일사불란하게 짜인 일과표 대로 실행해야 했다. 젠가 게임하듯이 아슬아슬하게 여러 가지 일의 균형을 맞춰 정교하게 쌓아 올리지 않으면 일상도 주변과의 관계도 와르르 무너졌다. 1시간만 멍하니 있어도 일과가 줄줄이 뒤로 밀렸다. 무용함에 빠지고 싶은 욕구를 꾹꾹 억제하면서 하루를 관리하고 계획해나갔다. 당장 급하고, 당장 중요한 일들만을 거침없이 처리해가면서. 방전될 즈음이면 쌍화탕과 영양제로 급속 충전하면서.

목적과 성과가 눈에 보이는 일들을 척척 해치우다 보면 고속도로 위에서 거침없이 운전할 때처럼 유능하게 느껴졌다. 그런데 어쩐지 공허했다. 분명 많은 일들을 해냈는데 성취감은커녕 갈증과 고갈을 느꼈다. 그제야 딴짓의 시간이 준 것이 무언지 알 수 있었다. 계획성 있게 하루를 살아가는 유능함을 얻은 대신 나를 고양시켜주는 영감을 잃어가고 있었다.

그동안 어쩌다 내가 이룬 작은 성과들은 무용함의 심취에 기반했다. 허구한 날 사소하고 쓸데없는 주제에 꽂혀 시간을 보내다 보면 한두 개는 얻어걸리는 법이었다. 새로운 발상을 하려면 효율성과 계획성은 다소 무시되어야 한다.

그러나 자유로운 사색과 헤맴의 시간을 가진다고 해서 그만한 성과가 나온다고 장담할 수는 없다. 운 좋게 성공적인 결과를 불러올 수도 있지만 아니어도 상관없어야 한다. 조바심은 영감의 최대 적이니까. 중요한 건 가시적 성과가 아니라 과정 자체다.

더 이상 부인할 수 없겠다. 두서없는 망상과 무용한 정보 탐색과 목적 없는 책 읽기와 글쓰기는 내 에너지의 원천이다. 시간을 30분 단위로 빈틈없이 관리하며 충족감을 느끼는 사람이 있는 반면, 쓸모없는 일에 푹 빠져 시간을 속절없이 흘려보내면서 자가 충전하는 사람도 있는 것이다. 이건 카페인으로도 보약으로도 안 되는 일이었다.

무용한 일에 빠져들며 충전하는 힘을 '잉여력'이라고 부르려 한다. 잉여력은 살아갈 힘을 준다. 목표와 평가에서 비켜나 나를 다른 어떤 일의 도구가 아니게 해준다. 다른 성과로 환산되지 못한다고 해도 그 시간 속에 아늑한 충족감이 든다면 그것으로 그만이다. 내가 목적만으로 사는 존재가 아님을 알게 해주는 시간이다. 그 시간이 일상 한 부분에 안정감 있게 자리 잡을 때에만 삶은 살 만해진다. 그래서 필사적으로 지켜가려 한다.

자꾸만 소설책을 뒤적거리고 블로그에 글을 끼적거리고 창밖을 쳐다보고 자리에서 일어나 서성이고 싶다면 알아차릴 때다. '노오

여자, 아내, 엄마 지금 트러블을 일으키다

력', 정신력, 체력 말고 잉여력을 충전할 때라고.

# 요가라는
# 습관

"호흡하세요. 하나, 둘, 셋, 넷, 다섯…. 열."

정수리와 양팔로 바닥을 지탱하고 몸을 거꾸로 일으키는 '시르 사아사나(헤드스탠드)'에서 열 번의 호흡을 간신히 마쳤다. 근육이 부들부들 떨리고 목덜미에서 땀이 흥건히 흘렀다. 복부와 허리에 긴장을 늦추지 않고 발을 서서히 떨어뜨려야 하는데 쾅, 오늘도 실패다. 요추부터 경추까지 찌릿한 고통이 밀려왔다. 한참을 아기자 세로 숨을 가다듬으며 온몸을 관통하는 통증을 느꼈다. 다시 도전.

집에서 요가 유튜브를 보며 수련한 지 2년이 되었다. 더디지만 조금씩 늘고 있다. 평생 한 달 이상 꾸준히 운동한 적 없는 내가 매일 10분 이상 요가를 하는 이변을 매일 갱신하고 있다. 억지로 이 악물고 하는 운동이 아니라 몸이 쑤셔 절로 찾는 지경에 이르렀다. 나도 내가 놀랍다.

시작은 친구 J와의 여행이었다. 스물네 살 쯤 지리산 천왕봉을 다람쥐처럼 올라가던 그를 기억한다. 20대 후반에 친구는 미국 유학길에 올랐고 나는 결혼을 했다. 그리고 서른 후반 우린 뉴욕에서 다시 만났다. 더 늦기 전에 함께 여행을 하고 싶어서였다.

우린 뉴욕의 거리를 걷고 또 걸었다. 그런데 몸이 예전과 같지 않았다. 매일 체력 저하로 머리부터 발끝까지 근육통과 피로에 시달렸다. 일주일 여행을 마치고 깨달았다. 여행을 좋아하던 우리는 백발 할머니가 되어도 배낭여행을 꿈꾸어 왔는데 지금처럼 부실한 체력으론 동네 산책도 겨우 할 것 같았다. 집으로 돌아와 제안했다. 같이 운동하자.

우리는 알아서 하라고 하면 결코 하지 않는 위인들이기에 빈틈없는 감시와 훈육이 필요했다. 시간을 정해 카카오톡으로 동시 접속하기로 했다. 둘 다 어찌나 게으른지 안 하고 눈치작전 펼치다가 어물쩍 넘어가고, '저 녀석도 필시 안 했을 터'라며 안도하는 날이 많았다. 우린 영상 통화로 만났다. 세상의 고통 혼자 짊어진 듯 구겨지는 얼굴과 폰으로 들려오는 신음 소리를 같이 감당해냈다. 불안정하고 우스꽝스러운 포즈와 출렁이는 살, 다 늘어난 티셔츠나 꽃무늬 잠옷 바지를 보여줬다. 부끄러움은 던졌다. 그럼에도 포기 않고 계속했음을 자랑하고 싶다. 작심삼일이면 어떠랴. 삼일마다 다시 의지 충전하고 포기하지 않으면 된다. 시공간을 초월한 영상 통화 운동을 1년 동안 함께했다.

자신감이 붙자 둘이서 하던 운동 공동체를 확장하기로 했다. 블로그에 올려 함께 요가 할 사람들을 본격 모집했다. 한 달간 하루 10분만, 주 5일 해보자는 챌린지를 결성했다. 참가자들과 단톡방을 만들며 격려의 메시지를 주고받았다. 효과는 탁월했다. 저마다 짧은 시간이나마 내 몸을 들여다보는 데서 활력을 얻고 목과 허리 통증이 감소한다며 '간증'했다. 운동 한번 꾸준히 해본 적 없이 살았다던 이들은 매일 10분씩 한 달 20회를 채운 성취감에 뿌듯해했다. 참가자는 10명, 20명까지 늘었다.

유튜브 홈트레이닝 영상으로 운동 습관 만들기는 분명 어렵다. 강제성도 없고 내가 잘했는지 잘못했는지 확인할 수도 없다. 나도 혼자 했다면 실패했을 것이다. 그러나 함께하는 시스템을 갖추었더니 내 돈 주고 가서 등록한 운동 시설보다 더 꾸준히 할 수 있었다. 길면 두 시간 이상의 시간을 내야만 하는 헬스장이나 요가원은 못한다는 핑계를 얼마든지 댈 수 있었다. 조금만 바빠져도 안 갈 이유를 찾았다. 그러나 집에서 10분 시간 못 낸다는 건 구실을 댈 수 없다. 카카오톡에 응답하고 인터넷 기사 훑어보면 금방 휘발되는 시간이 10분이다. 스마트폰으로 인터넷 기사 읽고 SNS도 하면서 10분 운동은 못한다는 근거는 너무나 구차했다. 못하는 게 아니라 귀찮아서 안 하는 거라고 밖엔 설명할 길이 없었다. 10분은 시간이 아니라 마음 내기에 달려 있었다.

또한 '홈트'는 내 체력과 시간에 맞춰 할 수 있어서 좋다. 처음부터 1시간 과정에 도전하면 질린다. 무리한 근육 사용에 몸살 나고 자괴감 느낀다. 가장 쉬운 목, 어깨, 다리 스트레칭부터 시작하며 작은 성취감을 쌓아가는 과정이 있어야 한다.

처음엔 10분 동안 스트레칭만 해도 손목부터 발목까지 부들부들 떨리고 기절하듯 잠에 빠졌다. 그러나 6개월이 지나 20분, 30분이 가능해졌고 2년째인 지금은 1시간 빈야사 요가도 무리 없다. 팔굽혀 펴기 하나 못하던 나였다. 지금은 2분마다 무릎과 배를 바닥에 대지 않고 몸을 수평으로 내려왔다 다시 올라가는 '차투랑가 단다아사나'도 거뜬히 해낸다. 대체 나에게 뭔 일이 일어난 건가. 평소 '하면 된다'는 인간 승리나 불굴의 의지와는 멀리 살고 있는데.

예전에 요가원에 다닐 땐 자세 하나를 해도 무조건 제대로 해야 한다, 빨리 성공해야 한다는 조바심이 있었다. 남들은 다 하는데 나만 못하니까 타고난 나의 몸이 문제라고 생각했다. 발전이 눈에 팍팍 보여야 하는데 몸이 의지대로 움직이지 않으니까 금방 싫증이 났다. 그러면서 하루 이틀씩 가지 않는 날이 늘어났고, 결국은 그만뒀다. 안 되는 이유는 간단했다. 그만큼 꾸준히, 오래 하지 않아서였다. 몇 년을 해온 사람과 불과 한두 달 한 사람이 차이 나는 건 당연하지 않은가. 그런데 그 차이를 무시하고 '나는 (원래) 못한다'고 생각했으니, 이건 거저 얻어먹으려는 거였다.

습관 정착을 위해선 매일 조금씩이라도 할 수 있는 강제적 조건이 필요하다. 자신을 너무 믿지 말고 함께할 동료를 구한다. 또 벌금이나 상금을 건다. 사진으로 인증하고 보여주는 행위도 동기부여가 된다. 서로 감시하고 있다는 뜨거운 시선이 몸을 일으키게 한다. 목표를 채웠으면 온갖 SNS를 동원해 마음껏 자랑도 해보자. 유치해도 분명 효과가 있다.

내가 할 수 있는 만큼만 하자. 시도하자마자 바로 되는 자세는 없음을 당연히 받아들이고 하루 1cm씩만 손이 바닥으로 내려가도 다행이란 마음으로 한다.


요가를 하는 이들은 한결같이 요가는 단순한 운동이 아닌 수련이라고 말한다. 근력과 운동 신경을 키우고 몸매를 다듬고 체중을 줄이는 효과는 부차적이다. 아니, 오히려 다이어트는 기대하지 않는 편이 나을지 모른다. 내 하복부는 여전히 출렁이는 살로 가득하다. 땀을 흠씬 흘리고 근육이 타들어가는 여타 운동처럼 드라마틱한 결과를 기대한다면 요가는 적합하지 않을 수 있다.

요가가 가져다주는 극적인 변화는 다른 데 있다. 요가는 오만가지 잡념으로 가득 찬 비대한 자아를 일시적으로나마 비워준다. '전사 자세'나 '나무 자세'로 버티며 바들바들 떨고 있다 보면 집중력을 시험당했다. 조금만 딴생각하면 몸이 와르르 무너졌다. '아사나(요가의 자세)'를 왜 명상이라고 하는지 조금은 알 듯했다. 하나의 자세를 5초 이상 유지하고 있다 보면 주변의 사물이나 상황, 또는 사념에 마음이 빼앗겼는지 아닌지가 극명하게 드러났다. 1분이 1시

여자, 아내, 엄마 지금 트러블을 일으키다

간처럼 흐르는 걸 지켜보아야 했다. 호흡 다섯 번이 그토록 길었던가. 얼마나 온갖 잡념이 끼어드는지 적나라하게 체험했다.

고정 자세로 깊고 느린 '웃짜이' 호흡을 거듭하며 몸에 쌓인 독을 배출하다 보면 정수리가 쨍 하니 깨어났다. 내 몸을 지탱하기 위해 오롯이 집중하는 동안 시공간이 휘어지는 단절을 겪는다. 어딘가에 끝없이 연결되고 접속하고 반응해야 하던 신체는 비로소 진공 상태를 경험한다. 머릿속에 들끓던 열기가 가라앉고 신선한 에너지가 차오른다.

요가를 하며 통증에 민감해지다 보니 내 몸이 겪은 작은 불쾌감을 묵인하지 않게 됐다. 무겁고 축 늘어지고 여기저기 결리는 게 몸의 기본 상태인 줄만 알던 때가 있었다. 몸이 느끼는 긴장감을 이완하기 위해 한번에 5만 원 이상 하는 비싼 등 마사지를 받거나 카페인 같은 약물에 의존했지만 지금은 요가로 깨운다. 아침에 일어나 '수리야나마스카라'를 하며 머리부터 발끝까지 움직이며 예열을 해야 하루를 시작할 기운이 충전된다. 요가를 한 아침과 하지 않은 아침, 오전 3시간의 차이가 극명하다. 15분 시간 내기가 귀찮다는 이유로 굳은 몸을 풀어주지 않은 날엔 오후까지 목과 어깨 결림에 시달린다. 각성하기 위해 커피만 연신 마셔댄다.

좁은 요가 매트 위에 좁지만 넓고 깊은 세계가 펼쳐진다. 몸의 각선미를 돋보이게 해주는 운동복도 근육을 팽팽하게 당겨줄 운동 기구도 월 수십만 원의 개인 트레이닝도 없지만, 5성급 호텔에서의 휴가가 아니어도 그저 내 한 몸 누울 수 있는 작은 공간과 헐렁한 잠옷만으로도 누릴 수 있는 이 극진한 쾌락이 있어서 오늘 하루를 살아갈 에너지를 얻는다.

하고 싶은 일도 많은데 이러다 죽는 거 아니냐며 극단적 시나리오 짜면서 청승 방정 떨고 질질 울던 날이 가끔 떠오른다. 아이 낳고 키우며 수면 부족과 불규칙한 식습관으로 축났던 몸이었다. 계절마다 보약에 두 달에 한 번은 비타민 수액 맞으며 연명하고서도 모자라 감기 몸살, 근육통, 비염, 질염, 인후염을 달고 살 만큼 부실했다. 이렇게 살면 안 된다는 벼락같은 자각이 찾아오던 때 친구와 시작했던 요가가 3년 차에 접어들었다. 오늘도 요가를 한다. 하려고 하는 게 아니라, 안 하려야 안 할 수 없어서.

여자, 아내, 엄마 지금 트러블을 일으키다

# 미라클 모닝
## 못해도
## 인생 안 망해

눈 뜨니까 새벽 3시 반이다. 지난밤 아이 재우다가 8시 반쯤 기절해버렸다. 혼자만의 시간을 가지겠다고 눈꺼풀 뒤집어 까며 일어나던 때도 있었는데 요즘은 의지와 다르게 자꾸만 잠이 든다.

일찍 자니 일찍 눈 떠지는 건 좋은 징조다. 새벽 시간의 고요한 집중을 놓칠 수 없어 바로 몸을 일으켰다. 스트레칭으로 굳은 근육을 주물러주고 보리차 팔팔 끓여 한잔 마시고 노트북 앞에 앉았다. 새벽의 신선한 기운은 글쓰기에 안성맞춤. 간만에 접신해서 일필휘지로 3시간 만에 글 하나 썼다.

새벽에 온전한 나의 시간을 가지면 하루가 27시간으로 늘어난 듯 든든하다. 왜 다들 밤이면 밤마다 인터넷 보느라 눈 벌게지다 자정이 훌쩍 넘어 잠들면서 후회하고, 아침엔 찌뿌둥하게 일어나면서 미련하게들 사는지. 다 마음먹기에 달렸는데 왜 이 쉬운 걸 못해. 십년은 그렇게 살아온 사람처럼 새벽 루틴을 찬양했다.

그런데 출근길 운전대를 잡는 순간 피곤이 몰려왔다. 간밤에 7시간은 잔 거 같은데, 이 정도면 성인 적정 수면 시간일 텐데 왜 졸릴까. 카페에 들려 뜨거운 라테 한잔 마셔도 잠이 깨지 않았다. 오전 오후 연신 하품만 쏟아졌다. 잠깐 의자에 앉아서 눈 좀 붙일까 싶으면 띠링 띠링 따르릉 알람에 전화에 쉴 수 없다. 저녁에 아이 밥 먹이면서 감기는 눈을 주체 못했다. 녀석이 밥 먹다가 돌아다닌다거나 양치 안 하겠다고 조르르 도망 다니면 이 한번 악물고 말 것을 못 참고 소리 질렀다.

한껏 자신만만하던 나는 어디 갔나. 새벽 기상은 어쩌다 가능해도 지속하지 않았다. 무라카미 하루키처럼 4시에 일어나 서너 시간 글쓰기에 집중하고 청량한 공기 맞으며 달리기하고, 밥 먹고 낮잠 자고 쉬다가 책 읽다가 음악 들으며 사는 삶을 꿈꾸지만 나는 새벽 글쓰기에 집중해도 나머지 하루 동안 긴장을 풀 수 없는 생활인이다. 디자인 작업을 하거나 강의를 다니고 메신저와 이메일 응대를 실시간으로 해야 하는 2라운드, 그리고 한시도 가만히 있지 않는 아이와 보내야 하는 3라운드가 기다리고 있다.

아이를 재우고 난 밤이 적절할지도 모르겠다. 그러나 새벽형 인간도 못 되지만 올빼미도 아닌 모양이다. 각종 업무와 육아로 오전 오후를 빡빡하게 보내고 나면 밤에는 육신의 진액이 다 빠져나갔다. 생산성과 집중력이 현저히 떨어져서 멍하니 인터넷 뉴스만 클릭했다. 정신 차려보면 자정.

두 번째 책을 운 좋게 계약했지만 마음이 무거웠다. 첫 번째 책을 쓸 때와 다르게 확 늘어난 사회활동 탓에 글쓰기는 우선순위에서 수시로 밀렸다. 글쓰기 시간을 내기 위해 온갖 방법을 시도했다. 운동 1시간, 글쓰기에 4시간. 업무에 5시간. 아이와 집안일에 5시간. 하루 7시간의 수면, 1시간의 이동시간 및 휴식으로 24시간을 분할했다. 아침 6시에 일어나서 스타벅스로 7시에 출근, 오전 10시까지만 글 쓰는 일을 매일 하면 석 달 안에 초고가 나올 것 같았다. 이론상 완벽했다. 그런데 그렇게 되지 않았다.

두 아이를 키우고 전일제로 근무도 하면서 '미라클 모닝' 하는 사람들도 많은데 왜 나는 못 할까 한심했다. 일상의 변수를 통제하지 못하고 이리저리 휘둘리고 허겁지겁 구멍 막으며 사는 내가 무능력하게 느껴졌다. 일찍 일어난 날엔 피곤하고 늦게 일어난 날엔 패배감에 젖었다. 내 정신은 나약한가. 대체 어떻게 시간을 낼 수 있을까. 과연 그 시간을 만들 수 있을까.


아무리 애를 써도 안 되는 거라면 그때는 질문을 바꿔야 한다. 안 되는 걸 계속 묻는 건 어리석으니까. 혹시 시간을 내야 한다는 압박이 나를 더 괴롭게 하는 건 아닐까. 하루를 매끄럽고 간결한 시간표대로 살 수 있을 거라는 환상에 나를 가둔 건 아닐까. 매일 역량과 체력의 한계를 갱신하며 나를 꽉꽉 눌러 짜내며 최고의 생산성을 뽑아내는 능력자가 되고 싶었다. 그렇게 보이는 이들을 선망했다. 자신을 닦달했다. 그러나 어떻게 해도 도달할 수 없는 고

지였다.

　다시 묻자. 왜 그렇게 살아야 하지?

　해 뜨기 전 일어나면 좀 더 많은 일을 능률적으로 할 수 있을 것이다. 그러나 조금 늦게 일어났다고 해서 그렇게 망하지도 않는다는 걸 내 40년 인생은 증명하고 있었다. 매일 새벽에 일어났다면 이미 유명 작가나 억대 연봉의 직장인이 되었을지 모르겠지만, 지금도 그럭저럭 살 만은 했다. 매일 아침 3시간씩 글을 쓰면 3개월 만에 책을 만들지도 모르겠지만 그러지 못해서 1년 동안 초고만 쓰고 있는 것이 못마땅하긴 해도 완성마저 못하지는 않을 것이다. 대단한 성과를 못 만들 뿐이지 안 하는 건 아니었다.

　나는 기계가 아니었다. 똑같은 시간이 주어져도 그 시간의 결과 질은 일정할 수 없었다. 일 하다가도 글감이 생각나기도 했고, 집중해서 글을 쓰고 나면 데워진 열기가 몸에 오래 남아 있었다. 슬픈 글을 쓰다 보면 몸은 종일 슬픔에 젖어 있고 웃긴 글을 쓰면 기분이 상승되었다. 당연히 다음 작업을 수행하는 데 지장이 생겼다. 일과를 5시간씩 칼같이 분할한다고 해도 신체는 그렇게 따라주지 않았다.

　미라클 모닝은 한정된 시간과 체력 자원에서 최대한의 결과를 뽑아내는 시간 관리 기술이다. 신체에너지가 높은 새벽과 아침에 압축적으로 활동함으로서 효율을 높인다.

그러나 그렇게 아침에 기운을 쓰고 나면 오전과 오후 내내 후달렸다. 종일 분배해야 할 에너지를 너무 미리 당겨쓴 탓이다. 밤 9시부터 새벽 4시까지 자는 패턴과 밤 10-11시부터 6-7시까지 자는 패턴 중 선택해야 한다면 나는 후자가 맞았다. 비슷한 시간을 자도 낮 동안 감각하는 체력과 집중의 차이가 달랐다. 7시에 일어난 날, 나에게 더 상냥해질 수 있었다.

이런 내가 할 수 있는 건 아침에 더 많은 일을 얹는 것이 아니라 시간의 쓰임 자체를 다르게 하는 일이었다. 글쓰기를 일과에 넣기 위해서는 졸음을 참아가며 밤이나 새벽 시간을 만들어낼 요량이 아니었다. 차라리 다른 일을 빼고 넣어야 했다. A+B+C로 구성된 12시간이 있다면, 글쓰기라는 3시간을 추가해서 15시간을 살 일이 아니라 B를 글쓰기로 바꿔야 했다. 그리고 이건 미라클 모닝보다도 과감한 결단을 필요로 했다. 없던 시간을 만들어 내거나 시간을 압축적으로 사용해서 효율과 생산성을 높이는 방식이 아니라 생활의 우선순위와 구조를 바꾸는 방법이었다. 나아가 삶의 가치관과 태도의 변화까지 요구했다. 돈 안 되고 성과 보장 없고 시간만 드는 글쓰기를 다른 일과 바꾸어야 하는 것이다. 더 많이 하기가 아니라 과감히 포기하기를 선택해야 하기에 내가 살아가면서 무엇에 중점을 둘지를 기어코 대면해야만 했다.

꽉 짜인 생활 계획표를 지키지 못하는 나를 책망하기보다 자신에게 좀 더 관대해지기로 했다. 밤엔 생산이 아니라 이완을 하기로 했다. 소설책을 읽거나 음악을 들으며 긴장을 풀었다. 아침 기상은 몸의 컨디션에 맞춰 그때그때 조절했다. 아이와 함께 일찍 잠들어도 6시 이전에 일어나지 않았다. 잠이 깨서 또랑또랑 눈이 떠지더라도 그냥 누워 있었다.

원고가 급할 땐 오전의 2시간을 덜어내어 글쓰기에 먼저 힘을 할애했다. 내가 가장 좋아하는 일에, 가장 창의력을 쏟고 싶은 일에, 가장 힘이 들어가는 일에, 먼저 집중했다. 그래서 하루 종일 일에 쫓겼을까. 오히려 새벽 4시부터 시작했던 하루보다 상쾌하고 여유롭게 느껴졌다. 늦은 기상으로 인한 체력 보충 때문이었을까. 아니면 글쓰기가 준 쾌감 때문이었을까. 그것도 아니면 글쓰기라는 마음의 짐을 미리 덜어낸 덕일까. 다음 업무 처리에도 홀가분하게 집중할 수 있었다.

미라클 모닝에 실패했다. 최고의 생산력을 뽑아내지 못했다. 그러나 나에게 적합한 생산력을 찾는 방법은 조금 알 것 같다.

여자, 아내, 엄마 지금 트러블을 일으키다

오늘은 이만
전원을 끕니다

두통이 사정없이 밀려왔다. 노트북 안으로 들어갈 정도로 열중하
여 목이 경직되어 있었다. 몸에 들러붙어 있던 스트레스가 빠져나
가지 않은 상태에서 집에 온 아이를 보아야 했다. 뒤통수가 지끈거
렸고 팔다리는 휘청였다.

아이와 함께이지만 뇌의 신경 한쪽은 스마트폰이나 노트북으로
향해 있었다. 아이가 하는 말에 건성으로 대답했다. 배고픈 아이에
게 간식을 챙겨주지 못했다. 당장 답해야 하는 메시지나 메일이 시
급했다. 아이는 나를 찾은 지 한참인데 내 눈은 노트북에 매여 있
다. 아이가 화를 낸다. "엄마! 내 말 안 들려?"

재택근무는 이런 거다. 일과 육아, 집안일이 분리되지 않는다.
뇌가 세 조각으로 쪼개져 작동해야 하지만 대체로 뒤엉키다 누전
되고 만다. 직장으로 출퇴근 하더라도 집에 업무 처리를 싸안고 오

는 게 다반사라지만 '퇴근'이라는 물리적 분리가 주는 홀가분함이 있다. 그러나 재택근무는 단절이 아예 없다. 물리적으로 분리가 안 되는 만큼 실시간 대기 상태로 살아야 한다. 밥 먹고 잠자고 아이와 이야기를 나누는 모든 공간에서.

스트레스 받는 건 아이만이 아니었다. 내가 힘들었다. 아이에게 집중해주지 못하는 미안한 마음과 별개로 자꾸만 나에게 짜증이 올라왔다. 뭘 해도 조바심 나고 불만족스러웠다. 메일에 답해야 하는데 아이는 부르고 메신저로 피드백을 재촉하는 와중에 전화까지 올 때면 폭발했다. 울며 매달리는 아이를 외면하고 간신히 전화를 끊은 어느 날, 핸드폰을 바닥에 내던졌다. 그리고 무선 인터넷 어댑터의 전원을 꺼버렸다. 내 손도 잘 안 닿는 곳으로 핸드폰을 올려놓은 뒤 오디오에서 음악을 틀었다. 아무것도 하지 않고 음악만 들어본 적이 얼마 만이던가. 아이와 같이 흥얼흥얼 따라 불렀다. 눈을 감았다.


가끔 아무도 나를 모르는 곳, 아무와도 연결이 되지 않는 곳으로 가고 싶다는 상상에 빠진다. 멀티 플레이가 불가능한 곳. 머릿속 신경 한 다발이 스마트폰이나 인터넷에 종일 주렁주렁 매달려 있는 채로 살지 않아도 되는 곳. 거창하게 전원까지 끄며 결의를 다지지 않아도 되는 곳. 오로지 지금 이 순간에만 집중하면 되는 곳. 다른 무엇으로 끝없이 주위가 분산되지 않아도 되는 곳.

여자, 아내, 엄마 지금 트러블을 일으키다

지구상에 있을까. 있더라. 실제 체험해보았다. 3년 전 뉴욕에 갔을 때였다. 당시 뉴욕에 살고 있던 L과 워싱턴에서 온 J을 만났다. (J는 현재 요가를 같이 하고 있는 그 친구다.) 뉴욕 여행을 짧게 하고 우리들은 비행기 2시간 거리의 쿠바 아바나로 함께 떠났다.

쿠바에서 인터넷을 사용하기 위해서는 1시간짜리 카드를 구매한 뒤 지정된 공공장소에 가서 접속해야만 했다. 상시 접속은 불가능했다. 1시간에 2달러였으니까 쿠바 물가에 비하면 비용도 매우 비쌌다. 게다가 카드를 구매하기 위해선 찌는 듯한 적도의 태양 아래에서 한 시간 이상 줄을 서야 했는데, 오후 4시 반이면 문을 닫아버렸다. 겨우 구매한 카드를 매일 10분 정도만 사용하며 아껴야 했다. 구글 맵을 사용할 수도 없었고 가족과 수시로 연락을 주고받을 수도 없었다. SNS에 나 지금 어디 있다는 자랑을 할수도 없었다.

아바나의 말레콘에서였다. 우리에겐 희귀해진 유물, CD 플레이어로 음악 듣는 젊은이들을 보았다. 모두가 스마트폰에만 고개 처박고 있는 풍경 속에 살다 그저 거리를, 바다를, 하늘을 보며 멍하니 있는 모습을 보았다. 기술의 진보와 무관하게 그들이 가진 고독의 시간이 부러웠다. 무언가를 끝없이 보고 응대하지 않아도 되는 시간을 가질 수 있음이 지독하게 낯설게 와닿았다. 친구와 나는 접속 느린 인터넷에 분통 터지며 페이스북에 동영상 하나 올려 보겠다고 난리 치고 있었는데.

인터넷이 아예 안 되던 그곳에서 여행의 시간은 참으로 느리게 흘렀다. 전 같으면 가는 곳마다 사진 찍어 SNS에 올리고 '좋아요'와 '공감'을 확인하곤 했을 텐데 그런 행동이 원천 봉쇄되니 시간이 남다 못해 넘쳐흘렀다. 자투리 시간이 생길 때마다 지루할 틈 없이 자극을 주던 스마트폰이 사라지자 이상한 변화가 나타났다. 시간이 또박또박 흘러갔다. 진짜~실시간과 멀어지면서 내 눈앞에서 펼쳐지는 '실시간'을 온전히 느낄 수 있었다.

숙소에 돌아와 쉴 때면 책을 읽었다. 2시간씩 느릿하게 식사를 했다. 아침에 눈 뜨면 스마트폰 보기가 아니라 스트레칭부터 했다. 15년 지기인 친구와 11년 만에 참으로 오랜만에 긴 이야기를 나누었다. 우리가 보낸 여유는 이방인이기에 누릴 수 있는 오만한 낭만이자 사치였을 것이다. 그러나 평소 해변이 펼쳐진 휴양지에 가서조차 업무 메일 확인하고 인터넷 기사 읽고 수시로 가족, 친구와 연락을 주고받던 경험에 비하면 너무나 다른 체험이었다. 쉼이 뭔지 비로소 상기하게 됐다.

아이 재우다가 새벽에 깨면 스마트폰부터 열곤 했다. 인스타그램에 들어가 피드를 훑었다. 남편도 마찬가지였다. 열두 시에 퇴근한 남편은 씻지도 않고 어두운 거실의 의자에 앉아 눈 하나 깜짝 안 하고 멍하니 스마트폰만 바라보곤 했다. 우린 말했다. '가만히 놔둬. 쉬고 싶어.'

그런데 우린 쉬어야 한다면서도, 제발 쉬고 싶다고 애타게 말하

여자, 아내, 엄마 지금 트러블을 일으키다

면서도, 쉬는 법을 모르게 되어 버린 건 아닌가. 쉬는 거라면서 하이퍼링크를, 새로고침 버튼을 끝없이 눌러댄다. 한시도 못 참고 메시지를 주고받는다. 시각적 자극에서 한 발도 못 벗어나고 눈을 고정시키고 있다. 하루 종일 회사에서 보고 온 모니터를 집에 와서 다시 켠다. 몸을 움직이지 않는다고 해서 쉬는 건 아닌데도 신체활동을 멈추면 단지 쉬는 거라고 착각한다. 아무도 없는 곳에 있고 싶다고 말하면서도 스마트폰을 끊지 못한다. 엉켜들어 누전되고야 마는 회로 속으로 자발적으로 들어간다.

언제나 대기·접속 상태로 있어야 하는 일상은 불행하다. 업무와 일상이 뒤섞이는 생활이 불가피하더라도, 일하고 쉬는 시간과 공간을 칼같이 분리할 수 없다고 해도, 기어이 단절하고 싶다. 쉴 새 없는 접촉과 연결에서 벗어나고 싶다.

쉰다는 건 느려짐이고 지루함이다. 반응과 응대에서 벗어나는 일이다. 고독해지는 일이다. 나 자신을 증명하고 드러냄에서 벗어나는 일이다. 바로 옆 사람과 현재를 나누는 행위다. 쉼은 절로 만들어지지 않는다. 쿠바까지 가진 못하니까 내가 할 수 있는 일을 하기로 한다. 오늘은 이만 전원을 끈다.

5장

온전히 불완전해질
자유가 필요해

# 말보다 글이
# 편한 이유

블로그나 〈오마이뉴스〉에 연재했던 글을 한참 후에 읽다 보면 가슴 철렁하다. 나의 경험과 생각을 적은 에세이인데도 글 쓴 사람이 내가 맞는지 가끔 낯설다. 우물쭈물 얼렁뚱땅 사는 나는 없고 단호함과 결기로 가득 찬 사람이 있다. 그럴듯한 계획과 결심은 얼마나 남발했는지. 편견에 찬 투덜이는 어디가고 공명정대의 화신으로도 돌변했다. 아, 나 또 책임지지도 못할 글을 썼구나.

그래서 지인들로부터 내 글을 읽어보았다는 연락을 받으면 얼굴이 화끈거린다. 몰래 나쁜 짓 하다 들킨 것 같아서. 평소엔 글만큼 말을 잘하지 못해서. 때론 글과 딴소리를 해서. 문체와 말투가 달라서. 글 쓰는 인격과 말하는 인격이 따로 노는 것만 같아서. 앞에선 말 못하는 주제에 집에 와서 '열폭(열등감 폭발)'하는 '키보드 워리어(키보드로 전쟁을 치르듯, 인터넷에서 말을 거침없이 하는 사람이란 뜻의 신조에)'가 된 것만 같아서. 그 사람 나 아니라고 발뺌하고 싶어진다.

나는 말하기보다 글쓰기를 좋아한다. 글쓰기가 쉽다는 말도 아니며 자랑하는 말도 아니다. 단지 말보다 글이 생각을 더 명확하고 정확하게 전달할 수 있다고 믿는 점, 또 얼굴 대면보다 문자 전달이 편하다는 점 때문이다.

말하기나 글쓰기나 자기표현이라는 면에서 비슷하지만 상당히 다른 구조를 지닌다. 글은 심사숙고하며 고친 끝에 전달될 수 있지만 말은 글보다 즉흥적이다. 정해진 원고에 따라 읽는 경우도 있지만 원고를 넘어서는 생동감 있는 말하기가 필수다. 청자의 반응에 따라 실시간으로 내용과 흐름을 바꾸는 순발력도 요구된다. 단순수다를 넘어선 말하기는 그래서 어렵다. 생각이 자꾸만 미끄러지고 명료한 단어를 선택할 시간도 부족하다. 할 말 다 못한 채 찝찝하게 끝나버리곤 한다.

글은 여러 차례 수정된 결과물이다. 비공개 일기나 140자 제한의 SNS 글쓰기를 제외한 최소 500자 이상의 공적 글쓰기는 그렇다. 주제를 정하고 단락을 채우고 살을 붙이고 단어와 문장을 매만지기를 반복한다. 두서없이 엉킨 생각의 갈래가 한 단어, 한 단어 제 모습을 찾아가며 또렷해진다. 내가 모르던 사실도 글을 쓰며 정리해갈 수 있다. 그래서 말이 막힐 때마다 글로 도망쳤다. 글에선 원 없이 말할 수 있었다.

여자, 아내, 엄마 지금 트러블을 일으키다

말하기엔 발화자의 몸짓, 목소리, 태도가 반영된다. 발화자의 매력에 따라 똑같은 내용도 다르게 전달된다. 그 점이 말하기를 글쓰기보다 '덜 치밀하게' 만들어주기도 하지만 글쓰기보다 더 많은 에너지를 요구하기도 한다. '온몸'을 동원해야 하고 상대와 실시간으로 소통해야 한다. 그런 이유로 말하기를 오래 할 때 소진되는 기분을 겪는다. 진이 빠지고 머릿속이 새하얘지곤 한다. 다급하게 말을 지어내려다 중언부언한다. 말을 많이 하는 직업을 가지지 않아서 참말로 다행이라 생각한다.

반면 나에게 글쓰기는 '충전'이다. 말할 때 상대의 눈치를 살핀다면 글을 쓸 땐 세상 무섭지 않고 거침없다. 얼굴, 목소리, 행동을 전면에 드러내지 않고 또 하나의 인격을 '창조'할 수도 있는 글쓰기는 나의 안식처다. 누구의 방해도 받지 않고 커피를 홀짝이며 차분히 글을 쓸 때면 좋은 사람이 되는 것만 같다. 오롯이 나에게만 집중하는 시간 속에 나는 가지런해진다. 말하기가 에너지를 발산한다면 글쓰기는 에너지를 모은다.

문제는 말과 글 사이의 간극이다. 생각이 말로 줄줄 나오고 말을 받아 적으면 그대로 글이 되면 좋겠다는 생각을 자주 한다. 말을 구성지게 잘해서 받아 적으면 입말이 살아 있는 글이 되기도 하고, 말 자체가 문어체라 옮기면 고스란히 문장력 넘치는 글이 되는 사람. 글을 읽으면 그 사람의 육성이 들리는 경우. 참으로 부럽다.

"사는 만큼만 쓸 수 있다"고 어느 시인은 말했다. "한 단어, 한 단어 쓸 때마다 생각을 언어화하고 언어는 다시 사고를 조정하면서 삶이 달라져 간다"고 어느 소설가는 말했다. 고개를 끄덕이면서도 글과 말 사이, 그 사이에 붕 떠 있는 삶을 수시로 실감한다. 생각나는 대로 내뱉는 말. 그래서 글이 되지 못하는 말. 잘 쓰고 싶은 마음에 말을 살려내기는커녕 말의 생생함조차 죽여버리는 글. 내가 그 사이 어딘가에 있는가 싶어서.

말과 글 사이가 먼 이유는 아마도 아직 내 안에 쌓인 내용이 부족하고, 그래서 술술 말이 나오지 않아 곧바로 글이 되지 못하기 때문일 것이다. 그만큼 생각이 덜 익었다는 증거일 터다. 글을 잘 쓰고 싶은 욕심이 앞서 설익은 내공을 매끈한 문장으로라도 만회하려 하기 때문일 것이다.

어떻게 써야 할까. 그저 궁리하고 연습한다. 간극을 조금이라도 메우기 위해 '생활 밀착형' 글쓰기를 지향하는 건 나의 비루한 전략이다. 매일 피부로 부딪치는 일상과 다소 먼 사안에 대한 '논평'은 가급적 지양하려 한다. 부족한 지식이 드러날까 염려스럽고 무엇보다 내가 어떤 사안을 거리 두며 비판할 만큼 '떳떳이 살고 있는지' 자신이 없어서다. 그래서 어떤 주제의 이야기를 쓰더라도 내 삶에서 만나는 지점을 언급하려 한다. 공적인 글쓰기에서조차 자꾸만 일기라는 오해를 받으면서도 내 이야기를 뺄 수 없는 이유다. '너는 네가 쓰는 만큼 살고 있어?'라고 묻는다면 반격할 최후의 변명거리라도 마련하려고.

삶을 좋게 포장하고 싶은 욕심, 글 안에서 좋은 사람이 되고 싶은 의욕은 잠복해 있다가 수시로 치고 나온다. 글을 쓰다 보면 자꾸만 나의 현 상황보다 바람이나 포부를 적게 된다. 나란 사람이 자꾸만 부풀려진다. 경계해야 함을 알면서도 유혹을 느낀다.

글도 말도 그 사람의 인격이 고스란히 드러날 수밖에 없다면, 간극을 감출 수 없다면, 이래나 저래나 떳떳할 수 없다면, 차라리 '대놓고 부끄러워지기'를 선택하는 것도 차선책이다. 나의 어설픔과 부족함을 글로 밑밥 깔아둔다. 그리하여 누군가 내 입술의 망설임과 버벅거림을 알아준다면 그것만으로도 반절 성공이다. 말하기와 글쓰기 사이의 자아 분열을 겨우 만회한 셈이다.

그럴듯하게 완결된 글쓰기의 유혹을 느낄 때마다 다짐한다. 글로 거짓말하지 말자. 글 안으로 도망친다 해도 쓴 글에서 도망칠 수는 없다.

# 온전히
# 불완전해지기 위해
# 쓴다

아이를 재우고 나온 시간 밤 9시 15분. 낮에 잔뜩 마신 커피 때문인지 오늘은 애 재우다가 같이 잠들지 않았다. 거실로 나오자 발바닥에 들러붙는 과자 부스러기, 수백 개의 레고 조각, 허물처럼 남겨진 옷가지들, 아이가 정성스럽게 오려 산산조각이 난 전단지의 잔해들, 아침부터 쌓아둔 설거지 더미가 나를 반긴다.

그러나 한 줌 남은 에너지를 청소에 쓰지는 않기로 했다. 설거지까지 하고 나면 기진맥진해질 터. 식탁 위의 빈 그릇, 책자, 아이의 인형, 휴지 뭉치들을 한쪽으로 밀어내고 노트북을 켠다. 글을 써야 한다. '-야 한다'인 이유는 나의 글쓰기는 시간 나면 하고 아니면 마는 여가 활동이 아닌 오늘, 반드시, 해야 하는 일이기 때문이다.

차가운 맥주 한 잔이 잠시 당긴다. 그러나 글 쓰며 매일 한잔씩 하던 맥주도 끊었다. 머리가 몽롱해지고 몸에 기운이 빠져서다. 따뜻

여자, 아내, 엄마 지금 트러블을 일으키다

한 물 한 잔 옆에 두고 한 줌 남은 에너지를 쥐어 짜내며 집중한다.

왜 이렇게라도 써야 할까. 안 쓰면 그만인데. 맞다. 안 쓰니 어찌나 편하던지 시간이 남아돌았다. 세상 간편했다. 그런데 어느 날이었다. 모처럼 고요히 집중해서 기어이 한 편을 완결했다. 기운이 쭈욱 빠졌다. 다음 날 쓴 글의 여파로 명치가 욱신거렸다. 울렁거리기도 했다. 그러나 기분이 좋았다. 누군가를 설득하기 위해서도 아니고 뭘 알려주기 위해서도 아니고 나를 위해 쓰는 글이었다. 우글거리는 분노. 득실득실한 환멸. 엉킨 채 눅눅해지는 불만. 꾹꾹 눌러두다가 짓무르는 결핍. 그런 것들을 열어젖힌다. 파낸다. 냉동실 안에 비닐로 꽁꽁 뭉쳐진 화석화된 식량을 꺼내 가차 없이 분해하는 것처럼 이게 뭔가 까뒤집어 본다. 역해 들여다보기 싫더라도 정체를 알아야 구분할 수 있으니. 버릴 것과 가질 것을.

〈엄마 되기의 민낯〉을 쓸 때 글쓰기의 원동력은 절박감이었다. 이걸 쓰지 않고서는 한 발짝도 앞으로 갈 수 없다고 생각했다. 아이 낳고 나에게 벌어지는 사건의 정체를 알아야 했다. 매일 겪는다고 뭔지 아는 건 아니었다. 다급했다. 다들 시간이 약이라고 한 만큼 분명 지금의 어려움은 한시적일 테다. 그건 다시는 이 경험을 고스란히 살리는 글은 쓰지 못할 거란 얘기이기도 했다. 기억은 기어코 희미해진다. 육아를 '할 땐 힘들지만 지나고 보니 기쁜 일'로 쉽게 회상해버리고 말 터였다. 그리고 누군가에게 똑같은 말을 반복하겠지. '그냥 버티라'고. '어쩔 수 없다'고.

내가 몰랐다고 남들도 모르게 두는 건 미리 겪은 자의 직무유기다. 왜 힘든지 알고 버티는 것과 모른 채 눈 막고 귀 닫고 버티는 건 다르다. 고통이 감각에서 달아나기 전에 악착같이 붙들고 써야 했다. 못 쓸 거 같은 글, 써도 될까 수도 없이 망설인 글을 속을 박박 긁어내 썼다. 나쁜 짓 앙큼하게 저질러놓고 시치미 뚝 떼는 것처럼 짜릿했다. 감추거나 잊고 싶은 기억을 드러내고 나면 몸살이 나서 끙끙 앓기도 했다.

글을 쓴다고 육아가 수월해지지도 않았고 갑자기 육아는 행복이라고 외치게 된 것도 아니었다. 그러나 최소한 삶의 주도권을, 엄마라는 이름으로 강요하는 사회의 기준이나 남들의 평가에 내어주지 않게 된 것 같다. 내 삶을 나의 언어로 구성하게 되면 휘청이더라도 무너지지 않을 수 있다. 나를 인정하면서 앞으로 걸어갈 수 있다.

지금 나에겐 무엇이 절실한가. 여전히 풀지 않은 실타래가 남아 있다. 한번 쓴 글로 해소되는 거였다면 이미 성불했을 거다. 우악스럽게 토해냈다 해도 검열과 타협은 시도 때도 없이 작동했고 어느 지점에선 슬쩍 덮였다. 엄마, 아내, 여자로 살며 느끼는 불편과 혼란을 글로 쓴다는 건 주변과의 불화를 작정해야 하는 일이었다. 남편, 또는 부모, 심지어 자식이 커서 읽을까 눈치 본다. 어느 사회

여자, 아내, 엄마 지금 트러블을 일으키다

적 역할보다 친밀성에 기대는 위치가 이 자리다. 주어진 역할에 만족 못한다는 건 그만큼 가까운 이들에게 상처로 여겨진다. 진심으로 내 글을 가족들이 읽지 않길 바란다.

사람들이 '엄마다움, 여자다움, 아내다움'에서 벗어난 행위를 참지 못한다는 것도 알았다. 고단함을 고스란히 겪어본 당사자가 아니고서는 대체로 불편해한다. 그래서 내 글은 적극적인 공감, 아니면 반대, 부인이라는 극단적인 반응을 받아왔다. 무시하면 그만이긴 하다. 그런데 그냥 넘어갈 수 없는 것도 있다.

"그래도 아내로 엄마로 살며 행복할 때도 많다. 너무 부정적이다. 이 정도는 아니야."

같은 여성에게 이런 이야기를 들을 때면, 좀 혼미해진다. 타협하지 않은 글을 쓰고 싶지 않았지만, 타협에의 욕구가 치민다. 마지막에 "그래도 보람된다"고 한마디만 보탰으면 이런 비판을 피할 수 있었을 텐데. 저런 목소리는 내 안에서도 꾸준히 들려왔다. 때론 숙이고 타협했다. 적절한 중심을 잡고, 적절한 방법을 제시하고, 상대의 처지까지 굳이 기술하며 헤아리려 애쓰고, 아이에 대한 사랑이나 남편에 대한 고마움을 한 문단 정도 깨소금처럼 가미하고. 유익한 방법도 남겨주고. 이렇게 해보면 해결된다고.

지나고 보니 후회스럽다. 편협할지라도 내 관점과 입장을 더욱 밀어붙여야 했다. 되지도 않은 이해심을 어설프게 그려내기보다 차라리 삐뚤어져 보이는 게 나았다. 한계를 만나기 싫어 적당한 곳에서 멈추면 애매하게 남은 부분이 찝찝하게 따라다닌다. 또한 방법을 제시하는 글은 촌스러워진다. 애초에 방법이란 특정 시기, 특정 조건에 해당되는 경우가 많다. 보편적으로 적용하려면 그만큼 둥글어져야 한다. 누가 읽어도 거부감 없이 받아들여져야 하기에 자꾸 올바른 소리만 하게 된다. 바른말 대잔치인 훈사 같은 글은 독자의 질문을 원천 봉쇄한다.

어떤 글을 쓸 건가. 그리고 왜 쓰는가.

결혼하고 애 낳은 여자는 역할이 자신을 압도하는 무게와 긴장 속에 살아간다. 헛발질하지 않기 위해 조심조심, 엉클어지는 하루를 가다듬으며, 정신 차리자며 고개를 세차게 흔들어대면서, 끝나지 않는 타협, 포기, 봉합, 협상, 계획의 쳇바퀴를 돌린다.

글 쓸 때라도 눈치 보고 싶지 않다. 점검하고 싶지 않다. 무엇이 되어야 한다, 어때야 한다고 환청처럼 들리는 목소리로부터 자유롭고 싶다. 망가지고 싶다. 이기적이고 싶다. 뾰족해지는 나를, 자꾸 어긋나고 싶은 나를, 고스란히 드러내고 싶다. 마음껏 위태로워지고 싶다. 읽는 이를 안심시키기보다 동요시키고 싶다. 정답을 쓰라는 시험지를 갈기갈기 찢어버리고 싶다. 글에서라도 온전히 불완전해질 권리가 우리에겐 있다.

# 짬짬이
# 느리게 깊숙이
# 책 읽기

탐나는 글을 만났다. 촘촘하게 배열된 단어와 문장을 뚫어져라 보았다. 소리 내어 읽어보았다. 노트에 필사했다. 서론부터 결론까지 빈틈없이 이어지는 논리, 군더더기 없이 핵심만 칼처럼 찌르는 문장을 내 몸에 부착하고 싶었다. 그러나 이내 좌절한다.

아무리 많이 쓰고 많이 읽어도 따라갈 수 없는 경지가 있다. 저자의 손에 고인 땀과 긴장이 고스란히 흰 여백에 배어 있는 글. 예리한 칼날만큼 시리고 아픈 글. 명쾌하게 설명하는 차원을 넘어 인식을 돌이킬 수 없이 전환시키는 글. 그래서 이전의 나로 돌아갈 수 없게 만드는 글. 이런 글은 어떻게 쓸 수 있을까.

글쓴이의 면면을 샅샅이 검색해봤다. 죽었다 깨어나도 못 쓸 거 같은 글에 대한 변명거리를 간신히 찾아냈다. 나와 다르게 살았다. 평생을 현장에서 싸웠다. 막다른 길에서 인생 걸고 글을 썼다. 학력, 가족, 직장이 주는 안락함을 버렸다. 명성 대신 고독을 선택했다. 이런 글은 누리는 재화가 적을 뿐더러 권력조차 두려워하지도 않아야 쓸 수 있으므로 나는 못 쓴다. 스타벅스에서 라테 마시며 글 쓰는 나, 쓰려 하던 문장이 막히면 슬그머니 그 문장을 지워버리는 나, 온갖 뉴스와 피드에 들락거리는 나, 시간 만들어 쓰지 않고 시간 나야 겨우 쓰는 나는 초라해진다.

> "지적이고 싶지만 잃는 것은 없었으면 하는, 내가 자주 만나는 유형으로는 페미니즘 관점이 주는 힘과 다양한 지식은 갖추고 싶지만 세상과 갈등은 피하면서 기득권은 간직하고 싶은 사람들이다. 다행스러운 것은 이런 식의 앎은 불가능하다는 사실이다."
>
> (정희진, 〈정희진처럼 읽기〉 '프란츠 파농' 편, 교양인, 2014.)

한동안 정희진 선생의 글이 그랬다. 〈정희진처럼 읽기〉라는 책의 부제, '한 권이 나의 몸을 통과할 때'처럼 책을 읽고 말 그대로 사흘 간 몸살이 났다. 글쓴이의 문장에 저항하느라 속이 쓰리고 심장이 두근거리고 손발이 저릿저릿했다. 수시로 한숨이 새어 나왔다. 통념을 전복하며 찌르는 언어를 쉬이 받아들일 수 없지만 거부할 수도 없어, 며칠을 몇몇 문장과 부대끼다가 몸이 아파버렸다.

책을 덮진 않았다. 경험으로 알아서다. 고통의 읽기가 나에게 새 길 표식을 기다렸다. 마치 근력 운동 같다. 처음엔 찢어지는 듯 욱신거리지만 통증은 근육을 만든다. 책도 마찬가지다. 책의 문장이

여자, 아내, 엄마 지금 트러블을 일으키다

몸에 각인되어가는 과정이 쉽게 될 리 없다. 신체가 바뀌는 일이다. 고통 없는 앎은 없다. 원망과 반항과 한탄의 시간을 거치고 나면 어느샌가 저자의 사유가 통쾌함으로 다가온다. 아픔이 아니라 시원함이다. 감당하기 어려웠던 인식 한 자락에 비로소 가 닿는다. 나른하고 안락하게 글 쓰는 생활을 영위하며 이 정도 대가를 치루지 않는다면 비겁한 일이다. 누군가 존재를 걸고 쓴 글을 거저 얻을 수는 없다.

인생 책을 만나면 수시로 들춰본다. 책상 전면에 꽂아두고 전자책 리더기에 담아 잠들기 전이나 버스 타고 이동할 때 틈틈이 열어본다. 늦가을 비처럼 마음이 스산해질 때면, 이불 속에서 몸을 돌돌 말고 싶을 때면 곱게 봉인해두었던 문장을 꺼내 먹고 힘을 내었다.

사정이 이렇다 보니 하나의 책을 졸업하고 다른 책으로 가기까지 꽤 시간이 걸린다. 특정 분야로 개미굴처럼 파고들어가고 한 명의 저자를 오래 짝사랑한다. 여러 번 우려낸 녹차처럼 쌉쌀함이 연해질 때까지 읽고 또 읽는다. 그래서 저항감 없이 읽히는 책, 이미 아는 내용으로 채워진 책은 속독하거나 바로 덮는 습관이 생겼다. 이왕 들이는 시간이라면 읽을 때마다 새로운 문장이 들어오는 책, 쉽게 나에게 넘어오지 않는 책, 감동이 뭉툭해지지 않는 책에 도전하고 싶다. 쉬이 만만해지지 않는 책, 나의 오만을 끝내 굴복시키는 책, 자아가 해체 당하는 고문으로 밀어 넣는 책, 1년이 지나고 10년이 지나면 다르게 읽히는 책을 찾고 싶다.

좋아하는 저자의 책을 모으고 한 권씩 천천히, 여러 번 읽기는 척박한 삶의 유희이자 사치며 향락이다. 그런데 최근 직장 일로, 육아로, 모임으로 바빠지면서 책 읽기에서 멀어졌다. 활동이 많아질수록 활력이 생기기는커녕 허기지고 허무해졌다. 처음엔 이유를 몰랐다. 휴식이 부족하다고만 생각했는데 나중에야 알았다. 책 읽기를 미루면 영양 부족처럼 기운이 빠진다. 판단력이 흐려지고 자주 분노한다. 바쁜 일상 틈틈이 읽는 책은 숨을 고르게 하고 하루를 마감하며 읽는 책은 조용한 충족을 주는데 그런 책 읽기를 하지 않았으니 삶이 불만족스러웠다.

무엇보다 부족한 책 읽기는 부실한 글쓰기로 직결됐다. 거칠고 얄팍한 문장에 맴돌았고 다급한 결론으로 치달았다. 시간 부족, 경험 부족, 아니면 노력 부족이라 여겼지만 알고 보니 '인풋in-put 부족'이었다. 경험이 풍부해도 풀어낼 어휘가 빈곤하면 식상하고 진부한 주장만 쏟아낸다.

'카카오톡'이 주는 구속감에 대해 글을 쓴다고 하자. 매일 겪는 사소한 일이어도 내가 느끼는 막연한 불편함의 실체를 구체적인 문장으로 풀어쓰기는 쉽지 않았다. 경험을 서술하는 이상으로 나의 해석과 의견을 첨가하려면 자료가 필요하다. 그때 지그문트 바우만의 〈고독을 잃어버린 시간〉을 읽었다. "외로움으로부터 도망치는 사람은 고독의 기회를 놓친다"는 문장을 읽으며 사안을 평평하게 바라보지 않을 통찰력을 수혈받는다.

여자, 아내, 엄마 지금 트러블을 일으키다

아이를 키우는 일상에 대한 글쓰기가 문득 지겨워질 때면 〈분노와 애정〉에 써진 "엄마인 작가들은 어떤 식으로든 부모 노릇과 연결시켜 글을 쓴 적이 없다"는 어슐러 르 귄의 문장을 떠올린다. 책쓰기의 주제가 흔들릴 때면 김영민의 〈공부론〉에서 접한 부분을 펼친다. "주변 자리에 스며든 전체성을 인식하고", "생활 속에서 선택한 작은 실천의 일관성"을 가지고 "체계와 창의적으로 불화"하라는 문장을 거듭 읽는다. 일상에서의 나의 행적에 물음표를 달아본다.

저자들이 온몸으로 세계를 밀고 나가며 쓴 문장을 읽을 때 내 몸은 달아오른다. 나에게도 서서히 말이 차오른다. 한마디 보태고 싶어 가슴팍이 근질거린다. 책 앞에서 때로는 초라해지고 아프기도 하지만 그럼에도 책인 이유다. 다시 펼친다. 책 속으로 몸을 말아 숨고 싶어서, 행간의 여운 속에 침잠하고 싶어서, 어제의 내가 붙드는 관성에서 찢겨나가고 싶어서, 느리고 깊게 책과 만난다.

# 참으로 희한한
# 독서모임

"'수강료 없는 대학원.' 10주간의 밀도 높던 공부, 그 이후의 저는 왠지 그 전과는 다른 사람이 된 듯해요.(진영)"

"이 모임은 저에게 영화 〈매트릭스〉에서 '네오'가 선택한 그 알약이에요. 진실의 문이 '두둥' 열리는. 이제 어떤 책이든 시도할 수 있을 것 같아요.(혜림)"

"짜릿한 경험이었어요. 두서없이 나열된 것처럼 보이는 단어들이 한 번 읽고, 두 번 읽고 하면서 하나의 줄에 꿰어진 구슬 꾸러미처럼 확 눈에 들어올 때, '매직 아이'를 본다고 해야 할까요?(승희)"

"학인들이 마음속 가장 깊은 곳을 건드리고, 읽는 책들이 나라고 믿어온 무언가를 허물더라도 계속 하고 싶어요.(세민)"

"'자본주의와 사랑'이란 주제로 사회학 책을 읽습니다."
2020년 1월이었다. 무겁고 심각해 보이는 '자본주의'와 통속적

여자, 아내, 엄마 지금 트러블을 일으키다

이다 못해 식상하기 짝이 없는 '사랑'이라는 낱말을 결합해 독서 모임 주제로 잡았다. 마르크스의 〈자본론〉을 연상시키는 시뻘건 배경 이미지에 '자본주의와 사랑'이라고 문구를 써서 올렸다.

아무도 신청하지 않으면 어쩌나 하던 우려와 다르게 반나절 만에 10명이 넘는 인원이 신청했다. 2개월 단위로 신규 모집을 했는데 반년이 지나자 25명 이상까지 늘어서 부득이하게 제한을 두어야 했다. 1년쯤 되었을 땐 선착순으로 12명까지만 받기로 했는데, 2분 만에 마감되는 '피케팅(피 터지는 티켓 구매)' 사태가 벌어지기도 했다. 유명 강사가 이끌어주는 강의도 아니고, 재미없고 두껍고 어려운 벽돌책을 스스로 읽어가야 하는 모임인데 뜨거운 호응을 받아 매번 놀랐다.

내가 결혼과 육아로 힘들었을 때 가장 큰 도움을 받은 책은 육아서가 아니라 여성이 처한 현실을 사회구조적으로 분석한 여성주의와 사회학 책들이었다. 내가 만난 저명한 학자들의 저서는 현실과 분리된 상아탑 속 이론이 아니었다. 그들은 내가 매일 겪으면서도 설명할 수 없던 많은 현상을 명징하고 예리하게 발라냈다. 수십 명, 때론 수천 명을 토대로 한 설문과 인터뷰, 통계자료가 비추는 현실은 내가 겪는 문제가 나만의 어려움이 아님을 선명하게 증명해보였다. 추측과 예상이 아닌 엄연한 데이터였다. 그 책들을 읽으며 좁은 방에서 홀로 갇힌 내 모습을 멀찍이 조망하는 시야를 가질 수 있었다. 더 이상 나의 허약한 능력과 마음을 자학하지 않을 근거를 얻었다.

이 경험을 나만 하기 아까웠다. 다시 읽고 싶은 책도 있었고 앞으로 읽고 싶은 책도 있었다. 어떤 책들은 좋았지만 한번에 이해하긴 어려워서 반복해서 봐야 했는데 혼자 하기엔 힘이 부족했다. 그러나 같이 길을 탐구해갈 동료가 있다면 해볼 만 했다. 그리고 그들이 모였다.

한 권씩 느리지만 꼼꼼하게 읽어갔다.

첫 책은 혹실드의 〈돈 잘 버는 여자, 밥 잘하는 남자〉였다. 1980년대 미국 맞벌이 여성들의 가사노동을 '2교대'라는 개념으로 신랄하고 깊이 있게 분석했다. 이 책은 여성들이 기를 쓰며 시도하던 가사 분담이 어디부터 꼬이게 되는지, 왜 아무리 촘촘히 나누고 계획해도 실패하는지 알려준다.

맞벌이 여성들의 시간 사용을 '압축적'이라고 분석한 조주은의 책 〈기획된 가족〉을 통해 나의 일상을 비추는 프레임을 가질 수 있었다. 핵가족 내의 성별 분업을 "산업사회의 봉건제도"라고 말한 울리히 벡과 엘리자베트 벡 부부의 통찰이 담긴 〈사랑은 지독한, 그러나 너무나 정상적인 혼란〉을 읽으며 이성애 부부가 결혼생활을 하며 겪는 어려움과 좌절의 이유를 짐작할 수 있었다.

엘리자베트 벡 게른하임의 〈모성애의 발명〉은 지극히 건조한 문체로 '모성애'를 조작해온 남성 지식인들의 문건들을 담담하게 서술했다. 우리를 압박해온 모성 이데올로기가 어떤 사회적 기획

여자, 아내, 엄마 지금 트러블을 일으키다

에 의해 구축되었는지 알 수 있었다. 에리히 프롬의 유명한 고전, 〈사랑의 기술〉로는 사랑을 '받는' 기술이 아닌, 사랑을 '하는' 것이 무언지 고민했다. 20대에 연애 좀 잘해보고자 펼쳤던 책이었는데, 결혼하고 아이 키우며 읽으니 모든 문장이 새롭게 와닿았다.

세미나의 백미는 사회학자 에바 일루즈 읽기였다. 〈낭만적 유토피아 소비하기〉, 〈감정 자본주의〉, 〈사랑은 왜 아픈가〉, 〈사랑은 왜 불안한가〉, 〈사랑은 왜 끝나나〉까지 에바 일루즈가 25년간 연구한 저서들을 두세 번씩 읽고 또 읽었다. 처음엔 '근대가 뭐야?' '합리화라는 말이 뭐야?'라며 개념을 더듬어갔지만, 책을 읽으며 과거의 연애 경험, 나의 문제라고 자책하며 참여했던 심리 상담, 노력하며 유지하려 했던 결혼 생활의 이상이 완전히 박살나고 재구성되는 경험을 했다.

"뼈를 때리고", "뼈가 바스라지고", "매스로 살점이 나가고", "개복 수술"을 당하고, "내상을 입고" "자아분열"이 오고, 그러다가 "정신분열"이 올 지경이 되었으며 "후유증"에 시달렸다. 비명을 질렀다. "너무 아파! 아프다고요!"

얇은 베일 하나 남기지 않고 샅샅이 벗겨내 알몸을 드러내게 하는 사회학자의 분석은 너무나 차갑고 날카로웠다. 우린 그렇게 발가벗겨진 맨 살갗을 감싸며 어쩔 줄 몰라 했다.

독서모임 초기만 해도 이 사회에 제법 비판적인 거리 두기를 하며 '진보적으로 살아온' 사람들이라고 자부했는데, 그것이 얼마나 허영이었는지. 우리 역시 자본주의와 가부장제의 공모자라는 진실을 지적받는 일은 아픈 걸 넘어 참담했다. 앎이 쾌감을 넘어 고통이 되었지만 돌아갈 수도 없었다. 인식은 한번 확장되면 좁힐 수도 낮출 수도 없다.

독서모임은 온라인을 기반으로 운영했다. 온라인으로 교류하기 위해선 글쓰기가 필수였다. 책을 읽지 않아도 참여하여 간단한 소감을 나누는 오프라인 토론보다 더 부담스러울 수 있지만, 이렇게 하지 않으면 책 읽기의 강도와 밀도가 금세 느슨해졌다. 게다가 우리가 읽는 책들은 가독성 좋은 문학이나 에세이가 아니었다. 한 번 읽어서는 흐름도 잡히지 않는 이론서였다. 350-400페이지 되는 책을 매주 100페이지 내외로, 4-5주에 걸쳐 읽었다. 두 번 세 번 메모하며 읽어야 했다. 매주 해당 분량에서 나에게 와닿은 '씨앗문장'을 발췌해 나의 풀이를 더해가는 글쓰기를 했다. 개인 블로그에 작성하고 멤버들에게 공유했다. 글쓰기가 사적인 형태로 가둬지는 것이 아니라, 누구나 읽을 수 있기를 바라고 각자의 블로그에 아카이브를 쌓으면 좋겠다는 마음으로 공개적 글쓰기를 유지했다.

매주 써야 하는 글은 고달팠지만 그만큼 불꽃 튀는 치열함, 재미, 그리고 감동이 있었다. 지난 10년 동안 세미나를 꽤 많이 해봤던 내 경험상 발제를 1-2명이 하면 나머지 반은 책을 읽지 않거나 읽어도

여자, 아내, 엄마 지금 트러블을 일으키다

대강 읽는다. 토론을 하면 외향적이거나 적극적인 두세 명이 발언을 독점한다. 그러나 매주 글쓰기는 평소 말수가 적어 토론에 나서지 못하던 이에게도 충분히 이야기할 기회를 줄 수 있었다. 책을 읽지 않은 채로 다른 이의 발제에 은근슬쩍 묻어갈 수도 없었다.

매주 글을 쓰면 글이 성기지 않을까 생각할지도 모르지만, 아니다. 누가 책이 어려워 못 읽는다고 했던가. 일상 전체가 타인의 감정을 해석하고 이해하는 감정 노동으로 가득한 우리들에게 문장 해석은 시간 부족의 문제일 뿐이지 독해력의 문제가 아니었다. 딸, 아내, 엄마로서 부모 입장, 남편 입장, 자식 입장 헤아리느라 보낸 세월과 노력. 살기 위해 후천적으로 갈고닦으며 향상시킨 '공감 지수' 덕에 '의미 파악하기' 선수가 되지 않았나. 서구 사회학자들의 문장은 비록 그 용어가 낯설망정 먼 나라 이야기가 아니었다. 지금 우리의 식탁과 침실과 부엌에서 일어나는 현실이었다.


매 주말마다 3시간의 화상 토론을 했다. 모니터로 얼굴을 보며 이야기하기가 처음엔 영 어색했지만 하다 보면 시간이 훌쩍 지났다. 이해되지 않던 문장이나 나누고 싶은 구절을 함께 풀이해갔다. 늦은 밤 아이들이 깰까봐, 남편이 행여 엿들을까봐 조심스러웠던 시간. 누가 '랜선'이 건조하다고 하던가. 졸음에 눈을 껌벅거리면서도 우리의 대화는 창을 닫을 수 없이 뜨거웠다.

이처럼 '씨앗문장'을 기반으로 한 쓰고 말하기는 내 취향이다, 아니다, 재미있었다, 지루했다, 또는 어렵다는 등의 단순하고 쉽게 흘러갈 수 있는 인상 비평을 막았고 막연한 소감과 맥락을 벗어난 엉뚱한 질문을 방지했다. 각자 던지는 질문과 주제는 내가 보지 못한 다른 면을 일깨워줬다. 같은 내용에 대해 열 명 넘는 이들이 쓴 글은 퍼즐조각처럼 맞춰졌고, "책을 다시 읽는 것만 같은" 깊이와 기쁨을 선사했다.

"떡 주는 것도 아닌데 왜 이렇게 열심히 할까요."

누군가 말했다. 이거라도 하지 않으면 시간이 그저 흘러가 버려서, 주부로 살면서 성취감을 느끼고 싶어서, 부부생활을 좀 더 변화시키고 싶어서. 저마다 이유는 달랐다. 어려운 책 한 권 끝냈다는 데 의미가 있다는 후기부터, 이 모임이 아니었으면 심리 상담을 찾아다녔을 거라는 이야기, 행복한 척 하지 않아서 좋았다는 말과 나 혼자만의 문제가 아니었음을 알게 되어 위안을 받게 되었다는 말까지 각자 느끼고 깨닫는 지점은 다양했다.

공통된 변화라면 단편적인 감상을 쓰던 글이 점점 분석적인 글쓰기로 바뀌면서 나만의 질문이 생겨난다는 점, 가족이나 직장이 상당 지분을 차지하고 있던 자아에서 벗어나 정체성과 가치관의 변화를 겪는다는 점이다. 서로 고양시켜주는 관계, 나를 판단하거나 평가하지 않는 관계, 의무로 결속하지 않는 관계, 그러나 친밀함을 나누는 관계를 우리는 그동안 얼마나 바라왔는가. 막 연애를 시작하는 연인들처럼 저마다 쓴 글에 몸을 가까이 하며 탐색했다. 가까이에서 자주 만나지 못해도 내가 목소리를 띄우면 그걸 들어

여자, 아내, 엄마 지금 트러블을 일으키다

줄 누군가가 있다는 안도감이 있었다. 온 힘을 다해 쓴 글에 몸으로 공명하고 감응하며 타자가 나를 재구성하는 체험을 했다. 같은 책을 꼼꼼히 읽고 나누는 지적인 대화는 가족이나 직장에서 역할로만 살아갈 때 겪는 관계의 결핍을 충족시켜줬다.

'사랑의 사회학'을 탐구한 지 1년이 지났다. 드디어 독서 모임의 공식적인 이름을 지었다. 모임이 어떤 성격으로 진화할지 미리 규정할 수 없었기에 이름을 빈칸으로 두었는데, 드디어 우리가 하는 공부의 특성을 알려줄 말을 찾아냈다. '여자들의 공부 공동체 [트러블]'! 삶의 트러블(문젯거리)을 다루면서 트러블을 일으키는 동시에, 그것을 외면하지 않고 한판 떠보겠다는 다짐이다. 우리의 공부는 각자의 삶에서 트러블이 되었고, 우린 각자의 위치에서 트러블을 일으키는 존재들이 되고 있다.

마흔,
그 무엇도
되지 않을
자유

올해로 마흔이 되어버렸다. 나이를 애써 헤아리지 않으며 천진하고 방만하게 살아오던 터라 40대로의 진입은 갑작스럽다. 한심하게 보아도 어쩔 수 없다. 매 해 나이를 절절히 체감하는 사는 일이야말로 더 이상했으니까. 그러나 더 이상 외면할 수 없는 시점에 와 있다. 중년 이상만 특수하게 모이는 모임이 아니고서는 어디 가도 연장자 축에 속한다. 툭하면 아래로 열두 살 차이다. 나의 나이 듦을 받아들여야 한다.

그럼에도 '연령주의에 갇히는 건 아닐까'라는 답답함과 '마흔이 뭐가 많은 나이냐'라는 항변이 끗끗이 목구멍에서 올라오려는 건 어쩐 이유일까. 나이의 많음을 받아들이지 못하는 게 아니라 '나이다움의 전형성'에 도달하지 못했음에 조바심 나서는 아닐까.

20대엔 그랬다. 마흔쯤 되면 인생의 깨달음 얻고 자아실현이니

여자, 아내, 엄마 지금 트러블을 일으키다

진로 고민이니 하는 헛된 망상에 허우적거리지 않을 거라고. 그러나 그런 성숙은 전혀 이루지 못했다. 글 쓰다가도 8분마다 연예 기사 클릭하고, 밀린 드라마 보겠다고 밤잠 줄인다. 습관적인 라면 섭취도 못 버렸다. 육신의 충동질에 매일 진다. 심지어 이 나이 먹도록 진로 고민 중이다. 결혼했고 애도 낳았고 책도 썼지만 안착이 안 된다. 무얼로 먹고사나, 이걸로 되는가, 나는 뭐하는 사람인가, 막막하고 갈팡질팡한다. 뿌연 안갯속에서 한 걸음씩만 더듬거리면서 걸어나간다. 마흔이라는 말에 떠올려지는 중후함과 묵직함, 40년이란 긴 세월이 담긴 질곡에 비해 오늘의 나는 축적해온 시간이 무상할 만큼 끝없이 흔들린다. 나이라도 어리면 도망칠 구석이라도 있을 텐데 핑곗거리마저도 없다.

한편 이런 한탄을 하자니 나보다 먼저 마흔을 통과한 선배들도 비슷했을 거라는 예감이 스친다. 상대도 나만큼 별것 없었음에 고소한 안도를 느낀다. 그런데도 그리 잘난 척들을 했단 말이지. 아니다. 내가 그렇게 봐서다. 40대로 근접하니 선배들의 하소연에 동병상련이 생긴다. 인간은 불완전하구나. 죽을 때까지도.

그렇다고 마흔의 내가 2-30대와 같은 고민을 하며 산다는 말은 아니다. 고민의 층위가 변한다. 나이가 들면서 달라진 점이라면 '주제 파악 능력'이다. 성숙이라고 불러야 하나, 자포자기라고 해야 하나. 20대까지는 누구나 한번쯤 자신이 남들과 다르다는, 특별할지도 모른다는 자의식 과잉의 과정을 겪는다. 한 친구는 자신이 '루키'가 될 줄 알았다고 말했다. 나도 그랬다. 가능성은 열려 있고 뭐든 될 것 같다. 그렇게 되어야만 한다. 그러나 빠르면 30대 초반, 아니면 늦게라도 40세 전후가 되면 내가 특별하지 않다는 선명한 자각이 생긴다.

나는 육아를 통해 민낯을 처절하게 만났다. 또 다른 친구는 10년간의 지루한 공부를 통해서 자신의 바닥과 지독하게 대면했다고 한다. 시간과 세월이 주는 값진 경험이란 성장이 아니라 자기 한계의 직면이다. 이 일만 한다면 죽어도 좋다며 활활 타올랐던 열정은 싸늘하게 식는다. 현실에 대한 타협이 아니다. 타협한다는 말은 여전히 자신에 대한 터무니 없이 높은 기대에서 나온다.

나이가 들어 만나는 자기 인식은 좌절이나 절망과는 좀 다르다. '훌륭한 위인은 내 그릇 안에 없구나'라는 자기 인정이다. 성공 신화의 거품이 꺼지는 과정이다. 여전히 타인에게 미련 못 버려 버둥대고 혼자 실망과 자책을 반복하며 살지만, '고작 그런 나'를 인정하게 된다. 이쯤 되면 누가 나에게 싫은 소리를 해도 쉽게 자괴감이 생기지 않는다. 누가 뭐래도 내 단점을 나만큼 알지는 못하니까. 애써 〈미움 받을 용기〉 같은 책을 읽지 않아도 안다. 나에겐 나를 미워하는 누군가에게 관심 쓸 에너지도 시간도 없음을 안다. 나에 대한 기대치가 높아야 상처도 받는 법이다.

처음부터 이런 건 아니었다. 다분히 성취 지향적이었다. 한 해가 지나면 그 해의 성과를 다이어리에 줄줄이 기록했다. 학점, 점수, 직급, 평가, 경력, 통장 잔고, 다녀온 휴가지, 읽은 책 목록까지. 일이건 여행이건 활동이건 축적되는 경력 즉 포트폴리오 중심으로 사고했다.

처음엔 고정된 정체성이 주는 안정감을 추구하기도 했다. 그런데 갈수록 이상하게 공허하고 초조했다. 나중에야 알아차릴 수 있었다. '무언가가 된다'는 건 동시에 그 '무엇다워야' 한다는 말이기도 하다. 엄마가 되려면 엄마다워야 하고 작가가 되려면 작가다워야 한다. 정체성의 규정이 따라온다. 그러나 한 명의 개인은 다중적인 면을 지닌다. 정체성은 다른 위치에서 각기 불리는 이름일 뿐이다. 그러나 이걸 나의 전부라고 착각하거나 전부이길 강요받으니 괴롭다.


정체성은 직업으로만 규정되지 않는다. 소득, 자산, 소유물로도 이루어진다. 몇 평에 사는가, 부동산 자산은 얼마인가, 어떤 차를 타는가. 나의 30대는 이걸 착실히 쌓는 기간이기도 했다. 어느 정도의 소득을 가진 정체성을 만들고 싶었다. 그래서 이루었다. 우린 해냈다. 10년 지난 지금, 집도 소유했다. 그런데 여기서 끝이 아니었다.

남편과 나는 우리가 속한 중간 계급의 기준에서 보면 부동산 실패자였다. 동시에 한국 사회의 교육열에 비하면 아이 교육을 포기

⑦한 사람이기도 했다. 경기도 변두리, 학군은 고려조차 하지 않는 산 밑 작은 마을에, 투자 가치 제로인 작은 주택에 살게 되면서. 우선순위에 둔 가치를 성실하게 선택해왔을 뿐인데 뒤돌아보니 시대적 감수성에 한참이나 뒤떨어졌다. 집값이 올랐다고 자랑하는 사람들 앞에서 열심히 살았는데 자꾸만 잘못 산 거 같았다. 지금이라도 더 키우고 늘리고 불리라는 말에 흔들렸다.

그러나 물질적 욕망에는 한도가 없고, 정체성에는 만족이 없다. 끝없는 상승이나 성장을 추구하며, 어느 부류에 집어넣고 그 안에 어울리도록 강요한다. 이것들의 공통점은 '완성 없음'이다. 완성을 향한 갈증의 무한 증식. 지금이라도 쫓아갈 것인가.

40대에 접어들었다. 시간이 없다. 살고 싶은 대로 살아도 인생 빠듯하다. 방향을 정해야 한다. 변화나 성장을 위한 욕구를 거부하자는 말이 아니다. 단지 그 화살표가 어디로 향하느냐를 지켜봐야 한다는 것이다. 어제보다 나은 내가 된다는 건 뭘까. 어제보다 더 많은 자산과 경력을 쌓았다는 걸까. 커리어 늘리고 재산 증식하는 것도 어느 정도 필요하지만 욕망엔 상한선이 없기에 어느 기점이 되면 방향을 틀어야 한다.

성인이 된 지 20년을 돌아봐도 뭔가를 해내고 양적으로 이루는 성취가 준 만족은 오래가지 않았다. 첫 월급날 이상의 벅찬 희열은 15년 동안 다시 오지 않았다. 대신 잠시 멈추고 돌아보고 지켜볼

여자, 아내, 엄마 지금 트러블을 일으키다

때에만 가질 수 있는 소소한 감정, 겉으로 보기엔 달라지지 않았을 수 있지만 스스로 단련하며 충만해지는 기술, 쌓이고 누적되진 않았지만 순간의 감동과 기쁨 그리고 몰입이 삶을 풍족하게 해주었다. 강가를 가르던 자전거 타기. 꼼꼼히 말았던 김밥. 30분 일찍 일어난 날의 아침 스트레칭. 창밖을 보며 듣는 음악. 정성스러운 답장. 햇볕에 말리는 빨래. 아이의 물장구. 땀날 정도로 쏟아내던 글쓰기가 그랬다.

삶은 성취가 아니라 지루한 반복의 연속이다. 이걸 모르고 뭘 이루어야 한다는 강박에서 벗어나지 못한 채 살아왔지만, 나이 마흔, 물러설 수 없이 받아들일 때다.

생애주기 매 순간이 어차피 미완성이다. 부족함은 필연이다. 나이에 걸맞게 도달해야 할 성숙의 기준은 없다. 마흔 줄에 접어든 내 친구 중 그거 이룬 사람 한 명도 못 봤다. 만나면 우리의 대화는 늘 늘어나는 주름, 뱃살, 집값과 부동산 정책, 퇴사 고민뿐. 여기에서 자유로운 자는 없다. 그저 20대의 고민만 반복하지 않아도 성공이다.

목표 설정 자체를 바꾸기로 했다. 그래서 적어보았다. 내가 되고 싶거나 이루고 싶은 일이 아니라 단지 하고 싶은 것들을.

글을 계속 쓴다. 나의 생애 경험을 세심하게 증언하고 싶다. 아이와 여행을, 아무 목적 없이 다니고 싶다. 요가 동작을 잘하고 싶다. 가볍고 민첩하게 물구나무서기를 하는 날까지. 바다에서 머리들고 유유히 수영하는 법도 익힐 테다. 똑똑해지고 싶다는 허영은 차마 버리지 못하겠다. 간극을 좁히기 위해서라도 좋아하는 작가들의 책을 꼼꼼히 읽어 나의 언어 일부로 만들고 싶다. 요리를 즐기진 않지만 한 끼에 소박함과 정갈함을 담으려 한다. 매일 아침 창을 열어 찬바람을 맞아들이겠다. 햇살 아래 고슬고슬 마른 이불깃의 감촉을 사랑하자.

나의 피로와 혼란을 돌보며 살려 한다. 힘들면 잠을 자는 일에 왜 아직도 머뭇대는가. 외부의 자극을 차단하는 일은 잘못된 것이 아닌데. 월등한 생산력을 뽑아내기 위해서가 아니라 나를 닦달하지 않기 위한 휴식을 하고 싶다. 쥐어짜내고 갈아가며 달리던 그때로 돌아가지 않겠다.

시간이 지나도 내 안에 남아 삶을 윤택하게 해주는 기억, 내가 나의 삶을 주도권을 가지고 있다는 충족감은 역설적으로 잔잔하고 고요하게 쌓여가는 생활에서 나온다. 몸으로 느리게 음미하는 감각에, 근육에 찰싹 접합시키는 기술에서 나온다.

아마 죽을 때까지도 훌륭해지지는 못할 것이다. 나를 뭐 하는 사람이라고 소개하기도 여전히 머뭇거려진다. 뭐라 불리건 아마도 불만일 거다. 그냥 이 모양인 거다. 하지만 상관없다. 수치로도 성과로도 측정되지 않는 삶의 결을 섬세하고 단단하게 만들어갈 수 있다면, 나는 달라지고 있을 테니.

여자, 아내, 엄마 지금 트러블을 일으키다

## 나의
## 페미니즘,
## 엄마들의
## 페미니즘

엄마 페미니즘 탐구모임 '부녀미' 회원들과 같이 쓴 책 출간을 앞두고 제목을 정할 때였다. 〈페미니스트도 결혼하나요?〉로 정한다는 소식에 잠시 멈칫했다. 나 정말 '페미니스트'인가? 페미니스트, 맞다. 그런데 결심하고 된 건 아니었다. 나도 모르는 사이에 페미니스트가 되어 있었다. 첫 책, 〈엄마 되기의 민낯〉을 내고 나서였다. 글 어디에도 페미니즘이라는 단어를 쓰지 않았지만 누구나 나를 페미니스트로 보았다. 부인할 이유는 없었다.

그럼에도 '페미니스트'라는 말을 책 제목에 붙이는 일은 조심스러웠다. 여성혐오가 판치는 세상에서 페미니스트는 '꼴페미', 사회악, 분란 조장자, '프로불편러', 남성혐오주의자, 여성우월주의자라는 낙인과 동의어로 취급되곤 했다. 그래도 무뎌진 걸까. 이런 말에 상처 받는 단계는 지났다. 기득권 빼앗길까 벌벌 떠는 이들의 집단적 발작에 일일이 반응하고 싶지 않았다. 그보다는 급진적 페미니즘 내부의 기혼여성 비판, 결혼제도와 가부장제의 공모를 분석하는 글과 책이 날 아프게 했다. '기혼여성은 가부장제의 벽돌이다'는 말을 접하고 충격 받았다.

여자는 아이를 품는다. 몸 찢어지며 낳는다. 아이에게 남자의 성씨를 붙여준다. 육아, 가사, 명절 노동을 수행한다. 아무리 일을 많이 해도 임금이 하향화되어 있다. 그러면서도 자신의 돌봄 노동을 사랑·헌신·가치라는 말로 정당화하며 꾸역꾸역 살아간다. 이것만 보면 여자라는 단어를 노예로 바꿔도 될 것 같다. 대다수 기혼여성의 현실을 보면 벽돌은 틀린 말이 아니었다. 어쩌면 생각할수록 맞았다. 차곡차곡 쌓이고 촘촘하게 얽혀 있는 구조에서 감히 빠져나올 힘조차 내지 못해 처지에 자족하곤 하는 모습. 제도가 주는 안정감에 자신도 모르게 안위하는 모습. 나의 위치를 처절하게 확인시켰다.

일부 사람들이 가부장제의 핵심 장치인 결혼제도에 자발적으로 기어들어간 기혼여성은 페미니스트가 될 자격이 없다고 다그칠 때 도리질치고 거부하고 싶었지만 아니라고 할 면밀한 근거를 또박또박 대기 어려웠다. 결혼 생활의 민낯을 샅샅이 경험했으면서도 정상가족 프레임 안에 질질 매여 있는 나를 보면 그랬다. 페미니스트가 되고 싶었지만, 페미니스트가 될 자격이 있는지 검열해야 했다.

그러나 벽돌로 끼어 있다고 해서 그 안에서 만족하며 살 거라고 생각하는 건 지나친 이분법적 판단이다. 체제를 완전히 거부하지 못한다면 바로 공모자라는 또 다른 낙인이 찍혀야 하는가. '–주의자'는 일종의 결과이고 표면이다. 페미니스트라는 규정 이전엔 언제나 행위가 있다. 그건 우리가 '페미니즘'이라고 부르는 우글거리는 덩어리, 목소리, 발걸음, 글, 책, 운동일 것이다.

내가 페미니스트이건 아니건 페미니즘은 내 발이 딛고 선 생활 저변을 아래부터 뒤집어놓았다. 내가 페미니즘을 지지하느냐 아니냐, 자격이 있느냐 없느냐는 애초에 존재하지 않던 물음이었다. 나에겐 반대하고 거부할 여지가 없었다. 그건 내 삶에 쳐들어왔다. 집에서 혼자 아이 똥 기저귀 갈고 바닥에 떨어진 음식 찌꺼기를 걸레로 훔치고 허리가 시큰거리면서도 아이를 업고 안아주면서도 북받치는 갑갑함을 해석할 도리가 없었다. 남들은 다 참아내고 심지어 행복하다며 하는 것을 왜 나는 이 따위로밖에 못하는지, 자책과 자학의 수렁에 빠져 만신창이가 되어 있을 때였다.

형체도 깊이도 알 수 없던 구덩이에서 허우적거리다가 만났다. 아니, 처음엔 뭔지 몰랐다. 멈춰서 수렴해보고서야 알았다. 철학, 사회학, 문학 등 다양한 장르였지만 교집합이 있었다. 그 교집합은 남성 중심의 세계관을 보편성이라 여겨온 믿음에 균열을 내주었다. 거기에서 평생을 여자로 살면서도 가지지 못했던 '말'을 만났다. 당연하다는 것에 감히 질문하게 됐다. 왜 아이가 아플 때 하루 일정을 쉬고 고민하는 건 언제나 나일까. 왜 같은 집안일을 해도 나는 언제나 부족함을 느끼고 남자들은 칭찬 받을까. 남자들은 커리어 유지에 아무런 고민을 하지 않는데 왜 여자들은 끝없이 일과 육아 사이에서 갈등하는 걸까. 남편이 안정적인 수입을 가져오고 만족하고 살면 그만일까. 분수에 감사하며 묵묵히 내 역할만 하면 되는가.

페미니즘이라는, 세상을 읽는 지도가 손에 주어졌다. 선명하지도 않았고 지명이 명확히 표기되어 있지도 않았지만 나의 위치가 어딘지 비로소 알 수 있었다. 내가 사회 구조에 어떻게 결박되어 있고 그 안에서 욕구는 어떻게 뒤틀리고 있는지, 넓은 지평을 조망할 수 있는 시야를 일러주는 표지를 만났다. 내가 얻게 된 새로운 말은 머릿속에 끝없이 물음표를 그려냈다. 그리고 다시는 예전으로 돌아갈 수 없었다. 애써 나 자신을 누르고 포기하며 안착하려 했던 평화는 그렇게 끝나버렸다.

페미니즘이 준 언어는 예리한 칼이기도 했다. 여자, 엄마, 아내라는 역할 부여와 싸우는 무기이면서도 동시에 나를 해부하는 메스. 나에게 씌워진 과도한 역할이 뭔지, 또 내가 붙들고 있는 허위가 뭔지 섬세하게 쪼개보기 시작했다. 그리고 드러난 건 여자, 아내, 엄마라는 이름에 버겁게 부여되는 역할만이 아니라 나의 기만과 모순이었다.

여자, 아내, 엄마 지금 트러블을 일으키다

가족 속에 있는 나를, 어떤 배역이 아닌 한 명의 개인으로 분리하는 일은 차라리 쉬웠다. 부모, 배우자, 자식과의 사이에 있어 그들과 나를 일치시키지 않으려 노력했다. 그들의 모습이 나의 존재감을 대신하도록 내버려두지 않기 위해 나의 일, 나의 목소리, 그리고 돈까지도 분리하고, 의존이 아닌 공존을 한동안 삶의 키워드로 삼았다. 소소하게는 '이만큼 아이를 잘 키웠다'는 자랑 글을 쓰지 말자고 다짐했다. 아이를 키우며 겪는 고민을 쓸지언정 아이와 나의 정체성을 일체시키지 말자고.

문제는 그 다음이었다. 각자가 독립적이며 상호 보완적인 공생을 유지한다면, 그래서 어떤 화목과 평화의 상태에 도달하는 걸까. 언제나 이 지점이 애매했다. 페미니즘으로 부부가 갈등을 해소하고 행복해졌다는 듯이 하는 말을 들을 때 갸우뚱했다. 나는 아니었다. 언제나 위태로웠고 또 페미니즘 때문에 더욱 위태로워졌고 앞으로도 그럴 것 같다.

내가 겪는 부조리와 차별을 인지하고 고치기 위해 노력했고 어느 정도 성과를 거두기도 했지만, 끔찍하리만치 투쟁이 끝나지 않음을 느낀다. 혼인 신고를 하고 내 몸으로 아이를 낳아버린 대가일까. 여기서 벗어나기 위해선 집에 있을 시간 전혀 없이 미친 듯이 밖으로만 돌아야 할 것 같았다. 아주 작은 것들이 결실을 맺으면 '고작' 그것에 감사하며 살아가게 될 것만 같았다. 우리 사이에 벌어지는 구조적 차별은 남녀 간의 본성적 다름이나 차이로 위장되곤 했고 그 안에서 불평등은 눈 감아야 했다. 페미니즘은 우리가 가족의 사랑이라고 믿어온 정서를 예리하게 공격한다. 가족에서 돌봄의 일차적 책임을 맡는 여자들은 여기에서 분열된다. 사랑이 서로를 받아들이고 인정하며 감당하는 것이라고 한다면, 사회적 구조로 인해 발생하는 우리 두 사람 사이의 불평등함은 어디까지 수긍해야 하는가.

기혼여성들에게 최선을 다해 성차별과 싸워나가라고 하지만 왜 소중한 에너지를 바꾸고 싶은 의지조차 남편들에게 써야 하는지도 가끔 의문이었다. 가족의 유지가 목적인가. 자식 때문인가. 왜 그것이 여자들에겐 중요한가. 생계와 사회적 지위를 위협받기 때문인가. 아니면 가족부터 바꾸지 않으면 안 되기 때문인가. 투쟁이 도저히 통하지 않을 경우에 어떻게 해야 할까. 일상 전체가 전쟁인 상황에서 소진되지 않으면서도 동력을 유지하는 방법이 있긴 할까.

기혼여성으로 행복하게 사는 이야기보다 기혼여성이지만 가족주의를 벗어나는 이야기가 필요했다. 이성애 결혼 제도의 혜택을 보지 않아도 잘 먹고 잘 사는 이야기들. 남자와의 사랑이 더 이상 인생의 중요 문제가 아닌 이야기들. 가족주의를 원만히 유지하기 위한 돌봄 품앗이가 아닌, 성별 분업을 흔드는 기혼여성들의 연대들. 남편 저녁밥 따위 안중에 두지 않고 신명나게 노는 이야기들. 남편이 누리는 온갖 편의는 그대로 둔 채 혼자 바둥거리며 자아 찾으러 헤매지 않는 이야기들. 자신을 휘감는 여자다움의 역할을 벗

여자, 아내, 엄마 지금 트러블을 일으키다

어떤져도 보란 듯이 잘 사는 이야기가 듣고 싶었다. '행복한 가족의 표상'을 상정하며 남편과 사이좋게 살기 위한 수단으로서의 얌전한 협상에 만족할 수 없었다.

기혼여성이 페미니즘을 한다는 건 뭘까. 내가 말할 수 있는 건 페미니즘이란 자신이 선 자리를 지속적으로 흔드는 행동이라는 점이다. 더없이 친밀해야 할 가족이라는 자리를 껄끄럽게 하는 일. 적당히 포기하며 안주하고 싶은 안락함을 스스로 거부하는 일. 자신의 맨 얼굴을 대면하며 모순과 분열에 수시로 휩싸이는 일이다. 괴롭다. 하지만 즉시하기 싫어 외면한다면 훗날 두툼하게 쌓이게 될 허위를 나, 감당할 수 있을까.

내 자리에서 벌어지는 분열을 바라보려 한다. 매끄럽게 다듬어지는 완성을 향한 욕구를 누르고 낯설음으로 가고 싶다. 더디고 위태로운 미완성 위에 아슬아슬하게 서 본다. 삐걱거리고 부딪친다. 내 삶이 페미니즘으로 인해 더욱 불온해지길 바란다. 페미니즘이 나를 어디로 이끌어갈지 열어둔다. 불편과 불안을 안고 희뿌연 전망 속으로 걸어간다.

# 인생의
# 목적은
# 탐구

"왜 그런 책들을 읽는 거야?"

'자본주의와 사랑'이라는 주제로 읽는 책을 보며 친구가 물었다. 사랑, 가족, 결혼, 육아, 친밀성, 성에 관한 사회학 책들이 폭로하는 이데올로기와 부조리를 알게 되었을 때, 책에서 묻는 도발적이며 위험한 질문이 삶에 들어오게 될 때 생활과의 간극을 감당할 수 있느냐는 말을 덧붙였다. 당장 해결책도 비전도 보이지 않을 수 있는데 읽을 때 힘들지 않느냐고 말이다. 머뭇거리다가 말했다. "답을 찾는 건 더 이상 중요하지 않아." 집으로 돌아와 곰곰이 다시 생각해보았다.

아이는 일곱 살이 되었고 결혼 생활은 10년 차에 접어들었다. 신혼 때와 같은 열정, 애정, 막연한 기대감은 사라졌다. 남편과는 동거인 또는 룸메이트, 아니면 육아 동료처럼 살아간다. 징글징글

여자, 아내, 엄마 지금 트러블을 일으키다

한 싸움 끝에 각자의 어떤 것은 바꾸었고 어떤 것은 타협했고 어떤 것은 포기했다. 그럼에도 문득 문득 의문이 들었다. 이게 뭘까. 이대로 괜찮은가.

가족에게 부여된 과도한 이상과 희망이 문제임을 알았지만, 당장 견고한 가족주의에서 벗어난 가족을 어떻게 만들어 나가야 할지 아직 모르겠다. 대부분의 가족이 불화하는 것도 아니지만 대단히 화목하지도 않은 상태로 살고 있다. 가끔 마주 앉아 마시는 맥주 한잔의 소소함에 만족할 수도 있다. 아이 다 크는 그날의 '엄마 독립'만 꿈꾸며 악물고 참고 견딜 수도 있다. 4억쯤 대출 받아 아파트에 투자하는 자산 증식의 동반자로 똘똘 뭉칠 수도 있다. 이번 생에 보살 되어보겠다는 각오로 결혼을 자기수행의 거처로 삼을 수도 있다. 그러나 나는 체념하고 싶지 않았다. 삶에서 솟구치는 의문을 묵인할 수 없었다.

첫 책 〈엄마 되기의 민낯〉의 마지막 글은 '행복하지 않아도 괜찮아'였다. 30대 후반에 접어들며 행복을 인생의 목표로 두지 않기로 했는데, 이런 의견에 공감도 동의도 어려울지 모르겠다. 내가 행복 자체를 지향점으로 두지 않으려는 이유는 이렇다.

행복을 굉장히 중요한 가치로 설정하면 반대의 가치를 자연스럽게 폄하하게 된다. 우울, 괴로움, 고통은 피해야 할 무엇이 되고 만다. 부정적인 감정은 기피 대상이다. 하지만 어두운 정서를 꼭

배척하고 지워야 하는지 묻고 싶다. 내적 우울로 구덩이를 파고들어가라는 것이 아니다. 자기 안에 몰두하고 타인에게 벽을 치라는 말도 아니다. 외면하고 싶지 않았다. 사유는 나를 고통스럽게 하는 문제로부터 촉발된다. 삶에 만족하고 싶다면 '왜'라는 질문까지 멈춰야만 할 것 같았다.

우린 빨리 행복해지길 바란다. 안정감을 얻으려 한다. 정답과 방법을 찾아내길 바란다. 책을 읽을 때도 그랬다. 어떤 질문이 들어와서 나를 흔들어대면 그 현기증이 싫었다. 무엇을 해야 할지 빨리 알고 싶었다. 다급하게 대안을 찾고 결론을 냈다. 복잡함을 단순하고 명쾌하게 정리했다. 왜 그랬을까.

그런 성급함은 오히려 두려움에서 오는 것이 아니었을까. 나의 이중성이 까발려지는 낯뜨거움, 걷잡을 수 없는 의문에 평온하던 일상이 망가질까 싶은 불안함, 익숙한 걸 낯설게 보며 주류 시각에서 멀어지는 소외감, 무심코 누리던 자원과 자본을 인식하며 생겨난 죄책감을 감당하기 싫어서가 아니었을까.

경험컨대 답을 찾아도 끝나지 않았다. 다른 문제가 찾아와 다시 나를 괴롭혔다. 그런데 해결책을 찾고 빨리 만족을 얻겠다는 마음, 편안한 상태에 어서 도달하고 싶다는 조바심을 내려놓자 오히려 불안하지 않았다. 어떤 것에도 흔들리지 않는 힘이 생겼다기보다는 흔들림 속에서도 두렵지 않았다. 흔들리면 마음껏 흔들렸다. 그리고 내 안에 생겨나는 울렁거리는 질문을 응시했다. 답안지를 빨

여자, 아내, 엄마 지금 트러블을 일으키다

리 찾아낼 게 아니라 그 질문이 던지는 파장과 진동을 감당해보기로 했다. 밀리면 밀리는 대로 걸어가고, 혼란의 진창에 빠지면 허우적대기로 했다. 어디로 갈지, 답이 아닌 질문을 따라가기로 했다.

지금의 나는 이 시기를 '탐구'하겠다는 방식을 택했다. 결혼이 무언지, 결혼 제도가 무언지, 사랑이 무언지, 가족이 무언지, 이성애가 무언지, 관계가 무언지, 친밀성이 무언지, 모성이 무언지, 가사 노동과 돈이 무언지, 결혼과 가족 제도 안에 있을 때 탐구하려 한다. 더 이상 이 질문이 중요해지지 않는 시기도 올 것이다. 아이의 사춘기, 나이 듦, 질병, 노동시장에서의 소외… 그럼 또 그 주제와 치열하게 만나려 한다. 혼란의 한복판에서 그저 체념이나 버팀, 순응이 아닌 다른 방법의 길을 내어가고 싶다.

행복해지기 위한 방법엔 적절하지 않을지도 모른다. 삶은 의문을 후벼파며 들어간다고 해서 답을 주지 않는다. 만족과도 멀어질 수 있다. 하지만 나는 끝까지 가고 싶다. 정희진 선생은 "자신에 대한 의문 속으로 뛰어들어 끝을 보고야 마는 것이야말로 최고의 저항이다"라고 했다. 내가 타협하지 않을 전선을 여기에 그으려 한다. 피할 수 없이 뚫고 지나가야 한다면 내 삶을 배움의 원동력으로 삼으려 한다. 행복이라는 이상향에 나를 맞추거나 현실에 자족하기보다는 삶의 문제들과 정면으로 만나며 나를 허물고 재구성하는, 그런 고통과 쾌락을 만끽하려 한다.

생애 주기마다 주어지는 질문과 똑바로 마주하고 싶다. 당면하는 과제를 높은 밀도로 성찰하며 지나고 싶다. 삶에 만족하기 위해서가 아니라 삶을 돌파하기 위해.

# 나에게 문장을 준 책들

이 책의 문장은 여러 책에서 받은 영감이 섞여 나왔다. 참고 도서의 문장을 글 안에 직접 인용하기보다는 나의 경험 안에 용해하고자 했다. 안전한 결말에 안주하려는 나의 멱살을 잡고 끝까지 밀어붙여준 이 책들이 있었기에 글을 완성할 수 있었다.

### 1장. 꾸미지 않은 채 살고 싶다

**탈코르셋: 도래한 상상**
이민경 저 | 한겨레출판 | 2019.08.26

40대에 접어든 나의 꾸밈 탈피와 10-20대 여성들의 '탈코르셋' 운동은 같을 수 없다. 그러나 "욕망을 파고드는 내면화된 압력"과 싸우고 "고통에 생경한 몸을 만드는 것"은 여성들에게 나이를 떠나 필요한 일이다.

······························

**거울 앞에서 너무 많은 시간을 보냈다**
러네이 엥겔른 저 | 김문주 역 | 웅진지식하우스 | 2017.10.25

눈썹을 그리고 집에서 나서지 않아 온 종일 눈썹 걱정을 한 적이 있다면, 그리고 "모든 곳이 런웨이"가 되어 자신의 얼굴과 몸매를 모니터링하는 데 익숙해졌다면 이 책을 읽어보자. 외모 강박이 얼마나 공기처럼 스며들어 자신을 감시하는지 알 수 있다.

........................................................................................

## 2장. 부부는 무엇으로 사는가

### 돈 잘 버는 여자 밥 잘 하는 남자 (맞벌이 부부의 가사분담 이야기)
알리 러셀 혹실드 저 | 백영미 역 | 아침이슬 | 2001.05.22

"가사 분담을 제외하면 다른 면에선 더할 나위 없이 좋은 남편"과 살고 있는가? 여성들이 "마음 깊은 곳에서 불공평하다고 느끼지만 내적 갈등을 해결하기 위해" 어떤 "가족 신화"를 만들어내는지 여덟 부부의 일상을 수년간 관찰하여 분석한 사회학 책으로, '맞벌이 가사분담 끝장 보고서'라 할 수 있다.

........................................................................................

### 은밀하고도 달콤한 성차별
다시 로크먼 저 | 정지호 역 | 푸른숲 | 2020.10.29

"남편에게 너무 매몰차게 군다, 그냥 좀 같이 챙겨줘."라는 악마의 꼬드김에 오늘도 굴복한 당신에게. 어째서 "여자들이 가부장적 복종의 형태를 포기하는 것이 힘들고 자유를 불안해하며 의미 없이 텅 빈 느낌이 들 때 자기도 모르게 엎드리기 자세를 취하며" 불평등을 받아들이는지 수많은 데이터에 기반해 분석한다. 유자녀 기혼여성을 위해 단 한 권의 페미니즘 책을 추천하라면 이 책이다.

........................................................................................

### 비혼입니다만, 그게 어쨌다구요?! (결혼이 위험 부담인 시대를 사는 이들에게)
우에노 지즈코, 미나시타 기류 저 | 조승미 역 | 동녘 | 2017.01.16

"의욕이 왕성하고 능력이 좋은 여자들일수록" 남편을 이해하고 동정하며 남성 부양자 모델에 공범하는 식으로 현재의 시스템을 유지한다는 통렬한 분석이 아프다. 남편을 '큰 아들', '기껏해야 그 정도'라고 취급하며 "남자들의 욕망의 자장 속에서 까칠해지거나 상처 받지 않고 지내는 생존 전략"을 혹시 구사하고 있지는 않은지, 사회학자 우에노 지즈코가 묻는다.

........................................................................................

## 3장. 오늘도 난 아이 앞에서 미친년이 됐다

**분노와 애정** (여성 작가 16인의 엄마됨에 관한 이야기)
도리스 레싱, 에이드리언 리치 외 16인 저 | 모이라 데이비 편 | 김하현 역 | 시대의창 |
2018.12.10

궁금했다. 왜 선배 엄마 작가들은 자신의 경험을 통렬하게 남기지 않았을까. 이 책을
읽고 알았다. 아이를 키우며 글을 쓰는 엄마들은 "레지스탕스"들이다. "방해 받지 않은
틈을 타서 빨리 기록하지만", "아이의 요구에서 자유로워졌을 때 모든 것을 잊고 싶어
한다." 성공한 육아 경험이 아닌 실패한 경험이 더 많이 기록되길 바란다. "아이를 키우
는 우리들이 진실을 말할 수 있다면, 결국 우리는 앞을 볼 수 있게 될 것이다."

## 4장. 지금 나는 잉여력을 충전중입니다

**고독을 잃어버린 시간** (유동하는 현대 세계에서 보내는 44통의 편지)
지그문트 바우만 저 | 오윤성 역 | 동녘 | 2019.04.12

상시 접속 상태에 있으면서 "나의 존재의 무게"를 팔로워나 블로그 이웃 수로 "측정"하
고 있진 않은가. 누구에게든 "언제든 명령을 받는 상태"로 살면서 "노동과 여가의 경계
선"을 지우며 살고 있진 않은가. 나의 일상을 전시하고 받는 '좋아요'에 오늘도 울고 웃
었다면 '고독이 필요한 시간'이다.

**기획된 가족** (맞벌이 화이트칼라 여성들은 어떻게 중산층을 기획하는가?)
조주은 저 | 서해문집 | 2013.01.10

남들이 세 시간 동안 하는 일을 한 시간 만에 해내는 '워킹맘'들의 "압축적 시간 경험"을
인터뷰하고 분석해낸 책이다. 중산층 화이트칼라 여성들에게 부여된 울트라 미션인
일과 가정의 균형이라는 '워라밸'(Work and Life Balance)을 "근대적 주체들의 자기 단련과
훈육", "중산층을 향한 욕망"이라고 해석해 보인다. 속이 다 시원하다.

## 5장. 온전히 불완전해질 자유가 필요해

**김영민의 공부론 (인이불발, 당기되 쏘지 않는다)**
김영민 저 | 샘터(샘터사) | 2010.01.30

8년 전에 만나고 일 년에 한 두 번은 펼쳐보는 책이다. 무엇도 되지 않겠다고 했지만 그럼에도 불구하고 되고 싶은 사람이 있다면, 그 사람은 "몸이 좋은 사람"이다. 그는 "걸으면서 그 걷는 방식만으로, 살면서 그 사는 방식만으로 통속적으로 유형화된 욕망과 열정의 소비/분배 구조를 깨뜨릴 수 있는 결기와 근기를 스스로의 몸속에 기입한 사람"이다. "생각, 관념, 작심, 반성만을 일삼으며" 나를 제법 괜찮은 사람이라고 착각하고 싶지 않다.

. . . . . . . . . . . . . . . . . . . . . . . . . . . . . . . . . . . . . . . . . . . . . . . . . . . . . . . . . . . . . . .

**정희진처럼 읽기 (내 몸이 한 권의 책을 통과할 때)**
정희진 저 | 교양인 | 2014.10.20

**페미니즘의 도전 (한국 사회 일상의 성정치학)**
정희진 저 | 교양인 | 2013.02.20

"오래도록 쓰라린 책, 면역력이 생기지 않는 책", "괴롭고 슬프고 마침내 인생관이 바뀌는 책"이 나에겐 정희진 선생의 책이었다. "안다는 것은 상처받는 일"이라는 문장에, "페미니즘 관점이 주는 힘과 다양한 지식은 갖추고 싶지만 세상과 갈등은 피하면서 기득권은 간직"하면서 얻을 수 없는 앎은 없다는 문장에 정신이 번뜩 깨인다. 선생의 글은 나를 경계로 몰아 분열하게 한다. 외면하지 않기 위해 계속 읽는다. "경험과 노동에 근거한 자기언어"를 만들 수 있을 때까지.

. . . . . . . . . . . . . . . . . . . . . . . . . . . . . . . . . . . . . . . . . . . . . . . . . . . . . . . . . . . . . . .

집안일에 손가락 하나 까딱 않는 남자에서
라면 하나도 못 끓인다는 정치인에 전하는

50대 남자가 설거지를 하며 생각한
일상에서부터 젠더, 정치. 환경 등 이야기

밥풀을—— 긁어내는 마음으로

50대 남자가
설거지를 하며
생각한 것들

이은용 산문집

# 밥풀을 긁어내는 마음으로
## 이은용 산문집